U0744792

本书为"国家社会科学基金项目（项目编号：11BXW041）"研究成果之一

DCM 当代视听传媒系列　丛书主编　谭天

Introduction to Television Entertainment

电视文艺概论

王艳玲　编著

暨南大学出版社
JINAN UNIVERSITY PRESS

中国·广州

图书在版编目(CIP)数据

电视文艺概论/王艳玲编著.—广州:暨南大学出版社,2013.3(2019.9重印)
(当代视听传媒系列)
ISBN 978 - 7 - 5668 - 0398 - 6

I.①电… II.①王… III.①文艺—电视节目—高等学校—教材 IV.①G222.3

中国版本图书馆CIP数据核字(2012)第254186号

电视文艺概论
DIANSHI WENYI GAILUN
编著者:王艳玲

出 版 人:徐义雄
责任编辑:杜小陆 黄 斯
责任校对:黄 球
责任印制:汤慧君 周一丹

出版发行:暨南大学出版社(510630)
电 话:总编室(8620)85221601
营销部(8620)85225284 85228291 85228292(邮购)
传 真:(8620)85221583(办公室) 85223774(营销部)
网 址:http://www.jnupress.com
排 版:广州良弓广告有限公司
印 刷:佛山市浩文彩色印刷有限公司
开 本:787mm×960mm 1/16
印 张:15
字 数:285 千
版 次:2013 年 3 月第 1 版
印 次:2019 年 9 月第 4 次
印 数:5001—6500 册
定 价:42.00 元

(暨大版图书如有印装质量问题,请与出版社总编室联系调换)

总　序

　　暨南大学是我国最早开办新闻专业的院校之一，迄今已历六十多个春秋。暨南大学的广播电视新闻教育也紧随中国广播电视发展的步伐而行。1978 年，暨南大学新闻学系复办后，即开办广播电视课程，随后积极开展相关科研教学活动，相继出版了一系列广播电视专著和教材，如《电视摄制学》（李子先，1989）、《电视新闻学》（黄匡宇，1990）、《理论电视新闻学》（黄匡宇，1996）、《现代广播学》（梁巾声，2001）等，这些著述成为我国最早的一批广播电视专著和教材。其中，黄匡宇的《电视新闻学》还被《中国新闻年鉴》评定为"我国第一本系统研究中国电视新闻节目的学术专著"。

　　2001 年，暨南大学新闻与传播学院成立，下设新闻学、广播电视新闻学和广告学三个系。同年，广播电视新闻学专业招生。2009 年，播音与主持艺术专业招生。与此同时，暨南大学新闻与传播学院积极进行教材建设，组织出版高等院校新闻传播学系列教材。广电系教师也相继出版了一系列广播电视类教材：《广播电视学概论》（黄匡宇，2005）、《电视节目制作》（张印平、谢毅，2005）、《当代电视摄影制作教程》（黄匡宇，2005）、《电视广告创作基础》（张印平，2005）、《新编基础摄影教程》（陈喆，2005）、《纪录之门——纪录片创作理念与技能》（谭天、陈强，2007）。被誉为"华侨最高学府"的暨南大学招收了大量的境外学生，这就使该校的教学更为国际化，这批教材也更具国际视野，由此受到国内许多新闻传播院系和广播电视专业欢迎，一版再版，广泛采用。

　　广东省是中国内地唯一允许境外电视落地的省份，珠三角地区由此成为境内外电视媒体直接交锋的区域，这就给了我们的广播电视研究丰厚的学术土壤。近年来，随着暨南大学广播电视系师资力量不断增强，教研水平迅速提升，科研成果日渐丰硕，不仅发表了大量的学术论文，还相继出版了一批在国内有一定影响力的学术专著：《批评与建构——聚焦中国电视》（谭天，2009）、《广播生态与节目创新研究》（申启武，2008）、《境外电视频道落地广东研究》（谢毅，2009）、《港澳台广播电视》（谭天等，2010）、《中国广播研究 90 年》（申启武等，2010）、《中国类型电影的知识结构及其跨文比较》（陈林侠，2010）、《电视剧城市意象研究》（王玉玮，2010）等。这些专著也成为不少高校研究生和本科生的教学参考书。

进入新世纪，在全球化、数字化、产业化的背景下，进入转型期的中国广播电视面临着更多的挑战，对于科研教学也提出更高的要求，传统的广播电视教材渐已跟不上传媒发展和专业教学的需要。为了适应传媒发展和媒介融合的变化，需要建构广播电视学科体系，需要出版学科专业系列教材。对此，暨南大学出版社决定出版由谭天教授主编的"当代视听传媒系列"，该系列之所以称"当代视听传媒"，意在不局限于传统广播电视，而是把它延伸到新媒体视音频实务；该系列不只是专业教材，还是学术专著；不仅适用于高等院校相关专业教学，还适用于广播电视及新媒体从业人员学习。该系列将整合暨南大学及全国广播电视研究专家、资深学者和骨干教师的力量，撰写和出版一批高水平、高质量、全方位、新视角的广播电视学术专著和专业教材。我相信，这一系列的陆续出版必将促进暨南大学教学工作和广播电视学科建设，对我国广播电视学教学工作和教材建设也会作出积极的贡献。我希望，国内从事广播电视科研教学的专家学者积极参与到该系列的著述工作中来，共同构建具有中国特色的广播电视学科理论体系。

林如鹏

暨南大学副校长、教授、博士生导师

2011 年 4 月于暨南园

目　录

绪　论

电视作为 20 世纪人类的伟大发明之一，极大地改变了人们生活的方方面面。可是，当电视离我们越来越近时，我们却发现电视已经承载了太多的内涵，反而变得越来越陌生。电视究竟是什么？它是人类精神生活的依托，还是神话中的"潘多拉的盒子"？它是人类进步的又一阶梯，还是人性发展的绊脚石？日本著名传播学者藤竹晓曾在《电视社会学》序言中断言："如果忽视电视在社会中所起的作用，就无法谈论 20 世纪的社会变化。"①

电视的出现是 20 世纪的一个奇观。像大多数发明一样，电视和早期传播技术的发展是密不可分的，它并不是"创造性天才"的产物。电视的诞生是人类文化传播史上的一场革命，它不仅使地球成为一个小小的电子村落，而且改变着人类的生活习惯和思维方式，对人类的精神生活产生了不可估量的作用和影响。今天，观看电视已经成为世界上最为普及的休闲活动。麦克卢汉认为，实际上所有的媒介都是人体自身的延伸，正如收音机扩大了人们的听觉范围，报纸、书籍拓展了人们的视野一样。他的著作《媒介即信息》，即是讲媒介的技术形式决定了它所传递的信息和价值的类属。

早在 20 世纪 60 年代中期，德国社会学家 W. 林格斯就把电视与原子能、宇宙空间技术的发明并称为"人类历史上具有划时代意义的三大事件"，认为电视是"震撼现代社会的三大力量之一"②。

由于技术条件的限制，早期电视节目的拍摄手段和拍摄方法是电影式的，节目形式是广播式的——图像只是声音的图解说明或延伸，而非文艺类节目的内容则是报纸的。

随着电子技术的不断进步，电视的"播送实况"的特殊性能逐渐令世人刮目相看。电视传播的特性——声画一体的直观性、现场性，家庭收视和个人收视的随意性与亲近性，现代传播手段的迅捷性和及时性等，并不是传播载体的简单进步，它实际上意味着传播载体在根本上起了质的变化。假若人们的生活当中没有了电视会是怎样的情形呢？我们无法想象，也不敢去设想。恐怕这也

---

① ［日］藤竹晓. 电视社会学. 蔡林海译. 合肥：安徽文艺出版社，1987.

② ［德］W. 林格斯. 电视：第五面墙壁. 转引自：郭庆光. 传播学教授. 北京：中国人民大学出版社，1999. 118.

就是电视的魔力吧!

　　然而,电视在丰富人们日常生活的同时,又使人成了"沙发上的土豆"(没有思维的蔬菜),使人"关闭了判断和感知的大门"①,还造成人们精神上的极度蜕化。人们一边在不停地按动遥控器、咒骂电视提供了大量的视觉垃圾,一边又津津有味地享受和消遣着诸多无聊的电视节目。即"人们对媒介影响潜意识的温顺的接受,使媒介成为囚禁其使用者的无墙的监狱"②。电视简直像"妖魔"一样控制着人们的日常生活。不管我们愿意与否,也不论我们怀着多么复杂的情感以及我们以怎样的心态去面对它,电视已经让我们无法回避。

　　其实,早在1938年夏,美国散文作家怀特第一次在小型屏幕上看到一些闪动的图像,便言:"我认为,电视是对现代世界的考验。我们通过这个崭新的机会看到了视野以外的事物,从中我们会发现两种不同的前景:或是破坏安宁,使世人再度陷入煎熬难忍的困境,或是灵光照环宇,福从天来。电视将使我们屹立不倒或使我们沦落,这是可以断言的。"时过七十余年,当我们重新回顾怀特的这段话时,我们不得不惊讶和钦佩他当年的先见之明。恰如麦克卢汉在《理解媒介:论人的延伸》一书的总序当中所概括的那样:"电子媒介在促进文化集中化的同时,又造成了不可避免的零散化和碎片化。它以强有力的'符号暴力'摧毁了一切传统的边界,文化趋向于同质化和类型化,但它又为各种异质因素的成长提供了某种可能。"

　　当下,关于电视和大众媒介的论争中有两种观点最为普遍:悲观主义和乐观主义的看法。

　　悲观主义者经常同所谓的"大众文化理论"联系在一起,他们倾向于强调媒介产品的千篇一律,以及这种复制性在造成观众思想的被动、苍白上所负有的不可推卸的责任。根据这种观点,电视是一种大众鸦片。文化悲观主义者关注着美国及其跨国娱乐产业的强大的、具有侵蚀性的影响;关注着电视对社会群体模式化的描述方式;关注着电视的内容,特别是有关性与暴力的内容对观众的负面影响;关注着电视的商业化、电视"公共服务"责任的缺乏,以及电视的意识形态化作用对我们看待世界的方式的控制。③

---

　　① [加]麦克卢汉. 理解媒介:论人的延伸. 何道宽译. 北京:商务印书馆,2000.99.

　　② [加]麦克卢汉. 理解媒介:论人的延伸. 何道宽译. 北京:商务印书馆,2000.49.

　　③ [英]大卫·麦克奎恩. 理解电视——电视节目类型的概念与变迁. 苗棣等译. 北京:华夏出版社,2003.3.

　　传播学家施拉姆曾经将大众传播的社会功能归为政治功能、经济功能、一般社会功能三个方面。根据施拉姆的判断，大众媒介的娱乐功能只是大众传播媒介一般社会功能中的一种。然而，在"娱乐至死"的"泛娱乐化时代"，大众传播的这种职能其实已经在实现一种转变，即由一种综合化的媒体功能向单一的娱乐功能转变，这种转变带来的后果就是媒体的日益低俗化，同时大众传播的"负面效果"日益突出。尼尔·波兹曼在谈到美国的电视娱乐时说："娱乐不仅仅在电视上成为所有话语的象征，在电视下这种象征仍然统治着一切。就像印刷术曾统治控制着政治、宗教、商业、教育、法律和其他重要社会事务的运行方式一样，现在电视决定着一切，在法庭、教室、手术室、会议室和教堂里，甚至在飞机上，美国人不再彼此交谈，他们彼此娱乐。他们不交流思想，而是交流图像。"特别是波兹曼在《童年的消逝》一书中，对电视文化进行了批判，并指出电视文化破坏了童年生态。他认为，印刷时代的儿童是对成人世界毫无所知的群体，但当今电子媒介却肆无忌惮地揭示了一切秘密，于是童年的纯真状态丧失了：首先是儿童的羞耻感被冲淡；其次是作为儿童天性的好奇心受到损害；最后，电子媒介发动了一场"图像革命"，大批生产的图像使人的感官欲望得到了满足，却削弱了人的想象力和思考力。

　　对于大众传播的"负面效果"，拉扎斯菲尔德认为，现代大众传播具有明显的负面功能。它将现代人淹没在表层信息和通俗娱乐的滔滔洪水当中，人们每天在接触媒介上花费大量的时间和精力，降低了积极参与社会实践的热情，这种现象被称为大众传播的"麻醉作用"。

　　美国史学家、教育家瓦尔特·索雷尔更是尖锐地指出："电视是一种自我吞噬的大灾难，而大众媒体所反映出的更只是一个金光闪闪的正面……大众媒体那裹着糖衣的诱惑主要存在于它们对成功的许诺和经济上的报酬。"[①] 即电视这种代表技术进步的媒体与人类的古老精神财富之间尚处于不协调的关系：技术给予我们的时间太少，使我们无法在艺术上消化和吸收人类已创造的文明所能提供的那些营养。

　　乐观主义者则为电视所带来的多样化、复杂化和平等化而欢欣鼓舞。乐观主义者谴责悲观主义者的"精英主义"的立场，谴责他们对流行文化的贬低。乐观主义者也有多种的表现方式：他们喜欢肥皂剧和其他类型的通俗节目，尤其强调观众的愉悦感和多样化理解；反对电视有负面影响的观点；欢迎新技术

---

　　① ［美］瓦尔特·索雷尔. 西方舞蹈文化史. 欧建平译. 北京：中国人民大学出版社，1996. 611.

的出现和对常规的打破——电视代替了"家庭教育方式"的作用。① 这里，借用美国大众传播学家施拉姆的话："电视的发明是人类智慧了不起的成就，但如何运用电视，却是对人类智慧的更大考验。"②

尤其是进入21世纪的今天，电视媒介的发展正面临着一场新的革命：数字压缩技术的进步，使电视进入多频道化时代，电视媒体的内容更丰富，选择性更强；多媒体技术使电视的表现手段更多样化，传输的信息质量更高；电脑和网络技术大大提高了电视传播的双向性和互动性；卫星传输技术的普遍采用使电视传播进入跨国传播和全球传播的时代。③ 伴随着高清晰电视技术的进一步完善和数字技术的飞速发展，在新的世纪里，电视必将迎来更大的发展空间，必将发挥其不可或缺的影响力。

既然电视是如此不可或缺，如此无所不在，在某种意义上甚至我们对它都已熟视无睹，因此从批判的角度去理解它的重要性是具有意义的。与其为研究电视的重要性而辩论不休，不如换个角度去思考问题：电视在当代社会已经如此重要，我们怎能不去研究它？④ 这样看来，无论从什么角度去研究电视都是非常必要的。

【思考题】

1. 电视使人们的当下生活呈现出怎样的一种状态？

2. 电视的发展在很多方面都反映着时代的变化，请查阅相关资料说说它究竟带来了哪些变化。

---

① ［美］瓦尔特·索雷尔. 西方舞蹈文化史. 欧建平译. 北京：中国人民大学出版社，1996.4.

② 转引自［美］莱利·怀特等. 文化学. 文化·世界与中国. 北京：生活·读书·新知三联书店，1987.496.

③ 郭庆光. 传播学教程. 北京：中国人民大学出版社，1999.119.

④ ［英］大卫·麦克奎恩. 理解电视——电视节目类型的概念与变迁. 苗棣等译. 北京：华夏出版社，2003.4.

第一章　电视概述

一、电视的诞生

电视同电影一样，也是科学技术的产物，它是以科技进步为发展的基础和前提的。其中，使电视的科学研究大大前进的直接动力是"硒"① 元素的发现。"硒"是瑞典科学家贝尔兹列斯于 1817 年最早发现的。1842 年，苏格兰人贝恩首次提出了用电来传输图像和文字的设想。直至 1873 年，英国科学家约瑟夫·梅发现了"硒"元素的"光电作用"特性，这才具备了发明电视的前提。

1877 年，法国人塞列克应用光电效应和法国电器工程师布列兰发明的扫描原理，构想出最原始的电视发射系统。因此，塞列克成为世界上第一个提出"电视"概念的人。

而电视产生图像的一个关键因素是扫描技术，1884 年德国工程师保罗·尼普科研制了一种光电机械扫描盘。1908 年，英国的坎贝尔·斯文顿提出电视广播的基本设想。1923 年，俄裔美国物理学家弗拉基米尔·兹沃里金发明了光电发射管，获得光电发射管的专利权。

1925 年，英国发明家约翰·洛吉·贝尔德在尼普科的研究基础上研制出世界上第一台机械电视的雏形。同年 3 月，他在伦敦的实验室里接收到了明暗影调分明的图像，他楼下的勤务员泰顿有幸成为第一个上电视屏幕的人。1926 年 1 月 26 日，他在伦敦公开作电视表演，出席观摩的有英国皇家协会会员和一名记者，表演引起了很大的轰动。贝尔德也因此被誉为"电视之父"。

1928 年 5 月，贝尔德又利用漂浮在大洋中的气球作为中转设备，完成了一次短波电视传送，把电视图像由伦敦传送到纽约。在其帮助下，美国纽约州一家广播电台进行了历史上第一次电视广播试验。虽然此次试验只有 30 分钟，但它却揭开了电视时代的序幕。

1929 年，英国广播公司在伦敦首次试播。第一次公开播出的节目是著名工程师弗莱明的电视讲话。1930 年，英国又开始试播有声图像，声音和画面终于能配合在一起向外传送了。同时，播出了作家皮兰德娄的剧作《花言巧语的

---

① 硒：一种非金属元素，其导电能力随着光的照射强度的增减而改变。它可用来制作半导体的晶体管和光电管等，也可供玻璃等着色。

人》（也译为《嘴里叼花的人》），这是世界上第一部真正的电视剧①。

1936年11月2日，英国广播公司在伦敦市郊以北6英里处的亚历山大宫，建成了世界上第一座正式电视台，并第一次正式播放电视节目。虽然当时只有100多部电视接收机，但它标志着电视事业的开端。这一天即为电视的正式诞生日。

其实，美国才是世界上最早开始电视实验广播的国家。如上所述，早在1928年纽约就建立了第一座实验电视台，并于9月11日播出了人类历史上第一部电视剧《女王的信史》（*The Queen's Messenger*）②。至1937年，美国的电视台已经增加到17座。但是，由于法例规定电视台在经联邦电讯委员会批准之前，不得公开对外广播，直到1941年7月1日，美国的第一家商业电视台——全国广播公司的WNBT电视台才开始正式播出，并播出了人类有史以来的第一个商业电视广告——关于布洛伐手表的广告，名为"布洛伐报时"，每一次播出收费是9美元。

第二次世界大战爆发后，各国的电视事业都陷入了停滞状态。英国电视台自1939年9月停止，便开始了长达7年之久的停播。美国经常播出节目的也只有6家电视台。

然而，电视技术的开发和研制却一直没有中断。贝尔德于1928年传送黑白电视之际，也在进行着彩色电视的试验。因影像清晰度较好，引起了科学家们的极大兴趣。其中，成就卓著的是美国，但负责试验研究的不是美国人，而是匈牙利人彼得·戈得马。他1933年来到美国，1936年起在哥伦比亚广播公司研究所任职。他曾在声学、电视学、电影摄制等方面有150多项发明，特别是1954年，他进行的彩色电视试验又获得了成功。于是，美国正式开办了彩色电视，并成为全球第一个开办彩色电视的国家。因此，世界电视事业的重新起飞始于1955年，那时开办电视的国家已增至20个。

1956年，美国安培公司研制出四磁头的磁带录像机。从此，电视节目的制作方式发生了根本性的变化。此前的电视节目制作有两种方式：一是用电影胶片拍下来，经过冲印后再用电子扫描播出；一是通过摄像机，直接把信号播送出去。前者不能即时播出，后者不能记录和重放。录像机能解决这两个问题，因而它的发明和普及，被称作电视史上的一次革命。

---

① 世界上第一部电视剧，一种观点认为是《花言巧语的人》，另一种观点认为是《女王的信史》。

② 世界上第一部电视剧，一种观点认为是《花言巧语的人》，另一种观点认为是《女王的信史》。

　　真正为电视事业的腾飞插上翅膀的还是通信卫星的使用。由于电视广播采用的电波是超短波，频率很高，每秒 30 兆赫（每秒 100 万周的频率为一兆周，也叫一兆赫）。它的性能如光线一样，基本上是直线传播的，会受到地形和山高的影响，不能传送很远。在有卫星之前，电视转播有两种形式：一是铺设地下电缆，连接到遥远的地方，电视信号通过电缆传送；一是设立微波中继站"接力"传送。这两种办法，既耗费金钱，传输效果也不理想。于是，专家们设想在空中设置中继站。

　　实际上，早在 20 世纪 40 年代中期，就有人提出了用同步卫星当中继站的设想。英国的工程师克拉克于 1945 年 5 月在英国的《无线电广播》杂志上发表了题为"太空转播站"的文章。他提出在距离地球 23 300 英里（1 英里 = 1.609 3 公里）的高空，施放 3 艘等距排列的太空船，使其运行速度与地球自转速度相等，这样全球均可在 3 艘太空船的电波覆盖范围之内，从而建立普及全球（除两极之外）的国际电讯网。可是，这篇文章在当时除了得到 15 英镑（1 英镑 = 1.517 美元）的稿酬外，并未引起社会的任何注意。人们普遍认为这不过是个科学幻想而已。殊不知，12 年后这种"幻想"却真正地变成了现实。于是，克拉克也被人们誉为"通信卫星之父"①。

　　1957 年 10 月 4 日，苏联发射了人类历史上第一颗人造地球卫星，标志着太空时代（卫星时代）的到来。而之所以能够开辟卫星时代，恰如美国大众传播学者施拉姆分析的那样，与以下三个方面密不可分：一是火箭的发明。最初人们认为人造卫星无法实现，最主要的理由是无法将庞大的卫星送入遥远的太空。而火箭的发明，已使人类能将数以吨计的物体送入太空。二是半导体技术的发明。过去的电子设备，一般都采用真空管，体积庞大且笨重。20 世纪 50 年代初，半导体技术的发明和应用，使各种电讯设备趋向小型化、微型化、集成化。这样，通信卫星的体积和重量就会变小变轻，减少了运送的困难。三是电子计算机的发明（1946 年）。据资料记载，第一台计算机足足占满 170 平方米的空间。航天技术所涉及的数字大都是天文数字。卫星轨道的计算，地面对卫星的指令遥控等，这些数据用人工是很难做到精确无误的。差之毫厘，谬之岂止千里。一个数字不精确，就会给整个发射工作带来灾难性的损失。而电子计算机则可使运算简化且精确，确保发射控制工作的顺利进行。

　　美国也不甘示弱，于 1958 年 1 月 31 日发射了一颗人造卫星。但它们都不是通信卫星，尚处于试验性阶段。

---

①　郭镇之. 电视传播史. 北京：北京师范大学出版社，2000. 69.

1962 年 7 月 10 日，美国太空总署用"雷神三角式"三级火箭，从佛罗里达州的卡纳维拉尔角发射一颗横跨大西洋的通信卫星——"电星 1 号"。这个卫星是一个空间转播站，是世界上第一颗用于通信的人造卫星，其成功地进行了洲际通信，第一次使电视节目从外层空间转播到地球上来。当时美国总统肯尼迪说："我知道今天的记者招待会实况将通过'电星'卫星向大西洋彼岸的电视观众转播，这又一次表明我们是生活在一个不平常的世界里。"

但是，"电星 1 号"绕地球一圈大约需要 2 个小时，卫星与北美、欧洲大陆保持视距（覆盖）传播的时间，一次只有 20～30 分钟，即利用卫星转播电视节目只有在该卫星飞往它们的上空时才进行（把天线对准卫星进行通信），然后再需等 2 个小时左右，才能进行下一次的传送。这种移动式卫星，不宜用于卫星通信，还不是克拉克所设想的那种同步卫星。

1963 年 7 月，美国把"辛康 2 号"卫星送入同步轨道，但这颗卫星与赤道有倾斜角，还不能完全"静止"，而是在同步轨道上的某一点作南北大幅度游移。

直到 1964 年 8 月，美国才成功发射了真正的第一颗同步通信卫星"辛康 3 号"。它向全世界大部分地区转播了在东京举行的第 18 届奥运会的电视实况，图像很好，使人们认识到卫星电视的实用价值。

1964 年 10 月，由 11 个国家签署成立国际电信卫星财团，总部设在华盛顿（1973 年改名为"国际通信卫星组织"）。1965 年 4 月，该财团成功发射了半试验半商业的同步通信卫星，即第一颗商业通信卫星"晨鸟"，开始进入实用阶段。我国是 1976 年加入该组织的。

我国第一颗人造地球卫星是 1970 年 4 月 22 日发射成功的；1984 年 4 月 8 日，成功发射了一颗同步通信卫星；1986 年 2 月，又在四川省西昌发射场发射了一颗广播电视卫星。

二、中国的电视事业

中国的电视事业经历了以下四个时期：

（一）初创期（1958—1965）

自 1954 年起，毛泽东、周恩来、刘少奇等中央领导人就先后发出指示，要建立中国自己的电视台，并将提议纳入文教发展的五年计划中。这个决策具有广泛的国际背景和多方面的因素。

中国最初的一批电视技术骨干是留学捷克的章之俭等人。他们仿照捷克式样设计了中国最早的电视发射机等核心设备。1957 年，香港丽的公司开办了黑白有线电视。

1957 年 12 月至 1958 年 3 月，由后来的北京电视台正副台长罗东、孟启予等人组成的中国电视工作者代表团访问了苏联和德国。回国后，他们基本上按照苏联、东欧的模式塑造了中国电视节目的面貌。天津 712 厂仿照苏联的"旗帜牌"电视机试制了中国最早的一批"北京牌"电视机。1958 年，中国从苏联进口了一批"红宝石牌"和"纪录牌"黑白电视机，以分期付款的方式投放市场。

1958 年 5 月 1 日，中国第一座电视台——北京电视台（中央电视台的前身）开始试验播出。19 时整在当时北京市内仅有的 30 多台电视机的屏幕上出现了以广播大厦为背景图案、上书"北京电视台"字样的电视画面。这一天是中国电视的诞生日。9 月 2 日，该台宣告正式播出。

在 1958 年 5 月 1 日当天播出的节目有：直播《工业先进生产者和农业合作社主任庆祝"五一节"座谈会》；新闻纪录片《到农村去》；诗朗诵《工厂里来了三个姑娘》、《大跃进的号角》；舞蹈《四个小天鹅》、《牧童与村姑》和《春江花月夜》；苏联科教影片《电视》。

1958 年 10 月 1 日，第二家电视台——上海电视台试播；同年 12 月 20 日，哈尔滨电视台（黑龙江电视台的前身）试播。

当时北京电视台的条件非常简陋，演播室是由广播大楼四层的一个转角过厅改装的，只有 40 平方米，发射机功率为 1 000 瓦。工作人员包括从八一电影制片厂、中央新闻纪录电影制片厂调来的 6 名摄影师，从中央广播电台调来的播音员和技术人员等，总共 50 多人。电视播出"采用直播方式——技术员放影片，播音员对着画面解说，录音员同时放送事先准备好的音乐，节目直接播放出去"[1]。这种播出方式一直持续到 1965 年。而"一批党和国家的高级干部，包括中央领导人，是中国电视最早的固定观众。据资料记载，毛泽东每天都看电视，若错过新闻节目，有关方面会通知电视台再播放一遍"[2]。其他领导人也如此，如 1959 年 7 月 8 日，邓子恢副总理办公室曾打电话点播《电力牵引犁》，电视台于当晚和第三天进行了重播。

电视甚至成了首映电影的内部电影院，一直享受着影片优先供应的特权。戏剧界对电视也格外慷慨，一场演出的拍摄或直播只需付少许成本费，有时只

---

① 刘志明. 电视学原理. 北京：中国人民大学出版社，1993.11.

② 郭镇之. 中国电视史. 北京：中国人民大学出版社，1991.10.

是摄像机占用的几个剧场座位的票价（一般还要付剧场的电费）。据北京电视台统计，在开办初期，电影占播出时间的75%，转播剧院的演出占15%，自办节目仅占10%。到了1959年底，故事片占50%，剧场转播占30%，其余20%主要是新闻片、纪录片、科教片和小型文艺节目等。

中国的第一部电视剧是由胡旭（北京电视台第一任负责文艺工作的副台长）导演的《一口菜饼子》。由于当时的电视剧是直播，不宜表现变化很大的场景、人物。比如《新的一代》剧中一个女演员的前一个镜头是在夏天的校园里，后一个则是在冬天的教室里。那么，她在表演时，就要迅速地从这个场景跑到那一个场景，且一边跑一边穿棉袄，尽管上气不接下气，还得若无其事地演下去。因此，有人将当时的电视剧概括为：一条主线，两三个景，四五个人物，七八场戏，60分钟，200个镜头。

1960年，北京电视台在广播大楼院内建成了新的电视中心、演播室，并常常将文艺团体请进门来，在600、150、50平方米的演播室内表演。北京市内的电视机已增加到5 000多台；到1961年，北京的电视机已达10 000台。据有人回忆，1961年第26届世乒锦标赛时，她家仅17平方米的房间里叠罗汉般地挤进了90多人；而在公共场所，一台电视机前往往可以站200多人。

（二）停滞期（1966—1976）

1966年5月中旬，北京电视台作出了"关于宣传社会主义文化大革命"的一些安排，并在少儿节目里组织少年学生批判邓拓、吴晗。下旬，又提出"文革"前制作的节目一律不播。7月6日，新闻部给台领导写报告，建议"取消电视新闻片上记者的名字"，说这是"一种资产阶级法权思想的表现，是窃取大家成果为己有的做法"。22日，广播局党委决定：取消记者署名，取消广播文工团在演播中报作者、导演、演员、指挥等的名字。

1967年1月，该台又播放了一个通知：除重大政治事件和重要节目仍将转播和播出外，将暂时停止一般性的电视播出，并停播近一个月。自2月恢复播出起，电视屏幕上就出现了"让我们敬祝我们心中最红最红的红太阳、我们最敬爱的伟大领袖毛主席万寿无疆"的标语。

在"文革"的10年间，仅播出三部电视剧：《考场上的反修斗争》、《公社党委书记的女儿》、《神圣的职责》。播出的故事片也屈指可数：《奇袭》、《英雄儿女》、《打击侵略者》、《火红的年代》、《艳阳天》、《青松岭》、《海霞》、《创业》等。

而经常播出的节目主要是：电影三战（《地雷战》、《地道战》、《南征北战》）；三支歌（《国际歌》、《东方红》、《歌唱祖国》）；八个样板戏（京剧《沙家浜》、《红灯记》、《奇袭白虎团》、《智取威虎山》、《海港》，芭蕾舞剧《白毛女》、《红色娘子军》，交响音乐《沙家浜》）。1971 年 10 月，又推出三部新的样板戏《龙江颂》、《沂蒙颂》、《杜鹃山》。可以说，在"文革"期间，电视事业的发展主要体现在技术的进步上：一是 1966 年 1 月，北京电视台首次采用电视录像设备；二是微波网扩大，到 1975 年已扩大到 26 个省市自治区；三是 1973 年 5 月 1 日，北京电视台开始彩色电视的试播，1974 年 10 月 1 日该台宣布对外正式播出彩色电视。

与此同时，中国的大门向外刚刚开启，各国摄影记者、电视制片人便争先恐后而来。1972 年，尼克松访华，其随行的电视采访团及设备让中国的同行大吃一惊，艳羡不已。

1972 年 5 月 13 日，意大利电视台摄影队以科隆博为领队、安东尼奥尼为导演，专程来中国采访拍片，回国后制成了大型纪录片《中国》。该片被美国广播公司购买并在电视上播映，还被评为 1973 年在美国上映的"十佳纪录片"之一，据说尼克松都在百忙之中抽出时间观看了两次①，这些事情随后都被当时的中国人当作了安氏受美帝雇用的证据。

1974 年，在威尼斯艺术双年展上，中方有关人员抗议放映这部影片，意大利政府也在尽一切可能制止这部影片放映，然而威尼斯双年展的官员们却以维护信息和艺术表达权利的名义进行抵抗。影片最终还是放映了。曾亲历此过程的意大利电影理论家和作家温贝尔托·艾柯这样来描述安氏当时的心境："焦虑不安的安东尼奥尼再次忍受着他非常个人的自相矛盾的戏剧性事件带给他的痛苦——这位怀着爱慕和尊敬之情前往中国的反法西斯主义艺术家，发现自己被指责为受苏联修正主义和美国帝国主义雇用的以及引起八亿人民憎恨的法西斯主义反动艺术家。"

当时国人对安东尼奥尼影片的批判中曾有言："这部影片没有正面描写社会主义新中国。如闻名中外的红旗渠在影片中只是一掠而过，既看不到'人造天河'的雄姿，也看不到林县山河重整之后的兴旺景象，银幕上不厌其烦地呈现出来的是零落的田地，孤独的老人，疲乏的牲口，破陋的房舍等。"关于这个问题，艾柯用这样一句话予以概括：安东尼奥尼作为"一个特别倾向于深度探究生存问题和强调表现人际关系，而非致力于抽象的辩证法问题和阶级斗争的西方艺术家"，向西方观众"讲述的是这场革命中作为次要矛盾的中国人的日常生活，而非展现作为主要矛盾的革命本身"。

---

① 陈敦德. 毛泽东·尼克松在 1972. 北京：解放军文艺出版社，1997.

那时中国人批判安氏的活动持续了将近一年时间，那一年究竟发表了多少篇批判文章现在已难以统计，仅 1974 年 2 月和 3 月间发表的部分文章就结集为一本 200 页的书——《中国人民不可侮——批判安东尼奥尼的反华影片〈中国〉文辑》（人民文学出版社 1974 年版），此书辑录文章 43 篇，作者来自全国各条战线，其中很多都是安东尼奥尼拍摄过的地方的革命干部和群众。今天看来，当年国人对影片《中国》的批判可以说超越了影片本身，明显具有扩大化的倾向。

其实，这一切都是"四人帮"的阴谋。他们认为是周恩来批准安东尼奥尼来华拍摄这部影片的，而批判周恩来的活动又是从批判郭沫若开始的："1974年 1 月 25 日，江青一伙在中央直属机关和国家机关'批林批孔'动员大会上，对周恩来搞突然袭击。江青在意大利人安东尼奥尼拍的纪录片《中国》问题上大做文章，妄图给批准安东尼奥尼来华的周恩来强加上'卖国主义'的罪名。在会上，他们借题发挥，点名批评郭沫若，暗中把矛头指向周恩来。当着周恩来的面，江青恶毒地指责郭沫若'对待秦始皇、对孔子那种态度，和林彪一样'，两次让这位 82 岁的老人站起来蒙受羞辱。"①

1972 年 8 月 18 日，美国全国广播公司的电视制片人露西·贾维斯夫人一行8 人来中国拍片，拍摄了《故宫》（又名《紫禁城》），是 1948 年以来反映新中国的第一部美国电视纪录片，并成为她号称"三宫"（《卢浮宫》、《克里姆林宫》、《故宫》）的代表作之一。

这一时期由于"四人帮"的混淆是非，搞得人心惶惶，人人自危。人们越是这样小心翼翼越容易出现纰漏。如 1974 年 3 月 8 日，北京电视台转播北京评剧团的评剧《向阳商店》，当女主角唱到"坏人面前横眉冷对"时，电视屏幕上却突然出现毛泽东的画像约 4 秒钟。于是，电视台将其列为"严重的政治事故"。

1974 年 10 月 1 日，北京电视台播出了 9 月 30 日周总理举行盛大国庆招待会的新闻片。那是周总理最后一次在公开场合露面。当他出现在人民大会堂宴会大厅时，以为他病体痊愈的中外人士全体起立，掌声雷动。他简短的祝辞多次被热烈的掌声所打断。这种场面表达了人民对总理的热爱和祝福之情。

然而，1976 年 1 月还是成了人们记忆中最寒冷的一个冬天，周总理去世了。可"四人帮"却下命令：不准群众开追悼会，不准戴黑纱，不准送花圈。从 1 月 8 日到 15 日，《人民日报》只刊登了两条新华社消息；北京电视台除了

---

① 阚民.《"文革"中的郭沫若. 党史博览，2000（10）.

8 日播出一遍讣告之外，几天之内竟毫无反应，甚至照常播映配有快乐乐曲的影片；各样板戏团照样演戏；对"向周恩来同志遗体告别"的电视片，姚文元也大砍大删，命令"把哭得厉害的镜头剪掉"，"最好用不哭的"。

但是，电视片还是传达出了许多无言的信息，眼睛雪亮的群众还是看穿了"四人帮"的虚情假意。如"在向周总理遗体告别时，姚文元以 90 度的深鞠躬表演自己的虔诚，他挤了三下眼睛，最终也没挤出一滴眼泪；张春桥更是扭捏作态，拉着邓颖超的手长时间地说话，俨然树立'总理接班人'的形象；江青头戴一顶皱巴巴的帽子，既不鞠躬，也不默哀，略一站定转身便走。许多电视观众已忘记自己身在何处，愤怒地大喊'江青脱帽！江青脱帽！'"①

周总理的逝世，震动了中国，也震动了世界。国外友好要求通过卫星传送周恩来的治丧活动。姚文元又以此属外事，无权处理为由，加以拒绝。后来，经邓小平批示同意，才使这一重大事件首次通过卫星传送出去。

8 个月后，毛泽东同志去世。从 9 月 9 日到 22 日，在将近两周的时间内，北京电视台停止播出一切文艺节目，以最大规模、最隆重的形式集中报道毛泽东的逝世及治丧活动，并再次通过卫星传送到世界各地。

1976 年 10 月，"四人帮"被粉碎了，举国欢腾，又一次通过卫星使海外的观众看到了中国的巨大事变。一个时代结束了，今后的社会生活必将为电视的发展提供更加广阔的舞台和空间。

（三）复苏期（1977—1978）

这一时期不仅恢复了"文革"中停办的栏目，而且又创办了一些新栏目，如《文化生活》、《世界各地》、《外国文艺》、《祖国各地》、《体育之窗》等。

1978 年 1 月 1 日，"文革"中消失了的播音员图像又出现在屏幕上，并在这一天正式挂出"全国电视台新闻联播"的招牌，简称"新闻联播"。它标志着以首都为中心的全国电视广播网的初步形成。

1978 年 5 月 1 日，北京电视台改名为"中央电视台"，英文缩写为 CCTV，对外称"中华人民共和国中央电视台"。从 12 月起，中央电视台开始使用 ENG 电子采访设备，节目制作过程大大简化。

此外，电视台也安排播出了一些外国的影视剧。如南斯拉夫的故事片《瓦尔特保卫萨拉热窝》、《桥》及电视剧《巧入敌后》；英国电视连续剧《安娜·卡列尼娜》；日本故事片《望乡》、《追捕》等。

---

① 郭镇之. 中国电视史. 北京：中国人民大学出版社，1991. 101.

（四）发展期（1979 年至今）

自 1979 年起，中国电影发行放映公司断然停止向电视台供应新故事片。播放影片的收费已从过去的旧片 60 元、新片 90 元，增加到了旧片 120 元、新片 180 元。不少剧团也对电视录制新戏提高了收费标准，如舞剧《文成公主》收费达 3 000 元，芭蕾舞转播收费更高。在这种情况下，电视台不得不另谋生路。

1979 年 1 月 28 日（农历正月初一）下午 17 点 5 分，上海电视台在屏幕上映出了"上海电视台即日起受理广告业务"的灯片。随即播出了中国电视史上的第一条商业广告——1 分 30 秒的《参桂补酒》，先后播出 8 次。

同年 3 月 15 日晚 18 时 51 分，又播出第一条外商广告——瑞士雷达表，长 1 分钟，共播出 11 次。

1980 年 3 月 10 日，中央电视台也开始在 8 频道播放每日一次的 15 秒的日本西铁成手表广告。日本公司签订为期一年的合同，费用是 80 万元人民币。此后，"西铁成手表领导钟表新潮流"、"石英技术誉满全球"的吹嘘之词便妇孺皆知。

再如 1987 年，湖北沙市日化总厂负责人说："过去提起沙市很多人不知道，但现在无人不知'活力二八，沙市日化'。"江苏盐城无线电厂每年的广告费是 100 万元，可建三四幢宿舍楼，但厂长却说："没这 100 万，能有 3 000 万吗？"

至 1995 年，中央电视台黄金时段的广告标王是孔府家酒，费用是 3 000 万元；1996 年是秦池酒厂的广告，6 666 万元；1997 年也是秦池酒厂，高达 3.2 亿元；1998 年是爱多 VCD，以 2.1 亿元中标。

而中央电视台以每集 80 万元收购电视剧《水浒传》播映权，但它有约 4 分钟的跟片广告，每秒 1 万元，即每集就可获得 240 万元的广告收入。

1979 年，中央电视台首次与日本广播协会合拍了 17 集纪录片《丝绸之路》。1983 年又推出了 25 集大型电视系列节目《话说长江》，主持人是陈铎、虹云，类似古典小说的章回体结构，前有开场，后有结束语，形成了一种独特的"话说体"。伊文思指出该片"抓住了中国的主动脉"。1985 年，中日又合拍了《黄河》。1986 年《话说运河》问世。

之后，许多著名的纪录片也纷纷推出，如《蜀道》、《万里海疆》、《大唐西域记》、《壁画后面的故事》、《唐蕃古道》、《望长城》、《泰山》、《开发大西南》、《俺爹俺娘》、《沙与海》、《藏北人家》、《西藏的诱惑》、《家在问海》、《姐妹溪》、《远离的愿望》、《大三峡》、《撼天记》、《最后的山神》、《十五岁的中学生》、《德兴坊》、《远在北京的家》、《深山船家》、《少年启示录》、《中华之剑》、《龙脊》、《文化巨人——孔子》等。换言之，进入 20 世纪 90 年代以后，从吴文光的《流浪北京》开始，尤其是《望长城》的出现，"纪实主义"的精神把中国电视人创作的激情和电视观众观赏的热情带到了空前的高度，正是从这一刻起中国电视才有了完整意义上的纪录片。

1982 年，广播电视部成立。

1982 年 1 月，电视剧艺术委员会成立。金山曾说："我们把电视剧的特点归纳为几个字，即多（观众多）、快（制作周期短）、省（制作经费少），而如果能够把思想与艺术质量提高，那就可以加上个好字，那就是'多快好省'四个字都有了。"①

1983 年，国家广播电视部提出四级办电视、四级混合覆盖的方针，并逐渐形成"中央—各省级—市（地）级—部分县级电视台"这样的一个树形网络结构。到 1990 年底，全国的各级电视台已增加到 500 多座。

1983 年 3 月，广播电视部委托《电视文艺》、《中国广播电视》、《电视周报》联合主办了第三届全国优秀电视剧评选，其所设奖项从此次开始被命名为"飞天奖"，成为电视剧的权威奖。

同年，浙江电视台创办的杂志《大众电视》设立"大众电视金鹰奖"，是群众投票的奖项。换言之，从 1980 年开始，中国电视剧的发展就进入了一个新阶段，艺术质量有了明显的提高。

此外，还必须提及的一个人就是美籍华人靳羽西。她是美国公共广播公司《看东方》节目的制片人，她对架设东西方文化交流之桥作出了贡献。她被誉为"中国的水仙花公主"。当年《看东方》在美国 48 个州 518 家电视台播放后，被评为 1985 年全美最受欢迎的 20 个电视节目之一。她因此获得"杰出妇女奖"、"友好大使奖"，还被评为全美华人 1985 年度风云人物。1986 年 2 月，她与中央电视台签订合同，制作一套"看世界"节目，向中国介绍世界许多国家，她将其取名为"One World"，后纳入《世界各地》专栏。

1985 年 8 月，中央电视台开始形成天上卫星、地上微波、地下电缆相互结合的立体传播网络。

1988 年 3 月 15 日，中央电视台彩色电视中心正式启用。至此，"电视已成为最有影响力的新闻传播媒介，首屈一指的大众娱乐工具，最广泛的信息服务源"②。

2000 年，全国广电系统预计用三年时间完成体制改革。广电总局局长田聪

---

① 电视剧艺术委员会成立　金山谈该机构的任务. 电视文艺, 1982 (1).
② 郭镇之. 中国电视史. 北京：中国人民大学出版社, 1991. 283.

明在全国广电厅局长会议上说，这次体制改革的内容主要有四项——除省会和计划单列市外，地市及以下各电台、电视台、有线电视台逐步转为主要转播中央和省台节目；变四级办广电为中央和省两级管理体制，地县以下实行省垂直管理；以省级为单位组建广电传输覆盖专用网络公司，地市可以成立分公司或子公司；省成立广播影视事业集团，内部实行新闻宣传、节目制作、节目播出、技术管理、网络传输、财务核算、物业管理、人事管理等专业化分工、成本核算。

同年，中央电视台又提出三大改革措施——以频道为运作单位，实行"频道专业化"，以收视率和观众满意度为依据，实施栏目末位淘汰制；推进除新闻性节目、大型文艺活动、重要直播活动等以外的节目制作与播出分离改革，年内将在第五、八套节目试点；争取赢利来源多样化，摆脱以广告为唯一收入来源的局面，并将全面推进成本核算工作和全员聘任制。

2003 年初，中央电视台出台新的改革措施：除了保留新闻频道，其他频道将逐步成为商业经营的专业频道，全部采用市场核算，以广告收入决定节目生存，即实现电视频道的商业化管理，并先以 10 个栏目为试点，彻底实施制播分离的举措。

三、中国的电视文艺

中国的电视文艺在北京电视台试播时就已经应运而生。它发展到今天，主要经历了以下几个发展阶段：

（一）实况直播时期

1958 年 5 月 1 日，北京电视台开播的第一天，就在演播室面向北京地区直播了中央广播实验剧团表演的诗朗诵《工厂里来了三个姑娘》，北京舞蹈学校演出的舞蹈《四个小天鹅》、《牧童与村姑》和《春江花月夜》等。

这一时期的电视文艺由于受到电视技术水平的制约，具有两个突出的特点：一是文艺节目一律直播。因为当时没有录像设备，在演员表演的同时，摄影师根据导演的意图，将节目从剧场或演播室直接播送出去。二是播出的节目很少有电视化的艺术处理。即往往选择一些短小精悍的节目，如诗歌朗诵、曲艺、杂技、独舞、独唱等，且在一间 40 多平方米的小演播室直接播出。而舞台演出的节目则以剧场实况转播为主。如梅兰芳的《穆桂英挂帅》，尚小云的《双阳公主》，荀慧生的《红娘》，马连良和张君秋合演的《三娘教子》，张君秋、叶盛兰和杜近芳合演的《西厢记》，周信芳的《四进士》等一些著名表演艺术家演出的剧目均是在剧场中转播的。此外，还曾经转播过苏联芭蕾舞团来华演出的《天鹅湖》等。

当时的剧场实况转播，一般采用三台摄像机放置在左、中、右三个方向不同的位置上，面对舞台。导演根据剧情、场面调度、演员表演等需要，从三台摄像机送到的画面中选择适合播出的画面，进行切换连接，使观众在屏幕上看到连贯的场景。这种剧场实况转播，为以后的文艺晚会的转播和录像积累了经验。1959 年国庆 10 周年时，北京电视台就通过电缆传送，转播了天安门广场的文艺晚会实况。这是北京电视台首次转播规模较大的文艺演出。

（二）自办综艺节目时期

1960 年以后，北京电视台新建了 600 平方米的演播室，增加了在演播室自办文艺节目的分量。这一时期播出的由黄一鹤导演的小提琴协奏曲《梁山伯与祝英台》，在解说词的处理、镜头的组接和插播戏曲影片资料等方面，都作了大胆的尝试。再如邓在军导演的舞蹈《赵青独舞》，杨洁、莫瑄导演的甬剧《半把剪刀》，王扶林、金成导演的话剧《七十二家房客》等，导演们都不再拘泥于原有的艺术成品，而是运用了电视独有的视角和手段进行再创作，开始逐步体现出电视文艺的特色，丰富了电视文艺节目自身的表现力。为了对戏曲、话剧作进一步的电视处理和加工，打破舞台三面墙的局限，导演根据电视分镜头脚本重新排练，对演员的位置重新进行安排和设计，演员的表演及化妆更接近生活真实，且在剧中穿插使用外景镜头。经过这些适应电视表现手段的艺术加工，剧情变得更加紧凑和连贯，人物关键性表演更加突出，增加了节目的感染力。

1960 年的春节，北京电视台第一次在演播室播出了自己组织、排练的综合性的春节文艺晚会。这次晚会集诗朗诵、相声、歌舞等节目形式为一体，为以后组织综合性文艺晚会作了有益的尝试，标志着中国的电视文艺进入自办综合文艺节目的阶段。而 1963 年举办的春节联欢晚会，持续的时间已长达四个小时。

中央领导人也十分关心和重视电视文艺。1961 年 5 月，北京电视台正在播出河北梆子《挡马》和《杜十娘》时，周总理来到了演播室。在看了电视节目后，总理说：电视荧屏上可以出现乐队，戏曲演员"倒板"时往往台上没有人，这时正好可以出现乐队，以展示这些幕后英雄。于是，"电视在与文艺的结合上不再仅仅是作为一种单纯的传播手段，而是在参与的过程中开始有意识地从自身的角度进行衡量和创新，逐渐形成了具有电视特色的新的文艺形式"[①]。

---

① 朱宝贺. 电视文艺编导艺术. 北京：中国广播电视出版社，1996. 10.

（三）录像播出时期

1964 年 12 月底，北京电视台利用黑白录像机录制了常香玉主演的豫剧《朝阳沟》第二场和《红灯记》中"智斗鸠山"一场，在迎接 1965 年元旦的文艺晚会上播出。这是我国第一次使用录像播出文艺节目，使电视文艺在时空上初次显露了新的发展前景。

十年动乱期间，电视文艺节目十分单调，以转播舞台演出为主，而且还只能是高举毛泽东思想伟大旗帜的节目。如曾经转播了首都红卫兵演出的大型音乐舞蹈《毛主席革命路线胜利万岁》、驻京部队"革命派"文体战士联合演出的歌舞《毛泽东诗词组歌》和《井冈山的道路》、音乐学院和舞蹈学院联合演出的大型音乐舞蹈史诗《无产阶级文化大革命万岁》、工农兵的文艺节目《热烈欢呼全国山河一片红》等。

1973 年以后，北京电视台引进了彩色录像设备和彩色转播车，电视节目开始向录像播出过渡。录像技术的采用，不仅使文艺节目不再转瞬即逝，而且能够录制成录像带予以保留、重播和交流，更重要的是使电视文艺节目的生产实现了一次飞跃，具备了可以进行后期加工这一有利条件，从而大大提高了电视文艺节目的质量。在 1975—1976 年间，还曾使用彩色录像设备录制了一批戏曲界名家的保留剧目，如李和曾、赵燕侠、谭元寿、粤剧演员红线女、著名相声演员侯宝林、郭启儒等表演的传统曲艺节目及花鼓戏、汉剧、晋剧、河北梆子等传统剧目共 150 多个，为一批名演员的代表剧目留下了宝贵的影像资料。

粉碎"四人帮"以后，大批优秀的戏剧、音乐、歌舞、曲艺、杂技节目重新在舞台上演出。这一时期中央电视台转播了几次大型的文艺晚会，如 1976 年 12 月现场直播了《诗刊》编辑部主办的诗歌朗诵音乐会；1977 年 1 月，中央电视台组织编排了专题文艺节目《我们永远怀念您啊，敬爱的周总理》，用激情饱满的解说词串联，并穿插了反映周总理生平事迹的影片资料，以及郭兰英、马玉涛等歌唱家演唱的歌曲，抒发了全国人民对周总理的敬仰、爱戴和深切的怀念之情。此外，还录像播出了话剧《于无声处》、《丹心谱》、《左邻右舍》等，都反映了人民群众与"四人帮"进行斗争的情景，在观众中引起了强烈的共鸣。

（四）繁荣兴旺时期

1978 年党的十一届三中全会以后，迎来了社会主义文艺的春天。时代也要求电视文艺利用电视媒体的优势，确立自身的形象与品牌，充分发挥电视文艺的价值和功能，使电视文艺真正站立起来。中央电视台不仅恢复了原有的电视文艺专栏节目，而且开办了许多新的专栏节目，如《舞台与银幕》、《艺苑之花》、《音乐与舞蹈》、《曲艺与杂技》、《周末文艺》等。其中，中央电视台于1979年1月开办的文艺栏目《外国文艺》，是新时期中国电视文艺第一个具有影响力的栏目。该栏目以介绍外国优秀文艺节目为宗旨，打开了中国观众看世界的窗口，在很长一段时间，它是中国观众了解国外民情民风的唯一渠道。

　　1981年元旦，广东电视台开办了一个杂志型专栏《万紫千红》。11月，该台又开办了另一个栏目《百花园》，它们共同开创了电视文艺栏目化的风气之先。至1984年，中央和各省两级电视台开办的各类栏目总数达400多个，而文艺栏目所占的比例就达18%，即几乎每个电视台都有自己的电视文艺栏目。1984年5月，广播电视部还委托中央电视台召开了第一次全国文艺座谈会，电视文艺栏目化成为会议讨论的一个重要议题。恰如中央电视台文艺部主任邹友开所言："向栏目化发展，电视文艺节目也应该和其他节目一样，纳入栏目播出。每个电视文艺栏目应有固定的播出时间和节目长度，有明确的栏目宗旨，便于观众收看。"①

　　1982年1月25日，中央电视台播出了电视文艺《迎春联欢晚会》。此后，每年一届的以"赏心悦目、皆大欢喜、雅俗共赏"为宗旨的电视春节联欢晚会逐渐形成了一定的格局，已经成为全国人民不可或缺的电视节庆和文化大餐。换言之，以春节电视文艺晚会为代表的综合电视文艺的实况播出，表明具有中国特色的电视文艺已日臻完善。随后，中央电视台举办了一系列大型的文艺竞赛活动。诸如自1984年起曾经先后举办的"全国电视相声歌手大赛"、"全国戏剧小品电视大赛"、"全国喜剧小品邀请赛"等，都极大地丰富了电视文艺的表现内容，为电视文艺的发展拓宽了道路和空间。

　　与此同时，中国的电视文艺开始了国际的交往，且多次在国际上获奖。如1986年6月，中央电视台应邀首次参加意大利电视台主办的《夏日世界音乐之夜》节目，文艺部录制的琵琶独奏《十面埋伏》和古筝独奏《渔舟唱晚》参加了联播，引起了不小的轰动。1988年，中央电视台录制的《金舞银饰》，在第25届"金色布拉格"国际电视节上获得了"传统与民间音乐电视奖"。

　　为了进一步繁荣中国的电视文艺，中央电视台于1987年设立了电视文艺"星光奖"，用以鼓励电视文艺工作者的积极性，此举极大地促进了电视文艺的创作。另外，上海电视台和四川电视台分别从1986年和1991年起，举办"白玉兰奖"国际电视节和"金熊猫奖"国际电视节。

---

　　①　朱宝贺. 电视文艺编导艺术. 北京：中国广播电视出版社，1996.13.

　　1992 年，文化部首次举办了"文化部春节晚会"，大年初一在中央电视台的黄金时段播出。

　　1995 年春节，中央电视台又举办了三台春节文艺晚会：电视综合文艺晚会、电视歌舞晚会、电视戏曲晚会。而其他电视专栏节目，也分别根据栏目自身的特点举办了春节特别节目，如《曲苑杂坛》的春节特别节目——《95 正月正晚会》；《半边天》的春节特别节目——《我们的家》；《东西南北中》的春节特别节目——《东西南北闹新春》等。用著名文学理论工作者、电视评论家田本相的话说是："春节晚会已经成为具有中国特色的电视文化的组成部分的独特创造。它已经扎根在亿万观众的心里，它使中国的电视文化在世界电视中也独具民族特色和享有盛誉。春节晚会是中国电视文化的一个宝。"

　　中国电视文艺的全面繁荣，还表现在中央电视台两个新频道的开播。1995年 11 月 30 日，中央电视台的电影频道开播，它率先开辟了中国影视合流的道路。与此同时，中央电视台以娱乐性节目为主的文艺频道也正式开播，它的主干节目有国产电视剧、译制片、中外音乐电视、综艺性节目、经过精编的首播节目、动画节目六大类，使电视观众在愉悦中得到了休憩和鼓舞。

　　1996 年上半年，中央电视台成立了"心连心"艺术团，电视文艺开始深入基层、深入群众，扎根于人民。

　　1997 年 7 月 13 日，湖南卫视率先推出电视游戏娱乐节目《快乐大本营》，最红火时平均收视率曾达 33%。

　　1998 年 11 月，中央电视台推出了益智类的电视节目《幸运 52》。

　　1999 年 1 月 2 日，北京有线电视台开播了《欢乐总动员》。

　　1999 年 5 月 3 日，中央电视台将第八套节目改为电视剧频道。这是中国国家电视台第一个以播放电视剧为主的专业频道。

　　2000 年 2 月，《〈同一首歌〉——相逢 2000 大型演唱会》在北京工人体育馆举行，当天即《同一首歌》栏目的诞生日。2002 年 6 月，其进行了一次公开的广告招标，最终的数额高达 6 560 万元。

　　2000 年 7 月 7 日，中央电视台经济信息部推出了全新的知识娱乐栏目《开心辞典》。《开心辞典》"首次实现的电视网络联动（既有节目现场观众按键答题，又有场外观众通过网络或短信答题）使电视娱乐节目和观众之间结束了以往单纯的播出和收视关系，形成了真正互动的全面参与"①。

---

　　① 张凤铸，胡妙德，关玲. 中国当代广播电视文艺学. 北京：北京广播学院出版社，2004. 80.

2000 年 12 月 18 日，中央电视台第三套节目（综艺频道）正式改版，包括《周末喜相逢》、《挑战主持人》在内的 34 个栏目，以全新的姿态面对观众，力争满足各个年龄层次的不同观众，成为新世纪中国电视文艺发展的一个新起点。

2000 年 12 月 23 日，电视文艺类谈话节目《艺术人生》在中央电视台三套黄金时段开播。此外，比较成功的还有《超级访问》、《夫妻剧场》、《戏曲人生》等节目。

2001 年，中央电视台戏曲频道开播。

总之，中国的电视文艺经过一系列的草创、发展和过渡时期，终于迎来了全面繁荣的新阶段。面对高科技的不断进步，海外媒体的日益冲击以及传播的网络化生存等，电视文艺也必将随时准备迎接各种挑战，并以不断调整的新姿态、新形式和新面貌正视瞬息万变的未来。

【思考题】

1. 人类之所以能够开辟卫星时代，主要得力于哪几个要素？
2. 简述中国电视文艺的主要发展阶段。

第二章　电视文艺节目形态

关于电视文艺的称谓和范畴，在 20 世纪 80 年代曾展开过一场"电视究竟是不是一门艺术，电视文艺有没有自己独立品格"的争论。如今，长期的艺术实践业已证明：电视不仅是一门新兴的艺术样式，而且电视文艺具有自己独立的美学品格。特别是在 1998 年经过多级专家论证和国务院学位委员会通过，北京广播学院（现更名为中国传媒大学）首次建立了我国唯一的"广播电视艺术学"博士点，一扫"电视无学"的无稽之谈。因此，中国的电视文艺学是电视对艺术或艺术对电视介入的结果。即在改变人们传统艺术观念的同时，催生出了一种富有时代感、集科学技术于一体的新艺术——电视文艺。它是一门新兴的社会学科，是一门研究中国电视文艺现象、传播活动及其规律的学科。

一、电视节目的分类

电视节目，种类繁多、层出不穷。要将众多的电视节目形态科学地归纳成几大类别，并非一件易事，但对其进行科学的分类又是不可或缺的。它对于探讨不同电视节目类型的本质，寻求其内部构成的基本规律，以及把握各类电视作品的创作特征，都有着重要的价值和意义。恰如任远在《浅议电视节目分类》一文中所说："给电视节目分类，是一件比较复杂而困难的事情。由于电视的兼容性，电视节目无论从性质的多重性、形式的多样性、对象的广泛性、功能的多面性、分工的复杂性、传播手段的多元性来说，都是其他传播媒介所无法比拟的。"

实际上，研究电视节目主要就是研究节目形态。关于电视节目形态的定义，以下几种说法比较有代表性：

"电视节目形态指的就是与电视节目内容相对应的电视节目表现形式，它是电视节目制作方式的核心，提供着适用于不同内容的电视处理方法。"[1]

"简单地说，电视节目形态就是电视节目的存在样式和运动状态。从传统意义上讲，节目形态是指广播电视媒体组织传播活动的基本形式和播出方式。具体到电视节目的完整形态包括节目名称、内容、主题、形式和一定的时间长度。

---

[1] 王彩平. 电视节目形态创新方式探究. 声屏世界，2005（8）.

但电视节目形态在当代还被赋予了新的意涵——所谓电视节目形态，就是电视节目设计的基本模式，或者说节目形态是电视栏目的程序软件，提供着不同内容的电视处理方法。"①

"电视节目形态是电视节目形式的自然延伸和个性化拓展，也即由电视节目的形式、内容、气质和神韵构成的电视节目设计模板。"②

这几种说法从不同角度描述了电视节目形态的定义，但都比较模糊，不够准确、具体和科学。其实，电视节目形态不外乎两个主要特点：电视节目形态还是属于形式的范畴，它强调对电视节目内容的承载和传达形态；它是一个介乎抽象的形式和具体的样式之间的中间状态，它与具体的节目样式和结构方式关系密切。即电视节目形态是电视节目内容的形式载体和结构方式。它既是具体的节目形式，又是节目模式的基本构成。③

国内最先系统研究电视节目形态的是中国传媒大学的朱羽君和殷乐，其研究成果在 2001 年的《现代传播》上进行了六期的连载，分别是：《减压阀：电视娱乐节目》、《大众话语空间：电视谈话节目》、《信息社会的活跃时空：电视新闻节目》、《寰球同此凉热：新闻现场直播》、《声音的汇聚：电视评论节目》、《文化品质：电视纪录片》。

陈国钦、夏光富于 2006 年出版的《电视节目形态论》，则把电视节目形态划分为七大类：电视新闻类节目、电视文艺类节目、电视剧、电视娱乐类节目、电视纪录片、电视广告、电视节目主持。

徐舫州、徐帆于 2006 年出版的《电视节目类型学》，把电视节目形态划分为八大类：电视娱乐节目、电视谈话节目、电视新闻资讯节目、电视剧、电视纪录片、电视文艺节目、电视电影、电视特别节目。

张小琴、王彩平于 2007 年出版的《电视节目新形态》，把电视节目形态划分为七大类："真人秀"节目、科教节目、游戏节目、服务节目、法律节目、新闻节目、儿童节目。

孙宝国于 2007 年出版的《中国电视节目形态研究》，又把电视节目形态划分为十二类：电视新闻节目、电视新闻现场直播节目、电视谈话节目、电视纪录片、电视服务节目、电视广告节目、电视娱乐节目、电视"真人秀"节目、电视体育节目、电视电影、电视剧、电视动画片。

这些论著虽然较为全面，但依然存在两大缺陷：第一，基本上还是属于电

---

① 李立. 认识当代电视节目形态. 新闻界，2006（1）.

② 孙宝国. 中国电视节目形态研究. 北京：新华出版社，2007.2.

③ 谭天. 批评与建构——聚焦中国电视. 广州：暨南大学出版社，2009.104.

视节目类型或电视节目类型的形态特征分析;第二,还是以经验性描述为主,没有真正深入到学理性的层面,没有形成完整的、能够指导电视节目研发和创新的电视节目形态理论体系。毕竟从电视业需求角度来看,电视节目形态的研究必须为内容生产和节目研发服务,为电视节目创新和电视实务服务。即电视节目形态是电视节目制作方式的核心,理应提供适用于不同内容的电视处理方法。基于这种指导思想,电视节目形态研究始终要从节目制作和播出的角度来观照它。暨南大学的谭天教授就把所有的电视节目形态归纳为以下六种①:

(1)纪录片。

这里所说的纪录片是指采用纪录编码和电子新闻采集(Electronic News Gathering, ENG)方式制作的一种节目形态。ENG 是指前期摄录,后期编辑、播出的一种制作播出方式。纪录片节目形态涵盖新闻、社教、文艺各类节目,它包括纪录片、专题片、电视消息、连续(系列)报道等各种纪实性节目样式。实际上,"现在,典型的纪录片已经失去统治地位,让位给了比它新的节目形态,但是记录的表现方式却如同电视的基因一样,在所有电视节目中携带着"②。即现在的纪录片节目形态往往不是单一存在的。如 VCR(视频片断)已广泛植入到谈话节目、现场直播等各种节目形态之中。

(2)谈话节目。

谈话节目形态是由节目主持人和嘉宾围绕特定话题在特定时空中形成谈话场,实现由人际传播向大众传播转换的一种节目样式。而特定时空可以是在演播室里,也可以在户外选定的一个演播区间里。电视谈话节目通常采用演播室制作(Electronic Studio Production, ESP),ESP 是在演播室采用多机拍摄、现场切换的即摄即编的制作方式,可直播也可录播,是一种低成本的节目制作方式。英国学者尼古拉斯·阿伯克龙比认为:"电视的一个重要特征似乎是它引起交谈、鼓励谈话的功能。实际上,电视似乎常常是关于谈话的。作为一种媒体,它确实是由可视的谈话构成的。"③

(3)现场直播。

电视现场直播是指同步播出被传播对象现场实况信息的电视节目制播方式,它也是最能发挥电视特有的传播特性和优势的一种节目形态。电视现场直播通常采用现场节目制作(EFP)或卫星新闻采集(SNG)方式。EFP 是将电视转

---

① 谭天. 批评与建构——聚焦中国电视. 广州:暨南大学出版社,2009.113~116.

② 张小琴,王彩平. 电视节目新形态. 北京:中国广播电视出版社,2007.92.

③ [英]尼古拉斯·阿伯克龙比. 电视与社会. 张永喜等译. 南京:南京大学出版社,2001.174.

播车开赴现场录制节目并同步播出，常常使用微波或有线光缆传送信号；SNG则是采用移动式数字卫星传送系统（DSNG）来进行现场直播信号的传送。即零时差（采编播合一，事件的发生、记录和传播同步进行），零损耗（真实），零误差（传者与受众之间阅读事件的零误差，即权威）。现场直播与其他节目形态的区别就在于它可以不受各种编码规则的制约。由于现场发生事件的不确定性且又不受编码规则的制约，不可预知的直播过程和多机拍摄的现场感给观众带来更多的期待与体验。

（4）电视剧。

电视剧采用的是组合编码制作方式，这是一种传播者为传播其观念与想象的需要而自由组合影像的编码方式。"虚构类作品最花心思的事情就是创造出令人信服的符合生活逻辑的类生活，千方百计使剧中的生活具有真实感，令人信服。"[①] 需要指出的是，虚构性不同于戏剧性，虚构是一种影像表意，一种编码方式，而戏剧则是一种叙事方式，一种结构方式。因此，我们要把故事情节虚构的剧情节目与含有戏剧元素的纪实节目区分开来。

（5）"真人秀"。

"真人秀"是一种新的电视节目形态。"电视真人秀作为一种节目，是对自愿参与者在规定情境中，为了预先给定的目的，按照特定的规则所进行的竞争行为的真实纪录和艺术加工。"[②] 从制播方式来看，"真人秀"更接近于纪录编码。然而，在游戏规则的作用下，"真人秀"产生了组合编码的戏剧效果。这种介乎虚构与纪实之间的电视节目形态是由一套独特的游戏规则构成的。

（6）动画。

这是一种由计算机图像技术构成的数字电视节目形态，人们把这一数字影像通俗地叫做动画。数字影像的技术分类有三种：在实拍画面基础上进行比较简单的效果处理；合成数字影像，包括两路视频之间的各种切换特技、两层以上画面的合成等；完全虚拟、由电脑生成的数字影像，包括三维动画、用激光扫描和动作传感器处理后的数字仿真人物、虚拟背景等。作为电视节目形态的动画主要是指后两种组成的多信息混合编码系统。这里，主要有两种编码方式，一种是模拟影像编码，以假乱真，仍然是按真实影像规则进行编码。如纪录片《故宫》，只需拍摄10个演员扮演的士兵（真实影像），就可以虚拟出浩浩荡荡的闯王起义军（虚拟影像）；另一种是虚拟影像编码，即全部是动画制作，完

---

① 张小琴，王彩平. 电视节目新形态. 北京：中国广播电视出版社，2007.30.

② 尹鸿，冉儒学，陆虹. 娱乐旋风——认识电视真人秀. 北京：中国广播电视出版社，2006.6.

全采用一种与真实影像不同的"语法"。如《变形金刚》就是采用计算机技术虚拟出现实世界中不存在的影像，充分发挥无所不能的想象力。作为单一形态存在的电视节目基本形态的动画，主要是指后一种编码方式。

当然，在现实中，单一形态存在的节目并不多。实际上各种具体的电视节目形态往往由两种或两种以上的基本节目形态所构成。换句话说，就是所有的电视节目样式都可以由六种基本节目形态组合、融合和变异而成。如获 2002 年度中国电视新闻奖现场直播一等奖的《三峡工程导流明渠截流特别报道》，里面就根据内容表达的需要整合了多种基本节目形态：大江截流实况（现场直播）、专家访谈（谈话节目）和介绍导流明渠作用（三维动画）。在这个节目形态里至少包括三个节目模块：现场直播模块、谈话节目模块和动画模块。这充分说明了在电视节目生产与研发实践中，往往是这几种基本电视节目形态的组合和融合。

二、电视文艺节目的范畴界定

对于电视文艺节目的范畴界定，主要困难不在创作方法的求同（虚构还是纪实），而在体裁形式的各异。因为除了电视新闻与电视文艺的界限稍微清楚一些外，其余各类节目都或多或少与广义的"电视文艺"沾边。《电视艺术辞典》曾将其定义为："电视文艺指通过电视传播媒介而播出的各类文艺节目，是电视台文艺性节目的总称。广义地说，电视文艺包括电视剧和其他各类电视文艺节目；狭义地说，电视文艺是指电视剧之外的其他各类电视文艺节目。"

对此，当下学术界主要有三种代表性的意见：

（1）电视文艺是指电视屏幕上播出的一切文艺节目的总称；

（2）电视文艺是指电视屏幕上播出的除电视剧之外的一切文艺节目的总称，包括文艺晚会、专题文艺、音乐节目、文学节目、舞蹈节目、戏曲、曲艺、杂技、竞技节目等；

（3）电视文艺是指电视屏幕上播出的、具有电视艺术特性的电视文艺节目。

其实，第一种说法是从广义上来讲的，电视文艺是电视剧和其他各类文艺性节目的总称；第二种是从狭义上理解的，是指除去电视剧之外的其他一切文艺性电视节目的总和；第三种则是美学意义上的规范，呼吁一种纯粹的"电视文艺"，并赋予电视独立的艺术品格——"电视艺术"的品格和表述语言，它已从暂时约定俗成的用法上升到本体论范畴，具有一定的前瞻性和可能性。

中国传媒大学的学者周华斌教授还曾进一步区分了"电视文艺"与"电视艺术"这两个概念的细微差别。他认为，"电视文艺"意味着电视作为"媒介"所传播的文艺节目；"电视艺术"意味着电视作为"载体"所具备的艺术个性——包括非文艺节目中同样存在的电视艺术个性，诸如电视语言、表现手段、艺术技巧的综合体现等。

即便如此，依然存在着不同的理解和看法。比如杨世真在其所著的《电视艺术原理》一书中认为，目前可以称为电视艺术的只有电视剧、动画片和电视纪录片。其一，在电视剧、动画片和电视纪录片中产生了大量的、有影响力的作品；其二，它们都形成了自己一整套独特的艺术规则。电视剧、动画片和电视纪录片虽然都是在剧本的基础上运用电视化的手段进行创作，但一方面剧本与传统的文学样式不一样，另一方面，更重要的是电视化手段从根本上改变了事物的质，使其变成另一种性质的新事物。即根据对原有事物的电视化改造程度不同，电视文艺节目可以分为三类：第一类是电视音乐、电视舞蹈、电视戏曲等，它们是新事物，但不是新的艺术品种；第二类是电视文学和音乐电视，它们是新的艺术品种，但不是新的艺术门类；第三类是电视剧、动画片和电视纪录片，它们是新的艺术门类。如果将木椅子比喻为传统艺术的话，那么，第一类电视文艺节目好比是在木椅子外面套了一层软垫；第二类电视文艺节目就好比是用海绵做的椅子，从而变成沙发；第三类电视文艺节目好比是用面粉做的椅子，它不是用来坐的，而是用来吃的，于是它成了一块面包，性质完全发生了变化。

目前，对电视文艺节目比较有说服力的分法是中国传媒大学高鑫教授提出的，他依据荧屏上已经涌现出来的电视艺术作品的客观实际，将其分为四大类：①

1. 电视文学类节目

电视文学类节目是运用电视的技术和艺术手段，在屏幕上营造文学的意境，抒发深沉的思想情感，给观众以文学审美情趣的电视艺术作品。主要包括：电视小说、电视散文、电视诗、电视报告文学等。

2. 电视艺术类节目

电视艺术类节目是运用电视艺术特有的思维方式和审美意识，兼容其他艺术样式所构成的，着重体现屏幕艺术美的电视艺术作品。主要包括：电视音乐艺术片、电视歌舞艺术片、电视风光艺术片、电视风情艺术片、电视民俗艺术

① 高鑫. 电视艺术学. 北京：北京师范大学出版社，1998. 14.

片、电视专题艺术片、电视文献艺术片等。

3. 电视戏剧类节目

电视戏剧类节目是依据戏剧的构成方式或电影的时空转换，通过电视传播媒介、制作方式和艺术手段，独立制作的、充分电视化的屏幕艺术作品。主要包括：电视小品、电视短剧、电视单本剧、电视连续剧、电视系列剧、戏曲电视剧等。

4. 电视综艺类节目

电视综艺类节目以文艺演出为基本的构成形态，但经过了电视艺术的二度创作。其总体结构、表现方式和艺术手法，均具有电视艺术独特的审美形态和形式美。由于它基本保留了原有的艺术形态，保留了舞台和演播室的演出形式，仅仅利用了电视的传播手段，故而还算不上真正的电视艺术，只能是电视艺术的一种"亚艺术"形态。它主要包括：电视综艺晚会、电视文艺节目、电视综艺栏目等。即电视文艺节目应该"充满欢乐的气氛，内容和形式要新颖，品位和格调要高，力求以健康、高雅、朴实、精粹的节目，使观众得到很好的休憩和审美的享受"①。

这样看来，电视文艺是以文学、艺术和文艺演出为创作原始素材及基本构成元素，运用视听语言创作完成的电视艺术作品。它包括电视综艺、电视文艺专题、电视文学、电视音乐、电视戏曲、电视曲艺杂技、电视歌舞、电视剧、电视文艺晚会等类型。它往往以电视文艺栏目的方式，通过电视文艺频道和其他专业频道及综合频道播出，有时也以特别节目的方式播出。电视文艺具有自己独特的艺术形态、性质功能和审美价值，它已不仅仅是简单意义上的原艺术形式加电视手段的简单转播，而是在特有的创作思维指导下产生的电视化的、不同于其他艺术的新的艺术形式。

这里，我们采取广义上的理解，认为"凡是以满足观众审美、娱乐需求为主要目的的电视节目，均可划在电视文艺的名下"②。即涵盖了电视屏幕上播出的一切电视文学艺术样式。它包括：电视剧；电视艺术片；文艺演出的现场直播和实况录像节目；专题文艺节目与专栏性文化节目；电视歌舞、节庆文艺晚会；电视文学、电视音乐、电视戏曲、电视舞蹈、电视电影、电视曲艺杂技以及诸种亚艺术（如艺术体操、冰上舞蹈、园林艺术、烹饪、时装表演等）等播映节目。甚至包括某些所谓"电视专题"片中所存在的"电视艺术"因素以及

---

① 高鑫. 电视艺术概论. 北京：学苑出版社，1992. 257.
② 宋春霖. 关于电视文艺的几点思考. 电视研究，1989（4）.

"文艺"范畴的某些专题（纪录）片等。若再进一步加以概括，主要就是四大类：电视剧；各种电视综艺节目；电视文艺类节目（各种艺术样式与电视的结合，如电视文学、电视音乐、电视戏曲、电视舞蹈、电视电影等）；电视艺术片。

简言之，电视文艺是电视和文艺相结合所产生的一种新的文艺样式。它是以电子技术为传播手段，发挥电视的本体特性，以声画造型为传播方式，运用艺术的审美思维把握和表现客观世界，对各类文艺作品进行加工、综合、创造，并通过电视屏幕传播的一种别具一格的艺术形式。它通过鲜明的屏幕艺术形象，达到以情感人的目的，并给观众以艺术的审美享受。它是电视节目的重要组成部分，一般占电视台电视节目播出量的一半左右。

三、电视文艺节目的表现形态

电视传播平台的特性——艺术形态的不确定性、不遵守戒律的民间性、越界杂交的开放性，决定了电视艺术是大众艺术，甚至是人类文明史上最辉煌的"广场"艺术。电视艺术的属性决定了电视节目的形态处于一种不稳定的状态，除了有限的几种节目形态比较固定之外，大多节目形态常变常新，常生常死。这让理论工作者很困惑，总面临一些节目形态无法分类的窘境。如果明白电视艺术是大众艺术、广场艺术这个道理，就不会为分类问题而苦恼了。

其实，我国电视文艺节目的发展，同样经历了一个逐步电视化的过程。以往的电视文艺节目，只是各种文艺节目的简单组合，观众鉴赏的仍然是原有的文艺节目形态。只有在电子手段介入创作后，才真正构成名副其实的电视文艺节目。

（一）电视音乐节目

电视音乐节目是以各类音乐演出为基本素材，运用电视的特殊手段制作，通过电视屏幕播出的电视音乐形态。它主要包括电视声乐节目、电视器乐节目、电视综合音乐节目、电视专题音乐节目。

（1）电视声乐节目。

电视声乐节目是由歌唱演员演唱，经过电视技术的特殊处理而构成的电视音乐节目。就其演唱方法来说，分为美声、通俗、民族；就其组成方式来说，分为个人演唱会、多人演唱会；就其表现形式来说，分为舞台演出、实景拍摄、特技组接等。

（2）电视器乐节目。

电视器乐节目是由各种乐器的演奏，经过电视技术的特殊处理而构成的电视音乐节目。主要分为：民族乐器演奏会、西洋乐器演奏会、电声乐器演奏会；也包括单一的乐器演奏，如二胡演奏会、琵琶演奏会、钢琴演奏会、小提琴演奏会等。

中央电视台的《中国名曲欣赏》，就主要介绍了几种民族古器乐曲：古琴曲《流水》，取材古代流传甚广的伯牙弹琴子期知音的故事，通过深沉、浑厚、流畅的旋律和清澈的泛音，表现了幽涧滴泉、清清冷冷的奇境；二胡曲《汉宫秋月》（又名《二泉映月》），速度缓慢，用弓细腻，乐声时断时续，音色柔和，表现了宫女哀怨悲愁的情绪；琵琶曲《十面埋伏》，是一首传统的琵琶大套武曲，以我国历史上楚汉之争为题材，描绘了垓下之战的情景。

（3）电视综合音乐节目。

电视综合音乐节目主要是指由声乐和器乐联合组成的综合音乐会，经过电视技术的特殊处理而构成的电视音乐节目。其形式多样，风格迥异，给观众以多样化的音乐审美享受。

（4）电视专题音乐节目。

电视专题音乐节目是通过声乐或器乐或综合性的音乐作品，表现一个共同的主题，倾吐一种同一的意愿的电视音乐节目。如陕西电视台等 11 家电视台联合录制的《西部之声》，就是一部电视专题音乐片，共展示了我国西部 20 多个民族的 300 多首传统民歌和现代民歌，具有浓郁的民族风情。

（二）电视舞蹈节目

舞蹈是以经过提炼、组织和艺术处理的人体动作，表达思想感情，反映社会生活的特殊艺术形态，其基本构成主要是动作、姿态、节奏、表情。电视舞蹈节目则主要是指以各类舞蹈演出为基本素材，运用电视特殊技术手法制作，通过电视屏幕播出的电视舞蹈形态。

1999 年 9 月，中央电视台创办了《舞蹈世界》栏目。

2000 年 10 月 1 日，中央电视台举办了"首届 CCTV 电视舞蹈大赛"。

2002 年 4 月 1 日，中央电视台举办了"第二届 CCTV 电视舞蹈大赛"。其中获得民族舞金奖的作品《扇舞丹青》，堪称舞蹈精品。对此，北京广播学院的高鑫教授给予了很高的评价："《扇舞丹青》，十分准确地把握住了中国古典文化精神，将中国古典舞蹈、绘画和音乐熔为一炉，并利用现代电视艺术手段进行二度创作，营造了一个冲淡、雅致、高远的意境。在这部作品舞蹈环境的选择上，编导采用了最具冲淡雅致特色的中国水墨画（《扇舞丹青》的丹青），或山水，或竹、荷、菊、梅，或前景，或后景，或以实景道具拍摄，或以特技图像处理，布置了一个冲淡意境呼之欲出的舞蹈场景。这是绘画语言通过实境对整体意境的刻画和表达。在音乐的运用上，编导采用了以古筝弹奏的民乐。随着环境的展开，独具中国传统特色的音乐或低，或高，或疾，或徐，或轻拢慢捻，或快弹连拨。这是音乐语言对整体意境的刻画和表达。"

一般说来，电视舞蹈节目又可分为如下几种主要类型：

（1）电视民族舞蹈节目。

它是将在民间广泛流传、具有鲜明民族风格和地方特色的传统舞蹈，经过电视特殊的艺术处理，由电视屏幕播出的舞蹈节目。我国是多民族国家，因各民族的生活、风俗习惯及自然环境的不同，民族舞蹈的风格和特色也存在着明显的差异。中国有 18 000 种舞蹈。诸如汉族的"腰鼓"、蒙古族的"安代"、藏族的"锅庄"、维吾尔族的"塞乃姆"等，都具有鲜明的民族特色。

（2）电视芭蕾舞蹈节目。

芭蕾舞，是欧洲古典舞剧的通称。最初，它起源于意大利；在 17 世纪形成于法国；它创造了足尖舞技巧，并有一套完整的、科学的训练方法，逐渐形成了不同风格的意大利学派和法国学派；18 世纪传入俄国，又建立了著名的俄罗斯学派；19 世纪中叶，它发展成为一门独立的艺术；20 世纪初，又出现了现代芭蕾学派，并派生出了许多流派风行于欧美。

芭蕾是一种综合艺术，它如音乐一样具有时间艺术的特征，又像绘画和雕塑一样具有空间艺术的特色。芭蕾借用了音乐、绘画、灯光、服装，通过演员的形体动作表达完整的剧情，抒发人物的思想感情。芭蕾舞的表现形式有：独舞、双人舞、群舞、性格舞蹈等。在芭蕾舞剧中，这些舞蹈经常穿插进行，充分显现出芭蕾的艺术表现力。所谓性格舞蹈，是根据内容与形式的需要，进行再创作并表演的展示异国情调的民间舞。如佩蒂帕在《天鹅湖》第三幕中编排的西班牙的"斗牛士舞"、意大利的"那不勒斯舞"、匈牙利的"恰尔达什舞"、波兰的"玛祖卡舞"等，具有渲染气氛、烘托场面、丰富色彩、推动情节等功用。因此演员需要具有热情奔放的性格特征，才能够把握多种多样的动作风格。

新中国成立后，芭蕾传入我国，并在芭蕾民族化上取得了较大的成绩，创作出了具有中国作风和中国气派的民族芭蕾舞剧，如《鱼美人》、《白毛女》、《红色娘子军》、《祝福》等优秀的芭蕾剧目。

（3）电视社交舞蹈节目。

社交舞蹈，也称"交际舞"、"交谊舞"。它由民间舞蹈变化而成，多为男女对舞的舞会舞蹈形式，距今已有 100 多年的历史。

目前，国际流行的社交舞蹈分作两大派系：一是国际交谊舞，它由古代欧洲的宫廷舞蹈演化而成，当时是贵族阶层的专利品，后来成为社交活动中的一个重要组成部分，其中主要包括华尔兹、狐步舞、快步舞、探戈舞等，其舞姿优美，轻柔洒脱，舞步流畅，节奏明快，具有一种绅士风度；二是拉丁舞，它是在南美洲拉丁民族优美的音乐中产生的，融汇了当地民族豪爽奔放、自由活泼的性格特征，它主要包括伦巴、斗牛舞、恰恰舞、牛仔舞等，其舞姿热情奔放，节奏明晰，技巧性强。社交舞蹈在社会交往与艺术价值上都有较高的地位和作用。

（4）电视现代舞蹈节目。

现代舞是19世纪末20世纪初在欧美兴起的。现代舞一词最早出现在约翰·马丁的《现代舞》一书当中。著名现代舞艺术家邓肯（1877—1927）当时只是主张根据自己的意愿，按照自然法则展开动作，自由地抒发个人的内在情感，表现自己独特的感受。她甚至大胆地采用贝多芬的交响乐、高邦的舞曲、施特劳斯的《蓝色多瑙河》、法国的《马赛曲》进行舞蹈表演。现代舞又被称为"自由舞"。

现代舞反对古典芭蕾的因循守旧、脱离现实生活、单纯追求技巧的形式主义倾向，主张摆脱过于僵化的动作程式的束缚，以合乎自然运动法则的舞蹈动作，自由地抒发人的真实情感，强调舞蹈艺术要反映现代社会生活。后来，许多舞蹈家继承并发展了这一舞蹈形式，形成了许多不同风格的现代舞流派。其共同特征是：努力摆脱古典芭蕾的程式和束缚，以自然的舞蹈动作，自由地表现思想感情和社会生活，具有较强的抽象性、意念性、随意性和多义性。如罗马尼亚的《舞蹈、舞蹈、舞蹈》，就是一部杰出的电视现代舞蹈。它通过表现一位著名的现代舞女演员的艺术生涯，运用独舞、双人舞、群舞的现代舞艺术形式，表现了艰苦的创作生活和成功的喜悦。

（5）电视新潮舞蹈节目。

新潮舞蹈是20世纪70年代初期在美国兴起的一种舞蹈。它融芭蕾舞、现代舞、黑人舞、自由体操、杂技、哑剧表演于一身。其舞风刚柔并济，随意性强，激越时如闪电雷鸣，温柔时如和风细雨。它主要包括摇滚、霹雳、迪斯科等舞蹈样式。

（三）电视戏曲节目

（略，后面专章集中阐述）

（四）电视曲艺、杂技节目

它是指由曲艺和杂技的演出为基本素材，运用电视技术和传统方式所构成的电视文艺节目。在艺术界，曲艺、杂技往往并称，这固然是由于它们同属"大众化"、"通俗化"、"娱乐性"的文艺样式所致，但其表现形式各有不同。

（1）电视曲艺节目。

曲艺是各种说唱艺术的总称。它以带有表演动作的说唱形式来叙述故事、塑造人物、表达思想感情，进而反映社会生活。曲艺一般以叙述语言为主，代他人立言为辅，故具有一人多角的特点。且多数节目与民间音乐、各地的方言关系密切。演出时，演员人数较少，通常二三人。道具也简单，形式灵活。

我国曲艺表演的历史悠久，唐代有说唱故事的"说话"；宋代有"鼓子词"、"清宫调"；元明清三代又涌现出多种曲种、曲目。据不完全统计，我国各民族、各地区有300多个曲种。其中主要的形式有：大鼓、弹词、琴书、快板、相声、数来宝等。电视曲艺节目运用电视的技术手段加工而成，不仅能够充分表现演员的表演技巧，增强艺术效果，而且能通过叠加字幕，排除由于方言所造成的语言障碍，准确地传达节目内容。

（2）电视杂技节目。

杂技是一种表演艺术，其主要形式包括蹬技、手技、顶技、口技、车技、武术、爬杆、走索以及各种民间杂耍等。通常还将戏法、魔术、马戏、驯兽等包括在内。杂技节目的共同特点是：以健美有力的形体动作、灵巧迅速的手法、各种高难度的技术来进行表演，以表现人的智慧、勇敢和坚强。

我国的杂技艺术历史悠久，春秋战国时期，已有杂技的萌芽；至汉代，就基本形成了杂技的表演模式，西汉出土的文物——杂技俑，提供了西汉时期杂技表演的艺术形象；东汉的砖刻、石雕等文献实物，也对杂技表演作了丰富的记载。新中国成立后，杂技得到了更为丰富的发展，吴桥杂技已经世界闻名，并连续举办了多次世界性的"杂技节"。电视杂技，充分利用电视的技术手段，在保持杂技表演原貌的基础上，对其高超的技艺和精彩部分，以近景和特写拍摄，进一步突出其艰、难、险的技艺程度，从而使观众获得比在现场观赏更好的视觉效果。

（五）电视文艺竞技节目

它主要是指由节目主持人、竞技演员、评委、特邀观众等所组成，以竞技形态出现的各类文艺节目演出，是一种具有比赛性、欣赏性、娱乐性的电视文艺样式。[①]

电视文艺竞技节目，是在当今时代审美意识不断更新的情况下脱颖而出的一种电视文艺样式，具有独特的审美个性，越来越受到电视观众的欢迎。恰如

---

① 高鑫. 电视艺术学. 北京：北京师范大学出版社，1998.425.

李江林在《电视文艺概论》一书中所言："它丰富了电视屏幕，使传统的电视文艺节目，得到了横向的拓展和纵向的开掘，因而受到广大电视观众的喜爱。这类全国性的文艺竞技类节目，影响范围之广，参加人数之多，各地在选播时往往也在本地电视台播出比赛实况，即对各地有关文艺的发展也是一个促进。此外，这类节目在普及、提高人们审美水平方面的作用不可低估。"它包括游戏类、益智类、真人秀、娱乐体育类节目以及各种体育竞赛活动等。

这里，仅以娱乐体育竞技节目为例。竞技体育类节目出现娱乐化倾向，缘于1992年的《大竞技》、《娱乐宫》等栏目。之后，央视开始引进法国电视台一档大型体育节目《城市之间》，并作为参赛国家参与其中。在播出过程中，其充满趣味性的项目设置、充满竞争性的比赛氛围以及充满娱乐性的选手表现，使收视率节节攀升，并赢得了良好口碑，一时在全国掀起了"城市之间"的收视浪潮。

《城市之间》这一大型趣味体育游戏节目是法国电视台于1962年创办的。它的成功之处就在于它用一种群众性、娱乐性极强的竞技方式，融入开阔的想象、大胆的制作来达到促进两个城市之间体育、文化交流的宣传目的。它作为法国电视台一档声誉极高的电视娱乐节目，风靡法国40多年，倾倒了无数欧美观众，市民和观众对节目的狂热程度一点不亚于世界杯。《城市之间》一般都在夏季的周五播出，现场的观众常在七八千人，而热线电话参与者多达1 000万人，占法国总人口的1/5，每场的气氛都像过节一样，这样火爆的电视节目世界少见。这一节目在欧洲有着广阔的市场，英国、德国、西班牙等国都相继推出了本国的《城市之间》节目。

随着"全民健身"口号的提出和体育项目的推广普及，竞技体育已不再仅仅是运动员的专利，它的一些项目开始进入大众的视野，成为大众参与的项目。甚至在体育界出现了"娱乐体育"这一名词，即在闲暇时间里消遣时光并使人感到愉悦的体育形式。① 尤其是2008年，一批以奥运为主题的新形态节目横空出世，为电视荧屏刮起一阵清爽之风。截至2010年8月，省级卫视现在播出的冲关竞技类节目有：湖南卫视的《快乐向前冲》、《智勇大冲关》；四川卫视的《传递梦想——运动之王》；浙江卫视的《冲关我最棒》；江苏卫视的《挑战百分百》；安徽卫视的《男生女生向前冲》；山东卫视的《爱拼才会赢》；山东电视综艺频道的《全运向前冲》；海南新闻频道的《好运向前冲》等等。节目内容和形式的多种多样、求新求变，让普通老百姓上电视过把瘾的全民参与策略，

---

① 卢锋. 娱乐体育. 北京：人民体育出版社，2003.12.

紧紧扣住了当下人们追求快乐、刺激、挑战的游戏心理。具体说来，电视文艺竞技节目的特点主要表现为以下几个方面：

（1）竞赛性。

当今时代的激烈竞争，也促发了人们的竞争意识和竞争心态。电视文艺竞技节目，恰恰满足了现代人竞争观念下特殊的审美心理。这种竞技性，调动了演员演出的积极性，使其在最佳的竞技状态下，将自己最拿手的节目，以最高的表演水平奉献给电视观众；而电视观众也处于竞技的心态下，对屏幕上的竞技者加以品评、比较，并急于探知竞技的结果，分清孰胜孰负，故而产生一种其他文艺节目演出所不能替代的特殊审美享受。

（2）现场性。

观赏电视文艺竞技节目，比观赏其他的文艺表演具有一种更为强烈的现场感，观赏者有时也被电视台作为特殊客人邀请到演播室，直接目睹一场激动人心的竞技表演，即观赏者也产生了一种强烈的参与意识，激发起一种强烈的竞争意识。也正是这种现场感和参与意识，使观众始终处于一种紧张的情绪之中，从而获得审美的愉悦。

（3）观赏性。

电视竞技节目，不仅具有竞技性、现场性，而且具有较为强烈的观赏性。毕竟是一种文艺演出的特殊方式，它同任何一种文艺样式一样都具有观赏价值。诸如"流行歌曲大奖赛"、"民族舞蹈大奖赛"、"传统戏曲大奖赛"、"相声艺术大奖赛"等，这些具有竞技性质的文艺节目，本身具有较强的观赏性，使观众在文艺鉴赏的过程中，获得某种文艺形式本体的审美趣味。

（4）娱乐性。

竞技就是娱乐。或者说，竞技本身就具有浓厚的娱乐价值。参加竞技节目的竞技者，以及观赏竞技节目的观众，都始终处于一种紧张、激动的心境之中。这种心境本身就是一种娱乐，一种特殊的娱乐心态。况且，在整个竞技的过程中，电视观众也可以交换意见，评定优劣，给竞技者打分，即是在从事一桩更为高级的娱乐。

其中，电视选秀节目作为电视文艺竞技节目当中的一种表现形态，已经在当下形成了一定的规模。2005年《超级女声》的火爆，带动了中国内地选秀节目的兴起。2006年以来，选秀节目遍地开花，包括央视的《梦想中国》，东方卫视的《舞林大会》、《加油！好男儿》，北京卫视的《红楼梦中人》，江苏卫视的《绝对唱响》，浙江卫视的《梦想奥运真男孩》，山东卫视的《联盟歌会》，江西卫视的《中国红歌会英雄汇》等，各种选秀节目不下数百个。《加油！好男儿》2006年8月26日决赛时创下收视纪录：仅上海地区收视率就为10.6%，全国为 3.29% 。《舞林大会》2006 年上半年平均收视率达到 9.9%。

在林林总总、形态各异的电视选秀节目中，若按其节目理念来划分，可分为"为选而秀"和"为秀而选"两大类型。

"为选而秀"主要是指荧屏上出现的各类评选活动和颁奖晚会。按主办单位可分为三种：一是电视台主办的各类评奖活动，如央视的《感动中国年度人物评选》、《CCTV 年度经济人物评选》，广东卫视的《广东经济风云人物年度评选》等；二是政府和社会团体主办的各类评奖活动，如中国"金鹰"电视节、上海电视节、四川电视节等；三是行业与电视台联办的各类评选活动。在此类电视选秀中，"秀"的成分不大，往往只是在荧屏上呈现一台晚会，这里"选"是目的，"秀"是手段，强调的是电视选秀的专业化和权威性，主要依托电视媒体的公信力做文章。此类电视选秀做得中规中矩，比较传统，往往严肃有余活泼不足，在吸引眼球上远不如"为秀而选"的节目。

"为秀而选"的电视节目有一大批，像湖南卫视《超级女声》、《快乐男声》，东方卫视《加油！好男儿》、《我型我秀》、《舞林大会》，中央电视台《非常 6 + 1》、《梦想中国》、《星光大道》，江苏卫视《绝对唱响》等。此类电视选秀，"秀"是目的，"选"是手段，强调的是娱乐化和草根性，主要目的在于吸引观众的注意力。有的为了"秀"出轰动效应，不惜挑战社会道德底线，不择手段地吸引观众眼球。

也有一些电视选秀介乎这两者之间，如中央电视台的《CCTV 青年歌手电视大奖赛》、《谁将主持北京奥运》、《绝对挑战》以及台湾地区的《超级星光大道》等。这些选秀节目大多属于娱乐选秀，但又不能单纯地用节目的概念来审视它。因为电视选秀已经不是传统意义上的电视节目，而是一种媒介行为，一种活动经济，一种新的电视产品。

电视选秀不仅仅是一个传统节目的概念，更是一个依托电视频道策划组织的大型活动，属于活动经济范畴。作为活动经济的电视选秀具有两大特征：从内容生产来看，它是一种能够占有更多节目资源的节目形态，从内容传播角度来看，它搭建了一个比电视频道更宽阔的平台，并由此形成多渠道、跨媒介的整合营销传播，达到受众市场最大化之目的；从传媒经济来看，电视选秀把节目活动化，把活动过程化，非常有利于打造产品价值链。电视选秀是基于双重价值链上的活动经济，一条是基于节目资源，另一条是基于受众资源。作为活动经济的电视选秀聚合了公信力和注意力，是电视频道有形资产和无形资产的有机组合。电视选秀对于电视媒体的收益贡献至少有三方面：一是电视媒体的直接收益，主要是电视广告；二是电视媒体的间接收益，包括电视节目衍生产品的经营开发，如手机短信、音像制品、商业演出等；三是电视媒体的无形收益，主要是品牌、影响力等无形资产的增殖。

总之，电视文艺竞技节目不仅具有独特的审美价值，而且具有较好的社会效应，正如徐德仁在《试论电视竞技节目的审美意识》一文中所说："这对于提高竞争意识，开拓个人创造能力，完善社会民主，尤其是对于克服、排斥民族心态中那种封闭、狭隘、守旧的消极东西，继承和发扬传统文化中优秀的遗产，从而塑造新一代的社会主义的'现代化人'，都有一定的积极意义。在潜移默化中，它对于不断前进的'现代人'，对要求不断自我完善的'现代人'，真正提供了一种使之相互促进、协同的中介——从而也创造了一种'和谐'的美。"

【思考题】

1. 什么是电视文艺？

2. 电视节目可以分为哪些类别？根据某一天的电视节目单，尽可能多地从中识别出其中的类型，将节目分类列出，并单独列出那些看起来不属于已经确立的类型的节目。

3. 你认为，究竟哪些节目属于真正的电视文艺范畴？

4. 就你所感兴趣的一档电视节目，比如《非诚勿扰》、《壹周立波秀》、《财经郎眼》等，分析其节目的特色。

5. 电视文艺竞技节目主要具有哪些特征？

第三章　电视"真人秀"节目

近年来，风靡世界的一种全新的电视节目形态——"真人秀"正在迅速蔓延，并已形成一个不容忽视的电视乃至网络的文化奇观。自从 1999 年荷兰率先推出一档电视"真人秀"节目《老大哥》之后，便被澳大利亚、德国、丹麦等18 个国家广泛移植，接着美国 CBS 的《生存者》、FOX 电视公司的《诱惑岛》、法国的《阁楼故事》、德国的《硬汉》等电视"真人秀"节目也相继出笼。这些节目的登场和异常火爆的热潮，促使了电视"真人秀"节目在全球范围内的广泛兴起和迅速蔓延。

电视"真人秀"节目是一种介于电视剧和纪录片之间的节目类型。它以普通人为主角，通过近乎仪式化的游戏节目来锻造一个个平民英雄。这里仅以美国的一档电视"真人秀"节目《学徒》为例，对电视"真人秀"的节目范式进行解读，进而归纳其风靡全球的独特之处和魅力所在。

一、电视"真人秀"节目的兴起

所谓电视"真人秀"节目，又称 Reality TV（真实电视），是指由普通的人（非扮演者）在规定的情境中按照既定的游戏规则，为了一个明确的目的去做出自己的行动，同时被记录下来而制作成的节目。电视"真人秀"节目是由制作者设定规则、普通人参与录制的一档电视竞技节目。它把镜头对准没有受过专业训练的志愿"演员"，并向观众展示他们在给定的情景下真实流露的生活情形和竞技状态。

"真人秀"节目的类型花样繁多：既有主要在室内进行的"真人秀"，如《老大哥》（恩德莫公司）、《完美假期》（湖南经视），也有主要在野外进行的"真人秀"，如《幸存者》（CBS）、《生存大挑战》（广东卫视）；既有以演播室为主场景的，如《谁想成为百万富翁》（ABC）、《幸运 52》（CCTV），也有以实景为主场景的，如《诱惑岛》（FOX）、《星期四大挑战》（贵州电视台）；从节目的播出方式来说，既有栏目式的单期形态，如《绝对挑战》（CCTV）、《非常 6 + 1》（CCTV），也有连续系列的形态，如《学徒》（NBC）、《欢乐英雄》（CCTV）；既有竞技性形态，如《急速前进》（AXN）、《勇者总动员》（欢乐传媒），也有选秀选美类的形态，如《美国偶像》（FOX）、《超级女声》（湖南卫视）；既有生活记录类的形态，如《阁楼故事》（M6）、《简单生活》（FOX），也有现场表演类的形态，如《粉雄救兵》（BRAVO）、《梦想中国》（CCTV）。可以说，这些节目的元素、构成、模型、规则设计等都有不同程度的差异，很难找到一种一致的形态特点。据统计，美国现在有 56% 的电视秀节目为"真人秀"。在密苏里大学广告学教授辛西娅·弗莱斯比看来，无论是《美国偶像》这样的才艺秀，还是如《单身汉》等的约会秀，或是《生存者》一类的游戏秀，所有的"真人秀"都让观众有意无意间获得以下六种满足感之一：信息或窥视、逃离现状、打发时间、娱乐、增强地位感、放松。

荷兰的电视"真人秀"节目《老大哥》一直被看作是电视"真人秀"节目的鼻祖。这个节目的名字出自乔治奥威尔著名小说《1984》中的一句话："老大哥在看着你呢。"节目的基本游戏规则是：6 名青年男性、6 名青年女性选手共同生活在一个特制的有着花园、游泳池、豪华家具的大房子里，大家共享一间卧室、一套起居室和卫生间等。摄像机一天 24 小时记录他们的一举一动。在他们共同生活的 85 天里，选手们每周六要选出两个最不受欢迎的人。而每天守候在电视机前的狂热观众们则用声讯电话，在这两人中选出一个他们最不喜欢的、最没人缘的选手出局。据调查数据显示，《老大哥》节目于 1999 年 9 月 16 日在荷兰首播时，观众多达 2 400 万人。截至当年 10 月 30 日，约有 2/3 的荷兰人看过这个节目。它是从室内的拍摄开始的，参与电视节目者的"生活"被电视摄像机所监视，他们被赤裸裸地放到电视观众面前，他们的言行、个性、品质，在规定的环境中随故事情节表现出来，并常常着力于性、隐私、残酷的竞争、博彩等内容。

即便法国电视台异常火爆的第二季《阁楼故事》也依然是《老大哥》的翻版。它是一个大众电视娱乐节目，其设计形式是把预先从普通报名者中选定的 12 个年轻人（6 男 6 女）关在电视六台在巴黎北郊专门修建的 200 多平方米的"阁楼"内，让他们在与外界完全隔绝的情况下共同生活 84 天。在这座带有花园和游泳池的"阁楼"内，除厕所外，各处装有几十台摄像机和话筒，对男女"房客"的一举一动进行全天 24 小时的跟踪拍摄。而这些被电视摄像机监视的青年男女们的日常生活细节以及相互间发生的各种摩擦纠纷或情感轶事即构成了"阁楼故事"。每个男女"房客"每周轮流按自己的喜好和"策略"，对异性"同居者"作出名次排列，然后，将最不受欢迎的两名参赛者通过电视观众投票，把其中一人逐出"阁楼"。在逐个淘汰后，坚持到最后的一对男女即可赢得 50 万欧元，用以购买房屋。法国电视六台的普通频道还在每天晚间新闻前的黄金时段播出 40 多分钟当天发生的"阁楼故事"的精彩片断；与此同时，不愿错过任何细节的"发烧友"观众还可以通过付费预订在卫星和有线频道全天收看"阁楼故事"实况。通过比较可以看出,《阁楼故事》仍不过是对《老大哥》形式和游戏规则的简单模仿。

在我国,成功的、原创性的、有中国特色的竞技加娱乐类的电视节目基本上没有。无论是中央电视台曾经红极一时的《开心辞典》、《幸运52》,还是部分省级电视台制作的"真人秀"节目,可以说都是完全模仿西方同类节目形态。如中央电视台的游戏节目《幸运52》基本上是英国的同名真人秀节目的翻版;益智类节目《开心辞典》来自英国的《谁想成为百万富翁》;湖南卫视的《超级女声》则翻版自FOX的《美国偶像》等。又如,北京维汉文化传播公司与湖南经济电视台联合制作的《完美假期》就是对法国《阁楼故事》的模仿。由12名男女志愿者共同在一个豪华别墅里生活70天,每天24小时被60台监视器全程拍摄;剩下3名选手时,他们共同生活一周,最后由观众投票淘汰两名,决出优胜者,优胜者将获得由赞助商提供的价值50万元的商品房一套。

中国观众看到的第一档电视"真人秀"节目是美国的《生存者》,曾在中央电视台第二频道《地球故事》栏目播出。它与荷兰出现的第一个"真人秀"节目《老大哥》所不同的是,其将室内的生活变成了野外生存训练。《生存者》将一群相互陌生的美国人"流放"到一个荒岛上生存,按照"鲁宾逊漂流记"故事,每星期淘汰一人,直到最后一人,最终胜出者可以获得100万美元。于是,广东电视台在借鉴其节目形态的基础上推出了《生存大挑战·徒步边境线》,这是我国"真人秀"节目的首次尝试,即我国的电视"真人秀"节目创作是从野外生存类"真人秀"开始的。之后,北京维汉文化传播公司制作的《走入香格里拉》,贵州卫视的《水上训练营》、《丛林竞技营》、《城市别动营》系列节目,中央电视台经济频道的《欢乐英雄》、《非常6+1》以及我国第一个真正栏目化的"真人秀"电视节目《金苹果》等纷纷亮相电视荧屏。

野外"真人秀"节目可以包含各种形式的竞技类游戏,如贵州卫视推出的《峡谷生存营》节目中,12名现代"鲁宾逊"在与世隔绝的贵州南江大峡谷里,真实体验24天野外求生的"另类生存",经历斗智斗勇的游戏,如救援比赛、屏息比赛等;野外"真人秀"节目也可以是一次寻宝探险的历程,制作方预先在某地放置某物,选手按照此物提供的线索进行探险,最先找到宝物者获胜,如央视的《金苹果》就是以"金苹果"为最终目标来设计整个竞赛过程的;野外"真人秀"节目中还不乏许多极限冒险的体验,如欢乐传媒制作的《勇者总动员》节目中,选手不仅要完成马拉活人、穿越火海等高难度项目,还要吃活蝎子、活蚯蚓等。选手在节目中必须挑战自己的体能和心理承受能力,此类内容引发的争议较多,专家呼吁必须考虑选手的心理底线和安全问题。

至于表演选秀类"真人秀"节目,则以湖南卫视、上海东方卫视和中央电视台分别推出的三档同类型节目《超级女声》、《莱卡我型我秀》和《梦想中国》为代表，使中国电视娱乐表演秀节目呈现出三足鼎立之势，形成明显的难分伯仲的竞争态势。而上海东方卫视的《加油！好男儿》、中央电视台的《星光大道》、山东综艺频道的《综艺满天星》、北京电视台生活频道（BTV － 7）的《生活秀》、旅游卫视的《灰姑娘》等，在国内各地也推广得热火朝天。我国当下比较火爆的"真人秀"节目还有《非诚勿扰》、《中国达人秀》、《不见不散》、《老公看你的》、《职来职往》、《非你莫属》、《今天我面试》等。

如今，各种形式、花样翻新、层出不穷的"真人秀"节目铺天盖地般地充斥于世界各国电视荧屏。据不完全统计，目前仅在美国无线电视和有线电视网络中播出的"真人秀"节目就已经超过了 100 种。在好莱坞，过去是人人卖剧本，现在则是人人卖"真人秀"。美国上季最卖座的十大电视节目中，有 5 部是"真人秀"节目，现在美国已经有多个电视"真人秀"频道，即"真人秀"成了电视的主打节目，无论在任何时候打开电视都能看到"真人秀"节目。像美国广播公司和福克斯电视台就有 9 档"真人秀"节目，如《疯狂主妇》、《诱惑岛》等；美国全国广播公司和哥伦比亚广播公司也有 6 档"真人秀"节目，如《学徒》、《夺宝秀》等。一句话，电视"真人秀"节目丰富了电视节目的表现内容，电视观众也为"真人秀"节目而疯狂。

二、电视"真人秀"节目《学徒》的看点——亦真亦幻

当下，美国的电视观众就正在为一档名为"学徒"的电视"真人秀"节目而如痴如醉。《学徒》又译为《飞黄腾达》，是 2004 年由美国全国广播公司推出的一档全新的"真人秀"节目。《学徒》的发起人为美国电视界的著名人物——马克·伯内特，风靡全球的电视竞赛"真人秀"节目《生存者》就出自他的手笔。在《生存者》之后，他又别出心裁地将竞争的舞台由野外搬到大都会纽约的摩天大楼和豪华的办公室里，将镜头瞄准了职场。即《学徒》是《生存者》的"城市版"，竞赛的内容也不仅仅是普通的生存能力挑战，而是真实的商业经营项目。

据调查显示，2004 年《学徒》在 18 ~ 49 岁年龄段的收视群体中，收视率占第二位，仅次于《美国偶像》。《学徒》连续 4 个月为收视冠军，平均收视人数为 2 070 万，最高收视人数达 4 010 万。《学徒》每集的制作成本不到 200 万美元，它播出的广告每 30 秒平均 20 多万美元，以每期节目 30 个广告时段计，首播的毛收入就达到 600 万美元。《学徒》之所以如此火爆，可以归纳为以下几个主要看点：

（一）唐纳德·特朗普——本身就是一个品牌效应

《学徒》的制作人唐纳德·特朗普（Donald Trump）是纽约的房地产大亨，拥有个人资产25亿美元，在全球亿万富翁的排行榜上名列第205位。特朗普在纽约拥有许多著名的房地产，全部位于高价地段，而且全部以他的名字命名，如著名的特朗普大楼、特朗普国际饭店、特朗普世界大楼等，特朗普集团也是全球最大的赌场饭店和游乐场的经营者，在全美拥有多家赌场及高尔夫球俱乐部，他的客户基本上是美国的富人阶层。

特朗普闻名于世的企业实力和个人魅力，使得全美有21万人自愿报名、参加《学徒》（第一季）这样一档电视"真人秀"节目。最终选出的16名参赛者既有来自名牌大学的MBA毕业生，也有公司推销员、正在找寻工作的求职者和街头摆摊的小商贩。特朗普把来自不同地方，具有不同教育背景、不同工作经验的选手按性别分成两组（男队、女队各8人），然后每一回合由他出题要求完成一个商业任务，涉及销售、市场、促销、房地产、广告、金融等各个方面，根据结果（一般来说是营业额）来决出胜者。胜利的队伍将得到奖励，失败者将整理行囊回到会议室，其中一个将被淘汰。如此一个个逐渐淘汰，最后的一名胜出者将获得特朗普旗下的一个商业项目的经营机会（高达25万美元的年薪）。对此，海外媒体将赌注压在那些没有受过商业教育的人身上，认为他们也可以取得与MBA一样的成绩，结果果然不出所料。

特别是随着竞赛的深入，特朗普提出的任务越来越复杂，也越来越与自己的公司业务相关联，这也体现出他敏锐的个人营销意识。比如，通过与名人协商一些项目来拍卖筹集慈善基金，把特朗普公司大楼的顶层以不低于一天2万美元的价格租借出去，为特朗普旗下的赌城招揽顾客等。最大的赢家自然是特朗普，好点子不仅让他制作了一档好节目，也通过节目顺便介绍了自己所有的产业，可谓一举两得。更关键的是，他让自己再次成为世人关注的中心，其事业随之进入新的发展高潮。

由于《学徒》第一季的成功，报名参加第二季的人数超过了80万，特朗普从中选取了更为优秀的18名参赛者，并且与众多的世界500强公司合作给出相关任务，给第二季又加入了新的元素。唐纳德·特朗普本人也成了一位电视明星，据说NBC付给特朗普《学徒》第一季的报酬是每集5万美元，第二季的身价自然水涨船高。特朗普在一次采访中谈到，他听说前一阵大红大紫的《老友记》的6位演员每人每集的报酬是150万美元。作为《学徒》的唯一大牌，他认为自己每集应该拿900万美元。还有，他的节目每集一小时，而《老友记》才30分钟，于是数字又跳到1800万美元。真是狮子大开口，至少在这之前

"真人秀"节目的报酬单集没有超过 200 万美元的。

（二）竞争项目——趋向于真实的案例

《学徒》备受关注的另一个重要因素，就是竞争项目趋向于真实的案例。在节目中安排的商业任务涉及促销产品、制作广告、策划活动等各个方面，而这些是在现实的商业社会中每天都会发生的事情，观众从参赛者的行动中吸取经验、总结教训，并将它们运用到工作实践中。这对于职场上的从业者包括求职者具有一定程度的启发和借鉴作用。

特朗普作为节目的投资方和主持人，拥有决定参赛者去留的权利。作为一名成功的商人，特朗普的眼光确实十分锐利，观众从他的选择里能知道老板最看重的雇员素质是什么，从而体会到特朗普所传达的职场成功之道，并与自身对照，指导自己的职场生涯。《学徒》当中一个个精心设计的项目非常类似于美国商学院的学习案例，每个项目都包括团队合作、个人贡献、领导才能和销售技巧等职场必备的基本素质，而且比教材上的案例更加生动，更加真实。据说《学徒》已引起了美国商学院的关注，像哈佛商学院就要求学生必须定期收看。

《学徒》因其策划理念抓住了现实生活的动脉，顺应了社会的需求，才拥有这么庞大的收视群体，并产生了巨大的影响。至少《学徒》让观众了解到，极端的人比没有个性的人能获得更多的关注，特朗普也给了其更多的机会；创造力（好点子）几乎在每一轮较量中都起到了决定性作用；优秀的执行者不一定是好的领导者，而作为领导者必须取得队里其他成员的信任；热情和活力在团队运作中不可缺少，学识和经验在生意场上同等重要；不得不承认运气有时也是关键因素。于是，每次特朗普在会议室里裁员，分析小组输掉的原因，告诉组员有何不足，几乎都可以当作一次现实生活的实验教学。可是，在地狱般的会议室里，"You're fired"的声音屡屡响起，依然让那些幸存者提心吊胆。这是美国人的"成王败寇"逻辑。观众的胃口也被牢牢吊住，不断地意欲探询最后的结果。

（三）奖赏——激发普通人的"美国梦"

由于《学徒》是以普通人为主角，丰厚的奖赏无疑是一种不可抵挡的诱惑，比如乘坐特朗普的豪华游艇，居住特朗普在赌城的豪华包房，乘坐特朗普的拥有卧房和浴室的专机到佛罗里达度假等，所有能想到的"美国梦"都在这里。例如，第一季《学徒》最终的胜者是比尔，他获得了为特朗普工作的机会——监管在芝加哥建设第一高楼的项目，他还出版了自己的新书《你被雇用了》。获胜后的比尔表示："美国梦仍然存在着，只要努力工作你就能实现。你不一定是名牌大学的毕业生，你也不需要有数百万美元的启动资金。你可以凭着自己的好点子、勤奋工作和必胜的决心得到一切。"不过，实际上的赢家绝不仅仅是比尔，留到最后的几位淘汰者都成了焦点人物。鉴于此，电视与流行文化专业的教授罗伯特·汤普森就把《学徒》视为美国商业的第一部影像日记，他认为："它对所有做着美国梦的人来说是绝好的圆梦机会。"而在节目里，特朗普也适时地向世人展示着他的成功。当特朗普带领优胜者乘坐直升机在曼哈顿的摩天大楼中穿行时，他不无炫耀地向身边这些渴望成功的年轻人和电视机前的观众介绍那些属于他的特朗普大楼。这时，一位优胜者由衷的感叹为特朗普做了最妙的广告——"他拥有无限魅力，整个城市都有他的身影、成就和语言，他是纽约之王。"

除了为特朗普树立形象、免费做广告外，这种奖励方式还满足了观众一窥富豪生活的心理。一种常见的奖励就是安排优胜者与名人会面，如和歌坛天后仙尼亚·唐恩（Shania Twain）骑马郊游，共进晚餐；在著名的说唱明星怀克里夫·金（Wyclef Jean）的指导下写一首歌；与著名的曲棍球队进行友谊赛等。观众们非常乐意看到这些娱乐明星和体育明星的出场。总之，相比较于其他"真人秀"节目直接的现金奖励，《学徒》的奖励方式具备了更丰富的娱乐因素，并且这种娱乐因素还有更广阔的拓展空间。

尤其出人意料和令人惊讶的是，当《学徒》第一季的最后一集在谈判室里决出胜负以后，这个谈判室突然之间四周墙面倒下，现实空间突然转变成演播室的表演空间，随即灯光大亮，现场观众掌声四起。这个转换似乎是节目制作者与观众开的一个小玩笑，就像电影拍摄的穿帮镜头一样，一时间使观众在真实和虚拟之间变得茫然。即这样一个在美国引起轰动的"真人秀"节目并不拘泥于真实与否。至于为什么会让普通观众觉得真实可信，那是因为制作者深谙电影的制造视觉梦幻之道，在观众的心中构建起了真实的人物心理空间。从这个意义上讲，对于《学徒》这样一档电视"真人秀"节目，又要一分为二地看。尽管它对商业管理有着一定的借鉴作用，但它并不是一个真实的商业场景，而是一种经过包装的、各种商业元素集聚在一起的巧妙安排——"只是一个游戏，或者说一个很好玩的游戏"，它更像一部"美国肥皂剧"。

三、电视"真人秀"节目究竟"秀"出了什么

如果说在电视"真人秀"节目当中"人"是它的核心，"真"是它的特色，那么"秀"就是它的手段。"秀"即虚构和游戏，所有的真实必须通过虚拟的

规则来完成。如果游戏规则没有掌握好，人性、人格出不来，它的真实空间就得不到展现。这三个环节是环环相扣的。

（一）危机因素的设置

电视"真人秀"节目的魅力主要来自于对现实生活的同步取材的创作方式，而生活永远给人以惊奇和意外，并制造出种种刺激和感动。即一切动态的生活元素，不可预知的结果，发展方向的难以捉摸，悬念、不稳定乃至危机因素等，必定导致人物针对相应的事件采取行动、作出决定、进行改变。

危机往往以混乱和挑起混乱的方式，以排斥和吸引的方式，集偶然（偶发性事件）、必然（通过引发最深刻的、最具有决定性的事实）及冲突的特点于一身。即危机作为一种冲突现象，具有揭示潜在的和被掩盖的事实的作用。危机既意味着危险，同时也是机会。如果主角的决定是错误的，人物将面临生活的惩罚，心灵必将经受磨砺和考验；如果主角的决定正确，也依然可以看到一个抉择诞生过程中人物所承受的煎熬。当然，偶然性的出现也可能带来消极影响，这就需要对工作计划进行调整，寻找一个折中方案。

例如，《学徒》第一季中的第一集"美国梦从卖柠檬水开始"——这个出其不意的点子，就是以混乱和挑起混乱的方式，让参赛者和观众一下子就感觉到了特朗普的魅力。衣着光鲜的 16 名男女来到纽约华尔街证交所，听候特朗普出题，他给每队 250 美元作资本，要求他们在华尔街卖柠檬水，看哪一组利润更高。第一回合挑战的内容既简单，又不同凡响。每组推举一名项目经理，负责本队的营销、策划的大方向。男队一开始组织得不错，却错误地选择了一个销售地点——码头，用特朗普的话说，"谁愿意一边闻着鱼腥味一边还喝柠檬水呢"？后来他们重新定位，却又遇到了队内分歧，一个叫山姆的极端分子，企图让人花 1 000 美元买一杯柠檬水，这种偶然性的营销策略不仅没有成功，反而浪费了大量时间和人力，引起其他成员的不满。女队一开始就七嘴八舌、充满争吵，还没有详细计划就开始卖柠檬水了。但女孩们的美貌和亲和力成了很好的促销手段，男士们卖 1 元一杯的柠檬水，到了她们手里变成了 5 元一杯。"暴利"的来源与"性"有关，一位过路人说："我出 5 元，其中 1 元是买你的水，另外 4 元是因为你。"最后的结果可想而知，男队的利润是 100%，而女队则创造了 400% 的超级利润。女队获胜，得到了参观特朗普超豪华私人住宅的机会，而男队则进入会议室反省。项目经理要负一定的责任，但他可以选择另外两个他认为对结局也负有责任的成员一起进入最后的淘汰，三个人将有一番答辩，最后特朗普会分析总结一下，并对着某个人说："You're fired."（你被解雇了）第一轮的倒霉蛋是戴维——一个医学博士加商学硕士。

而女队的性别优势并没有就此终结，连着四个回合——卖柠檬水、为喷气式飞机做广告、经营一家饭店等，她们都击败了男队，很快男队就只剩下4名选手。特朗普也意识到了这个问题，让他们进行重组，每队两男四女进行比赛，并且警告不能再利用与"性"有关的手段来获取胜利。这样看来，危机因素的设置和现实的不可捉摸性，使得生活中的一切偶然变成了皆有可能。危机的出现，意味着启动对于现有组织进行突破和重新组织的改变力量。即危机有可能成为改变过程中的一个决定性时刻。正如麦克卢汉所言："故障就是潜在的突破。"危机在使社会系统陷入窘迫的同时，也启动了形成新的"社会元系统"的过程。

（二）游戏规则的纪实性

电视"真人秀"节目的最大卖点就是记录现场的过程，注重记录事件过程当中关键性的信息和流动的美。展示过程就意味着展示故事，也意味着记录真实，并呈现给观众一个事态、行为或语言的时空统一的完整过程。记录过程不仅可以引出丰富的背景和外延事实，使正在发生的事情、参与者进行时的无意识反应、大量意外的巧合等都可能成为过程的表现张力，而且在满足观众对过程期待、关注的同时，也能带给观众一种无节制地探索现实底蕴和玩味生活细节的机会，并建构起对生活本身的深入理解和感悟。

为了达到真实的记录效果，电视"真人秀"节目往往有意采取预见、引诱乃至操纵的方式来呈现真实的本来面貌，设计一种镜头介入的测试环境，将人物置于镜头之下的人为环境里。目的就是要记录下人为设计环境中人的反应，或者是镜头介入生活时人们的反应。但是，镜头的这种干预生活只是起到催化剂的作用，可以引发事件，却不规定事件运动发展的规范和程序；只是触发事件却不决定方向，保留了尊重现实生活本身暧昧性、多义性的态度。即现场过程的记录大大增加了游戏规则的纪实性效果。如在《学徒》当中队员之间发生意见分歧时，马上会切换到一个短促的、观察员冷静的反应镜头，这时候观众仿佛置身其中，转头马上看到观察员的表情一样；每一集结尾在办公室对峙的时候，甚至会采用大量的大景别，或者是跳轴来表现选手激烈的情绪。即《学徒》作为商业社会生活的缩影，人与人之间错综复杂的关系便在镜头中一览无遗。这些矛盾和冲突也许存在于某个组员与整个小组间、某个组员与项目经理间、项目经理与小组间或者是组员与组员间等。为了不被淘汰，大家互相指责，即使平时气度非凡、颇具大将之风的人也会毫不犹豫地将过错算到对方账上，甚至违背基本事实，人性阴暗的一面就在残酷竞争面前暴露无遗。

《学徒》除了分别记录两队队员执行任务的情况外，还不时插入后期对人物的采访。这些采访有的是对竞赛中采取的商业方案的解释说明，有的是对其他成员表现包括对自我的评价。这些人物采访的插入，既起到了补充说明的作用，又丰富了叙事的角度。其中，最常见的是对个人的跟拍，比如一人说话时，其他各人的反应。在后期，剪辑人员有意将这些镜头编辑在一起，强化了人物之间的联系或冲突，使竞赛看上去更加激烈和残酷。比如，在《学徒》第四季的第一期节目里，女队失利，被淘汰的是一个叫玛丽萨的西班牙裔女性。9 名女队员中除了她本人外，8 名队员都把淘汰票投给了她。在整个比赛过程中，她自始至终都在抱怨，都在怀疑和贬低别人，还经常打断别人来表达一些非常主观的意见。最让人啼笑皆非的是，当她被问到为什么女队所有队员都不喜欢她的时候，她居然脱口而出："因为我又漂亮又聪明，女性都会觉得我是她们的威胁，因此我和女性难以合作！"《学徒》在一定程度上真实反映了美国的办公室政治，因为没人想被解雇，人人要向上爬，所以也充满了明争暗斗，利益面前没有同盟。只要有人群的地方就不免有小团体，也就不免有背叛，也免不了钩心斗角，但第一季的最终赢家比尔，正巧是从来没有结盟的一个，使得节目本身又充满了一定的戏剧性。

《学徒》不墨守成规，还表现在对不可预测的突发事件的跟踪记录上。第四季第一期中，兰多刚到纽约不久，就接到外婆去世的消息，他选择留下来继续参加比赛。第二期中，特朗普派直升机送兰多回家乡参加葬礼，节目甚至还记录下了葬礼的片断。这种对突发事件的跟踪记录，充分体现了"真人秀"节目中情节的开放性和纪实性，这也是观众喜爱"真人秀"的原因之一。

（三）"仪式"化的表达方式

所谓仪式，是将不同年龄、背景和社会地位的人们聚合在一起，分享一种共同的体验，以创造共有的意义和统一的身份的活动。由于现实生活当中的工作、教育、地区、经验等都倾向于将人们彼此分隔，仪式则将人们聚到一起并在一段时间里消除他们之间的不同，人们需要并乐于在生活中享有一定数量的仪式。西方学者克拉克早在 1987 年就曾经将游戏与智力竞赛节目划分为四种类型：专家型、知识分子型、名人型、平民型。而在平民游戏节目中，智力和体力的乐趣与激动人心之处被附加了表演性的故事编排，奖励的诱惑和参赛者力图赢得它们的表现，成为节目的焦点所在。

电视"真人秀"节目《学徒》正体现为一种仪式化的表达方式。节目标准化的开场白、结束语、游戏规则以及道具设置等都具有一种宗教仪式的暗示。所有的参赛者平等地开始，机会均等，但他们的能力并不均等，参赛者被逐渐淘汰，直到剩下最后一位优胜者。《学徒》的主办者犹如狂欢节之王，规则和法令虽是暂时的，却又是绝对的。其中，普通人是主角，可以是年轻的、迷人的、健谈的、外向的、爱出风头的，也可以是害羞的、没有魅力的，他可以属于任何年龄、阶层和种族。《学徒》所欲传达的就是"平等主义"的吸引力，从平等地位出发，而以分出优劣结束，格外强调个人的技巧和能力。即便出租车司机也可能成为国家的"智者"，这样才有助于促成社会与教育平等。

为了强化仪式化的表达效果，《学徒》有意在视听语言上运用了许多戏剧化的手法。它既有常规视点、常规角度拍摄的客观镜头，又有可与电影相媲美的唯美画面。节目一开场，镜头感就非常强，摩天大楼、巨幅广告、街头闪动的纳斯达克指数、航拍的曼哈顿街景的快节奏切换，震撼力很强的背景音乐，再配以振奋人心的解说："纽约，我的城市，世界经济的脉动永不停息，混凝土的摩天大楼象征着力量和目标。曼哈顿是一个残酷的地方，简直就是一片原始丛林，在这个岛上，如果你不努力，她可以让你一文不名，但是，如果你努力工作，你将获得巨大成功，是的，我是说，巨大的成功。"即完全运用电影讲故事的视听语言手法，镜头给得很到位，很清楚观众想看什么。而在每一个游戏环节告一段落、两组队员执行任务的过程中又常常插入一些插曲式片断，它们大多为纽约街头的景物剪辑，再配上轻快的音乐。比如纽约气势磅礴的夜景、曼哈顿鳞次栉比的高楼大厦等。这些插曲式片断让整部片子结构清晰的同时，也给观众的大脑提供了休息的空当，有效调整了节目的节奏。

简而言之，《学徒》的节目内容在一定程度上已无关紧要，更多的是对性格的测试：参赛者面对赢得或失去奖金的可能性会作出什么反应。大众流行娱乐提供的是"富裕、活力和交流，而不是对于现实生活来说更为普遍的匮乏、疲惫和孤独"。观众也随之会不由自主地认为自己参与了一场狂欢，是在温暖的公众氛围中获得了"一点儿乐趣"。即狂欢是在某种程度上"回避了日常生活中种种压抑并使得权力关系暂时得以隐退"。游戏节目是暧昧的，一方面深深植根于平等主义的仪式而表现出大众文化的某种乌托邦色彩，另一方面又体现出当代社会许多反乌托邦式的价值观和假设。这些都可以归结于仪式化的表达方式所带来的社会效应和连锁反应。

四、电视"真人秀"节目的特征

综上，电视"真人秀"节目在内容上，是"真"（真实）与"秀"（虚构）的一种结合；在形式上，是记录性与戏剧性的一种融合；在传播方式上，则是观看与参与的互动。

（1）从节目理念上看，它打破了"真实节目"与"虚拟节目"的界限，最终用规则创造了虚构，用真人带来了真实。

"真人秀"在情节安排上是非预定性的开放结构与情境规定性的固定模式的融合。即"真人秀"规定了游戏的时间、空间、环节和规则，但并没有规定每一个参与者的行动方式，而是在一个大致限定的范围内，最大限度地让参与者自己去对各种预先设计的或者突然发生的事件作出反应，并进行判断和采取行动，谁也不知道这些参与者究竟会怎样行动，行动的后果会如何。即"真人秀"是由普通人自愿参与的一种"游戏"事件，事先没有编剧、没有固定的台词和规定的结局，事件的过程是随机的，事件的结果是未知的，人物的行动并不完全按照事先的设计进行，节目参与者具有比较大的主动性，因而事件的进程也是开放的。

（2）真人秀往往采用纪录片式的跟踪拍摄和细节展现手段，跟踪和记录志愿者的日常生活，呈现人物行动进程、细节。

有人这样描述纪实手段："纪录片给我们的是客观但能辨明摄像机存在的印象，这种节目类型的程式包括手持摄像机的使用、晃动的镜头、'自然'的布光、含混或听不清（因而显得'自然'）的印象等。纪录片的程式用来造成这样一种印象：摄像机碰巧拍下了没有预期的事情，并客观真实地展现给我们。"可以说，"真人秀"借鉴了几乎所有的纪实手段来保证节目的真实性和现场感。特别是"真人秀"常常采用不干涉现场的方式来"客观"记录参与者的行动，甚至在许多"真人秀"节目中，还使用偷拍或者用固定机位长期监拍等手法来拍摄参与者的所有言行。在这种情况下，参与者会减少对镜头的觉知，采用更自然、更真实的方式来表现自己。它具有一种相对非表演性的"诚实"。

当然，它并不完全是对真实的原生态事件和人物的"不介入"的简单记录，因为它毕竟是一种"秀"（show），秀就意味着一定程度的展览、炫耀、假装、扮演等，具有明显的虚构含义。实际上，"真人秀"节目中往往会设置各种规则、环节、限制，具有与真实生活完全不同的规定性和戏剧性，并非所有的事件都是开放的，参与者并非完全自由，他们受到规定的时间和地点、特定的游戏规则、特定的目的等控制。真实与虚拟这一对在通常的电视节目中相互对立的概念，在电视"真人秀"中似乎实现了某种融合。

（3）从表现手法上，将记录的真实性与加工的戏剧性结合在一起。

"真人秀"看似客观地记录了参与者在特定环境中的各种生活细节，各种微妙的人物关系，各种行为的过程，但在制作和编辑上则往往又将这些记录素材进行戏剧性加工，突出胜利者的艰难、失败者的悲伤、参与者的竞争、观看者的好恶等，甚至故意使用对比剪辑、交叉剪辑、平行剪辑、正反拍、闪回闪出等戏剧性蒙太奇手段来增加记录的戏剧性，在后期还往往加上各种音乐、动效和特技等，在不破坏真实情感的前提下，暗示、强化、渲染各种戏剧性情感。这种"真实的戏剧性"，往往是"真人秀"节目比一般虚构作品具有更大吸引力的重要原因。

曾有学者将"记录真实环境、真实时间里发生的真人、真事"这"四真"看作是纪录片的生命。虽然弗拉哈迪在《北方的纳努克》中也有过摆拍，格里尔逊的纪录片还充满了政论色彩，真实再现也逐渐成为纪录片的常用手段，但纪录至少是对曾经出现过的场景的真实还原，这无疑是纪录片的根本。而"真人秀"节目则是假定情境中的真实展现，是一种超越虚构与非虚构的综合性的娱乐节目。例如，在《生存者》第一季中，理查德、凯丽和鲁迪去海滩进行"抱柱子"游戏一段，就大量借用了电视剧中的渲染手法。先是一个圆月破云而出的镜头，紧接着是朝霞满天的镜头，运用美丽的自然环境快速地切换了时间；还有他们路过之处的景物渲染，该段落采用了高速摄影，分别从正面、侧面和背面等不同角度进行拍摄，辅之以战鼓似的音乐，一方面将海岛的奇特景观传达给了观众，另一方面又为激烈竞赛的到来进行铺垫，形成了较强的冲击力。

2010年3月，法国国家电视播出了一个令人震惊的电视游戏节目——《死亡游戏》，在这个节目中，参赛嘉宾如果答错现场观众提出的问题，将被460V高压电得当场晕死过去！节目播出后，立即在法国引发巨大争议。但事实上，所谓的"电击真人秀"竟是电视台精心设计的一个秘密心理实验，据节目制片人尼克称，这80名观众都是他和一个心理学家小组挑选出来的，在开拍之前，他对80名观众谎称他们将要参与的是一个新的"电击真人秀"节目《极端地带》。而那名参赛嘉宾其实是一名演员假扮的。每当观众按下电击按钮时，那名演员就会相应地做出痛苦表情，从而让观众相信他遭到了电击！

2010年3月，美国一档"真人秀"节目《真心话大冒险》成为全美最红的电视节目。参赛者只需要当着自己的亲人、朋友和恋人的面来回答主持人为其"量身定做"的21个极度隐私的问题，就可以拿走高达50万美元的奖金。但是，最终无人能拿走这巨奖，反而因为说真话导致不少家庭破裂。"真人秀"虽然是一档电视节目，但又是有道德、伦理底线的。

五、电视"真人秀"节目的本土化

从电视"真人秀"节目的过程来说，我们既能够通过观察、窥视，体验那些和我们一样的普通人在自由行动和选择中所体现出来的与我们相似的个性、生活方式、价值观念，同时又能够让我们对这些真实人物在虚构环境中的表现进行感性、理性，甚至潜意识的认同、选择、排斥和移情。即"真人秀"节目的规则可以移植，但内容却会在不同的地方呈现不同的本土性。多数"真人秀"节目都借鉴了各种"秀"的规则，但一般都会选择本土、本地的人参与节目，以保持与观众生活的接近性。

在我国，以创业和招聘为名目的商战电视"真人秀"节目也陆续登场。据不完全统计，与职场和创业有关的电视"真人秀"节目主要有四档：央视二套的《赢在中国》和《绝对挑战》、东方卫视的《创智赢家》、广东卫视的《空姐新人秀》。它们所效仿的正是美国的电视"真人秀"节目《学徒》。

反观国内的电视"真人秀"节目，它们在结构上似乎与《学徒》很类似，也是选手们根据一定的情境分别组队完成任务，但不得不说它们并不神似。2005年，当时"央视唯一一档真正意义上的'真人秀'节目"——《实习生》就模仿了《学徒》，但只是得其形而未现其神。节目招数比起《学徒》来显得很是老套，选手之间的彼此关系在节目中显得非常和谐，竞争只是空喊口号而已。这些节目的重点往往放在拍摄或者说记录选手完成任务的过程以及结果上，而忽略竞赛过程中人与人之间的内部空间的展现。即便有的意识到了人物内部空间的冲突，但是不会运用镜头讲故事，只是茫然地运用镜头跟拍当事人的行动或者当事人声泪俱下地面对镜头申诉，没有镜头张力，没有细节展现。也就是说，中国的电视"真人秀"节目在模仿国外节目的同时，必须予以适当的本土化，以免"水土不服"。既不能简单模仿，生搬硬套，依样画葫芦，也不能在兼顾文化相容的同时，丢弃模仿对象的节目精髓，盲目追求创新。模仿与创新应该建立在对海外优秀节目的精确解读以及国内观众需求的准确把握上，找到不同文化之间的共融点。

毕竟中国特有的意识形态、文化传统、社会价值观念甚至生活方式，决定了我国的电视"真人秀"节目在娱乐趣味、道德标准、人性深度的表达等方面必然要受到相应的制约。尤其中国观众的欣赏习惯是：在公众媒体上看到的，一定是要符合传统道德标准、传统审美的东西，一旦遇到要暴露人性丑恶（甚至未必是丑恶，只是些小毛病）或个人隐私的东西，制作节目的人就放不开手去做，看节目的人也拉不下脸来看，这也使得这类"真人秀"节目的国内版本很难做到尽兴，更有甚者难逃"夭折"厄运。比如，湖南经视的《完美假期》由于出现"打情骂俏、拉帮结派与钩心斗角"，让观众感觉它是"一场令人恶心的人生丑剧"。最终这档"真人秀"节目被相关部门叫停。电视"真人秀"节目如何中国化是中国电视节目创新发展道路上一个不得不面对的问题。

（一）注重节目理念的个性化定位

当今中国电视市场上的"真人秀"节目普遍缺乏鲜明的个性，导致竞争力不足。注重节目理念的个性化定位是大势所趋。目前，以求职、创业、瘦身、美容等为主题的一批从日常工作生活中挖掘题材的"真人秀"节目开始出现，并逐渐处于上风。不可否认，这些节目中也含有隐私暴露和残酷竞争等内容，但这些因素已相对被弱化。同时，这种职场电视"真人秀"节目和创业"真人秀"节目，符合人们对于经济、经营和管理以及个人能力发展和自我极限挑战的心理诉求。

中国第一档职场招聘栏目是湖南卫视的《新青年》，将真实的职场竞争搬上电视屏幕，节目推出后一炮打响，开播一个多月收视率就攀升至湖南电视台专题节目榜首。中央电视台继其后推出的同类型栏目《绝对挑战》，对企业、对观众都具有省级台所无法比拟的吸引力。尤其改版后的《绝对挑战》增加了淘汰环节，淘汰过程跌宕起伏，可看性非常强，栏目的收视率趋于稳定和逐步上升的趋势。

当然，《绝对挑战》的成功尝试更在于节目理念的特色定位。国外的职场"真人秀"节目多是"救济"模式，立足于为弱势群体提供就业机会，用一句话概括，叫做"帮你找工作"。这类节目往往把残酷的求职竞争当作"卖点"，通过求职者的竞争和淘汰模式吸引观众的注意力。《绝对挑战》则别出心裁，在"共活"、"多赢"的现代商业理念指导下，完成了"教你找工作"的创意，强调栏目的教化职能。这种创意无疑是与央视的地位相吻合的，节目一经推出便迅速走红。

此外，以《学徒》为节目原形态的《赢在中国》也采取了特殊的运作方式，设置总额 3 000 万元的风险基金奖励，马云、吴鹰、徐新等多位商界知名人士担任评委，在长达八个月的节目中，包含动员、选手海选、网络展示、电视大赛等多个环节，选手限制为年满 18 周岁，并未设置学历限制。最终由观众投票决出的五位优胜者将分别拥有 1 000 万元、700 万元以及 500 万元人民币的创业资金，这使得《赢在中国》成为目前形式上最接近《学徒》的创业类"真人秀"。一位曾经同时参加了《赢在中国》和《创智赢家》的选手评论说，《赢在中国》选择了商业化的道路，兴趣点是投资、找到好的项目；而《创智赢家》则改走娱乐路线，兴趣点更多地在"秀"上。这就决定了两者在选人机制和比赛规则上的不同，从而也吸引不同观众的注意力。

（二）增强节目的纪实性效果

中国的"真人秀"节目大多缺乏真实感，缺乏纪实的魅力。据不少制作人介绍，一开始他们确实是如实记录的，但真实的生活总是很平淡的，当然要加入一些人工成分，即"包装"；另外，"真人秀"节目参与者虽然不是经过训练的演员，但是面对镜头，还是有着或多或少的私心，也就不免带有做戏的成分。《玫瑰之约》节目结束后，电视台把所有参加者请回演播室采访。其中一对年轻人，在比赛期间表现亲密，播出时引起了观众注意，于是被问及他们是否在比赛中培养了特殊的感情。不料女青年坦然表示：那是我们在做戏，为的就是勾起观众的好奇心和兴趣。此外，国内不少"真人秀"节目画外音过多而且带有明显的评论色彩，显得制作方人为介入的痕迹过重，失却"真人秀"本来的真实魅力。而国外电视"真人秀"节目则是由志愿者自己讲述，即使是必要的旁白也是说明性语言，其余部分则交由观众自己去体会去揣摩。

当下，天津电视台的《我是当事人》，是一档针对现代社会安全隐患而制作的法制类"真人秀"节目。节目有意营造一个真实的事件现场，锁定一位完全不知情的"当事人"，并特邀法律顾问，根据现场事件的发展解读其中涉及的法律问题并进行分析，告诉大众面对这种法律问题时应该采取什么样的法律手段保护自己。这样既满足了人们现实生活的功利需要，也增强了节目的纪实性效果。

（三）加强节目的叙事手段

国外的电视"真人秀"节目，不仅节目的参与者从形象到表情、动作、语言都"秀"到极致，而且在镜头运用、音乐、特技等方面十分讲究。航拍、烟雾、交响乐等一般电视节目中鲜有用到的手段和方式，在国外的"真人秀"节目中都能找到，制作十分精良，许多观众都有欣赏好莱坞大片的感觉。

国内的许多电视"真人秀"节目中，运用了大量的空镜头以及参赛者休息聊天的镜头，使得节奏拖沓，气氛沉闷。而造成这种情况的原因是制作时没有考虑让节目出现足够多的"戏"，没有足够的内容支撑节目时间，只能用无聊无趣的镜头填充时间。即"真人秀"节目看似简单，其实对制作者的素质要求很高。任何一个成功的节目都有制作团队作保证，比如"真人秀"节目要求摄像人员有敏锐的眼光，要不断抓住眼前发生的事情，大到观众的反应、节目现场的环境，小到参赛者的一个眼神、一个表情。换言之，从节目形态上看，电视"真人秀"属于一种综合性的节目：融合了新闻的真实性、电视剧的故事性、综艺节目的娱乐性、体育节目的竞争性和纪录片的纪实性等，真可谓"杂取百家，独成一家"。

综上所述，电视"真人秀"作为一种"真实"的生活节目，已不仅仅是一种游戏和娱乐形式，而且正在日益贴近并"指导"我们的现实生活。虽然电视"真人秀"节目在表现形式上亦真亦幻，但在以"人"为核心、以"真"为前提的理念下，还是"秀"出了自己的风采，成为电视荧屏上一道不可多得的绚丽夺目的风景！

【思考题】

1. 为一个目前尚没有媒体专为他们服务的观众群（如年龄为十几岁的足球迷群体）策划一档电视游戏节目。（平时作业之一）

格式需要详尽，扩充下列条目：

片头和开场音乐的设计；布景的设计，如果可能最好是三维的。

描述主持人的神态、着装、与参赛者和现场观众的关系以及他在整个节目中的作用；描述参赛选手。

测试的是哪类知识和技能？竞赛本身有多重要？

节目锁定的目标观众是什么？它会成功吗？为什么？节目安排在什么频道和时间段？

2. 以你熟悉的一档电视"真人秀"节目为例，谈谈你对电视"真人秀"节目的看法。

【附录】

对当下电视相亲交友节目的理性思考

[摘 要] 十年前，电视征婚节目在轰轰烈烈中赫然登场，以不了了之收场；十年后，新一轮电视相亲交友节目卷土重来，同样气势汹汹，却又在异常火爆中被勒令整改。这种恶性循环的症结究竟在哪里？电视相亲交友节目该如何突破自身瓶颈？它的出路应该朝着什么方向发展？这正是本文所要探讨和思考的问题。

[关键词] 电视相亲交友节目；《非诚勿扰》；主流价值观；婚恋观

20 世纪 90 年代末，在我国的电视荧屏上刮起了"电视征婚"节目的热潮，较早出现的是 1998 年湖南卫视的《玫瑰之约》（模仿台湾的《非常男女》），随后其他省级电视台也竞相推出各自的电视征婚节目，如北京电视台的《今晚我们相识》、河北电视台的《心心广场》、辽宁电视台的《一见倾心》、河南电视台的《谁让我心动》、福建有线电视台的《真情有约》、北京有线电视台的《浪漫久久》、重庆电视台的《缘分天空》、上海东方卫视的《相约星期六》等，甚至一度在全国出现 30 多个大同小异的电视征婚栏目。这些栏目不只是将适龄男女之间相对隐秘的"私事"公开化，还让电视充当了牵线搭桥的"红娘"角色，在当时引起了极大的收视狂潮和轰动效应。

一、电视相亲交友节目："挑战"的是社会主流价值观

当下，新一轮的电视相亲交友节目再度风起云涌，诸如安徽卫视的《周日我最大——缘来是你》、湖南卫视的《我们约会吧》、江苏卫视的《非诚勿扰》、浙江卫视的《为爱向前冲》、山东卫视的《爱情来敲门》、东方卫视的《百里挑一》等。与当年那些电视征婚栏目在同质化竞争中自生自灭、逐渐沉寂的状况相似，电视相亲交友节目的命运再次遭到质疑。在一段时间内异常火爆之后，在观众近乎"一边倒"的谴责和声讨中，国家广电总局接连下发两个文件勒令电视相亲交友节目进行整改，甚至个别栏目就此停播。

其实，电视相亲交友节目再度崛起，是适时又及时的。由于人们的工作和生存压力越来越大，"剩男剩女"逐渐增多，为适婚男女青年搭建一个"面对面"交流的平台，提供更多相识和交往的机会，体现了电视媒体义不容辞的服务功能。德国国家媒体研究所专家克里普教授曾有言，电视相亲节目近十年来在世界兴起，一方面这些节目可以制造一些社会氛围，比如人与人的接近、爱情的渴望等，这对遭遇"单身危机"的社会来说，是一种正面效应；另一方面，这些节目过于娱乐化，反而让人们不相信真正的爱情。毕竟仅凭演播室现场的一面之缘、为数不多的交流对话以及视频短片，并不能真正了解一个人并与之牵手。

这里，仅以《非诚勿扰》为例，它由最初的收视冠军到被点名、勒令整改，并非仅仅是嘉宾作假作秀惹起争议，更为深层的原因是"扰乱"了全社会的主流价值观，挑战和颠覆了全民的道德底线与伦理标准。即在节目中一些嘉宾有意的言论"出位"、大胆、另类，公开亮出自己的"雷人"观点，致使电视相亲交友节目往往用票子、车子、房子等作为量化和考量嘉宾的标准，不只是触碰了社会规范的尺度和禁忌，放任了拜金主义、虚荣、涉性等不健康的婚恋观，也对观众的心理造成了相当大的负面暗示和情感冲击。比如，"不愿坐在你的单车后面 Happy，宁愿坐在宝马里面哭"的"宝马女"，上台就说"在上海有三套房"的"三套房男"，而一位男嘉宾说自己曾谈过七八个女朋友，女

嘉宾接着说"还没有我的零头多呢"等，已经成为人们街谈巷议的话题，加之节目中嘉宾刻意的尖刻庸俗的提问、肆无忌惮的低级趣味等，已经完全搅乱了主流价值观念与社会公德，在一定程度上扭曲了中国人的传统婚恋观，致使电视相亲交友节目变相成了"炫富"、"拜金"的大舞台，各色人等粉墨登场，极尽表演之能事。

而这又恰恰是此前电视相亲交友节目火爆的一个重要因素，"对世俗心理与人性本真的彻底迎合，让它成为观众借以感慨或唏嘘的平台，在不知不觉中，有一双无形之手在观众心目中按下了选择的按钮。要命的是，我们的选择和节目中人的选择大同小异，我们的喜欢与嘲讽也是如此类似"。不得不说，这真是一种讽刺性的悖论——一方面我们作为电视观众堂而皇之地嘲笑、鄙视和不屑80后、90后的"马诺们"，而另一方面我们的内在价值取向竟然在某些方面与之惊人地契合、相似。只不过，我们潜伏着的各种念头和想法没有"马诺们"大胆、没有勇气在公开场合大声地说出来。从"马诺们"的表白中，我们看到了自己的影子。于是，我们恐慌了、退缩了，不敢正视这个事实，便极力主张封杀电视相亲交友节目。马诺式的人物大有人在，包括部分70后甚至60后。用南京航空航天大学社会学专家王岩教授的话说："因为马诺不仅仅是马诺，她已经成为某些错误思潮的代言人，她说出了一些人想说又不敢说的话。"这绝对是一个令人惊悚的现象。从这个意义上讲，电视相亲交友节目被勒令整改，一个毋庸置疑的潜在因素，就是太过"真实"了，太逼近现实了，甚至赤裸裸、血淋淋地展示非主流的价值观念，无异于在揭大多数人不可示人的疮疤，让人不寒而栗。我们是始作俑者，同样也是被舆论嘲笑和批判的对象。

二、电视相亲交友节目：真人的电视"秀"

当然，"除了批判，我们更需要社会中每一个人都真正静下心来反思一下这些社会'病症'所产生的原因以及可能的改良途径"①。恩格斯曾将两性关系视为一种一对一的最严格、最个性化的选择，是"最个人的"，也是"最崇高的"人类之爱。电视相亲交友节目则"把一些活生生的个人的千差万别、微妙无比的观察、审视、探试、流露、回应的百分之百属于隐私的过程，变成公之于世的展示，变成供人欣赏的视听产品，这本身就有悖于人类千百年来形成的文明

---

① 郑晋鸣，陆金玉. 不许挑战我们的道德底线——从《非诚勿扰》看传播者责任. 光明日报，2010－06－24.

的原则"①。特别是有些电视相亲交友节目只是把相亲当成幌子，虽然是真人（有时还不一定是真人，而是"托儿"）、真事、真场景，但缺乏真情。甚至有些男女嘉宾现场牵手成功，场下却再无任何联系。即真人相亲的电视节目究竟如何定位？电视相亲交友节目是旨在婚恋服务理念，还是仅仅提供一个作秀的平台？

瑞典斯德哥尔摩大学传媒研究所的一项调查表明，近些年通过电视相亲节目寻找婚姻归宿的人越来越少，一半以上的人只是为了"玩玩"：有的人是希望通过节目实现普通人上电视的梦想，有的是为了电视台以及赞助商的高额奖金，还有准备参加选举的政客也想通过参加节目提高知名度。以某期的《非诚勿扰》为例，一个各方面看起来都非常优秀，也被大多数女嘉宾看好的男嘉宾，在最后的男生权利时却放弃选择，狠狠地把现场女嘉宾耍了一把，他个人则借助电视这个平台"秀"了自己的优势和得意。如此没有诚意，何来真情？网友甚至出现了这样的质疑："此类节目只不过是一场浓缩虚伪感情、演绎个人隐私、编织精致谎言、崇拜金钱占有的游戏。"

当然，不能忽略和否认的是，电视相亲交友节目确实又不过是一档娱乐、游戏节目。当下我国的电视情感类栏目主要有速配类、谈话类、咨询类和"真人秀"类四种。况且几乎没有原创，基本上是完全移植和照搬国外的节目，而类似的电视相亲节目在国外就是电视"真人秀"节目，"秀"就有表演的成分，并非传统意义上的真正相亲。即节目标准化的开场白、结束语、游戏规则以及道具设置等，都体现为一种仪式化的表达方式。参与者从形象到表情、动作、语言等也"秀"到极致。特别是编导充分利用视听语言的表现手段，很清楚观众想看什么，镜头给得很到位。比如，《非诚勿扰》中两个一直对男嘉宾亮灯的女孩，最后一起牵手走T型台，配上节奏轻快的音乐，就是有意造成"秀场"的视听效果。

此外，电视相亲交友节目的魅力还来自于对现实生活同步取材的制作方式，而生活永远给人以惊奇和意外，并制造出种种刺激和感动。现实的不可捉摸性，使生活中的一切偶然变得皆有可能。男嘉宾现场的即兴应答、视频短片的自述乃至其朋友的推介等，都有可能左右女嘉宾的选择，使现场情形甚或陡转急下，甚或峰回路转。也就是说，电视相亲交友节目的相亲内容在一定程度上已无关紧要，更多的是对参与者性格的测试。观众也随之不由自主地认为参与了一场

---

① **沈敏特**. 电视"相亲"的文明考量：有悖于人类的文明原则. 解放日报，2010 - 06 - 24.

狂欢，获得了一种轻松、愉快的视听满足。

三、电视相亲交友节目：可以成为价值观的辩论场

然而，在国家广电总局发文明令要求电视相亲交友节目整改之后，《缘来是你》、《为爱向前冲》已经停播，其他电视相亲节目的收视率也普遍降低。《非诚勿扰》的主要变化是"党校女教授来了，节目更主流了；'毒舌'点评人乐嘉话少了，点评变温和了"。实际上，网友的这种评价不无嘲讽之意。"只是现在看来，没有了话题炒作，相亲节目倒也回归了真诚，收视率却也大幅下降，没有了那几个直白而又现实地直指问题所在的雷男雷女，表面上的一派和谐让思考不复存在，那么，相亲节目还有存在的必要吗？这还真的是个很大的博弈。"①

客观地说，类似《非诚勿扰》的电视相亲交友节目不只是产生了特定含义的"拜金女"、"丁克女"、"富二代"，还将房子、职业、收入、财产、外貌、试婚、同居等社会热点逐一融入，比较真切地揭示了困扰所有人的现实生存问题——身价、房价、婚姻和家庭关系等，具有超震撼的现实辐射力。而一档真正成功的电视相亲交友节目，"就是要让我们透过电视，看到身边某一种热点社会现象的代表、某一个群体的婚恋观和价值观。他们代表的是各种不同的声音，通过他们让观众找到认同感或争议探讨点，最后达到向主流靠拢的传播价值，同时让整个社会更包容、更有人情味，激发更多的人性关怀，这是主流电视传媒应该具备的社会责任，也是电视节目产生的社会意义和价值"②。况且电视相亲交友节目本身就是一个展示的平台，有交锋，就有回应，多元化的声音在所难免。

笔者非常不赞同在评判台上加入江苏党校的女嘉宾，似乎由她代表主流意识形态来对现场的话题予以把关。这既是一种形同虚设的政治符号，更无异于掩耳盗铃式的"恶搞"。况且，她又没有表现出太多个人的真知灼见，也不能引导和把握现场话题的走向，反而不如乐嘉，虽然不免感性乃至尖刻一些，但更真实、更人情化。换句话说，对于电视相亲交友节目出现的问题，不应该采取一味地"堵"的方式，而应该有意识地加以"疏导"。即每个人内心的真实想法是压制不了的，在节目中、舞台上可以暂时不说，不等于台下、现实生活中不那样做。对于社会中隐匿而又客观存在的观念，我们既不能躲避，封杀也

---

① 相亲节目还有存在必要吗. 新快报，2010 – 08 – 03.

② 相亲是当下相亲节目的遮羞布. http：//www. gxnews. com. cn/staticpages/20100603.

绝对不是上策。我们可以引进大众批评，正面引导，索性针对话题进行公开辩论，可以意见相左，可以自圆其说，但最终自有公断。比如，一个极其炫富的"富二代"，遭遇全体女嘉宾的现场灭灯，就是一个极好的说明。即"不用怕这种节目出现，但这种节目出现后就要允许人家来批评，批评不等于封杀，封杀并不表示这种现象就不存在了，只是把它隐藏起来。社会的谴责，其实可能比官方的禁止更有效"①。

综上所述，我们除了正视电视相亲交友节目的负面影响之外，还要主动出战、迎击。仅仅口诛笔伐是不够的，需要每个人自觉、自律，媒体更要发挥引导职能，在节目的宗旨、设计环节、话题引导上多下功夫。"如何凸显自己的文化内涵、价值理念，兼顾节目的娱乐性、戏剧性和社会性，对中国电视人是一种挑战。"② 即真正确认、建立、提升主流价值观念，是整个社会、时代的一个大课题，电视相亲交友节目不可能也无力承担全部责任。恰如新华社的一篇文章所言，电视相亲交友节目可以成为价值观的辩论场，但不可成为非主流价值观的传播地。

---

① 周黎明. 社会谴责可能比官方禁止更有效. http://www.vipnk.com/viewnews - 4815.

② 姜泓冰，刘阳. 西方相亲节目也不敢造次，娱乐至上必定走向歧途. 人民日报，2010 - 06 - 24.

第四章　音乐电视节目

一、音乐电视的起源与发展

MV（音乐电视）的前身是 20 世纪 50 年代以来，欧洲、北美用于推销音乐商品的电视广告片。其篇幅非常短小，仅仅是宣告某唱片上市的信息，还不具有艺术作品的特点。

70 年代开始，音乐制品的电视广告商为了能在竞争中打败对手，他们逐渐意识到必须对枯燥乏味的广告形式进行艺术化的改造，使之具备艺术的审美或娱乐价值以吸引电视受众的兴趣，从而达到最佳的促销目的。如 70 年代中叶出现于英国的摇滚歌曲电视录像片（Music Video，MV），实质上就是摇滚乐唱片的电视广告。这一特殊广告形式出现的重大意义，在于它弥合了商品广告与艺术品之间存在的性质区别。

第一部真正意义上的、具有唱片广告性质的 Music Video，于 1975 年诞生于雾气弥漫的伦敦。这部音乐录像片的演唱者，是由四个男孩组成的叫做"女王"（QUEEN）的摇滚乐队。这一年，"女王"乐队出版了它的第三张专辑——《歌剧院的一夜》（*A Night at the Opera*）；为促销这张专辑，其中的一首歌曲《波西米亚狂想曲》（*Bohemian Rhapsody*）被制作成 Music Video，作为广告在电视上播放。它的播出，使音乐商品获得了一种威力无穷的新式促销利器——《波西米亚狂想曲》录像片的电视促销，使得这支歌曲创造了连续 9 周占据英国流行音乐排行榜第一名的纪录，并成为英国有史以来销量最大的单曲之一。与之相同的记录，仅有 1966 年由汤姆·琼斯（Tom Jones）演唱的《家乡绿草地》（*Green，Green，Grass of Home*）。如此辉煌的成功，让音乐商人们发现了这种点石成金之术，电视音乐录像片由此开始投入大规模的商业制作和应用，成为一种新型的电视节目体裁，或曰一种特殊的电视广告体裁。

1980 年 8 月 1 日，随着世界上第一个专门播放流行音乐的电视频道（MTV）在美国开播，MTV 这个名词开始变得家喻户晓。MTV 是美国音乐电视频道注册的专有名词。这一天，世界上第一个 MTV 频道在美国华纳公司拥有的有线电视网开播，每天 24 小时专门播放热门的流行音乐。这个频道的节目类型包括音乐领域的新闻、访谈、闲聊、广告及每天 2 小时的"音乐流"。而在"音乐流"中主要播放每部长约 3~5 分钟的热门流行歌曲录像片。这些用来作为摇滚乐陪衬的三四分钟的"小电影",很快在青少年中引起巨大的轰动,成为 14～30 岁青年人最钟爱的电视频道节目。这个频道自开播,就发展得异常迅猛。例如,作为 MTV 体裁成熟标志的《恐怖之夜》,就曾创造了音乐传播和销售史上令人难以置信的空前奇迹。即在 MTV 频道开播一年之后,美国的摇滚歌星迈克尔·杰克逊(Michael Jackson)推出了这张歌名为"恐怖之夜"的单曲唱片。为了给这张唱片作电视促销宣传,他请好莱坞著名的恐怖片导演约翰·兰迪斯为他执导了这首歌曲的 MTV 录像。录像片在电视上播出后,引起巨大的轰动,连续 37 周获得流行歌曲排行榜冠军,并为他带来了丰厚的收入。仅从播出到 1985 年的三年当中,《恐怖之夜》的单曲唱片就售出 3 800 万张,创下了有史以来唱片销售的最高纪录。不仅如此,这部 MV 作品由于在艺术性方面的突出探索,使其获得 1983 年美国格莱美音乐奖的 12 项提名和 8 个奖项,这也是格莱美历届颁奖纪录上的空前之举。因此,人们往往将《恐怖之夜》看作是 MV 体裁走向成熟的一个里程碑。

迈克尔·杰克逊被誉为流行音乐之王,是继猫王之后西方流行乐坛最具影响力的歌手,其成就已超越猫王,是个出色的音乐全才,在作词、作曲、场景制作、编曲、演唱、舞蹈、乐器演奏方面都有着卓越的成就。迈克尔与猫王、披头士两组歌手并列为流行乐史上最伟大的不朽象征。迈克尔开创了现代 MTV,把流行音乐推向了巅峰,融合了黑人节奏蓝调与白人摇滚的独特的乐风,时而高亢愤疾、时而柔美灵动的声音,空前绝后的高水准音乐录影,规模宏大的演唱会无不在世界各地引起极大轰动。他拥有世界销量第一的专辑"THRILLER",销量达 1.04 亿张(2006 年吉尼斯世界纪录认证数据)。据 2006 年底的一次统计,其正版专辑全球销量已超过 7.5 亿张,被载入"吉尼斯世界纪录大全"。迈克尔·杰克逊是音乐史上第一位在美国以外卖出上亿张唱片的艺术家。他魔幻般的舞步更是被无数的明星效仿。2006 年,吉尼斯世界纪录颁发了一个最新认证:世界历史上最成功的艺术家!他一个人支持了世界上 39 个慈善救助基金会,保持着 2006 年的吉尼斯世界个人慈善纪录,是全世界以个人名义捐助慈善事业最多的人。

迈克尔·杰克逊的音乐电视的特点包括:采用连续画面——夸张、明暗强烈对比;歌曲故事化,夸张的故事化,用视听语言讲故事;中、近景冲击力强,流动画面的爆炸性;似乎"无厘头"的想象力,令人难以置信,当然这不是无边界的,而是根据音乐节拍来剪辑的;还有魔幻式出场,操纵时空变化顺序。如"Heal the World"中关于慈善儿童、贫民窟的地狱般的片头,画幅上是黑的,既是诠释歌词的内涵,又是一种音乐形象的表达。

1992 年美国总统竞选期间,比尔·克林顿曾经接受音乐电视频道的采访。

截至 1999 年底，MTV 频道已由一个增至七个，并深入全世界 82 个国家的 3.3 亿户家庭，成为一种极具影响力的大众文化兼音像商品的宣传媒介，也成了音乐商品产业大发其财的摇钱树。

1995 年，微软公司斥资 2 亿美金，在全世界展开促销"Windows 95"的浩大宣传攻势。该软件在台湾地区的促销方式就是推出了童安格演唱《看未来有什么不一样》的 MV，采用电脑三维画面，宣传微软用高科技改变人类视野和生活的企业形象。歌词大意是：

> 这是一个善变的时空，也许我们都太过沉默；/谁真正触摸过那道彩虹？不要轻易放弃了探索。/看未来有什么不一样？看我们世界有什么不一样？/原本世界有美丽的轮廓，也许我们从没有用心触摸；/就算这世界充满了灰色，期待的心别轻易退缩。

这首歌曲用劝诱的口吻暗示我们：未来与过去的"不一样"，其实是出自微软的电子魔术；通过 Windows 95 这款神奇的软件，我们就会看到一个前所未见的精彩世界，人类的生活方式就将因此而被彻底改变。为了演示这个软件的神奇功能，宣传微软用高科技改变人类视野和生活的企业形象，这支 MV 利用匪夷所思的电脑三维画面，编织了一个非现实的都市街景：几头大象悠闲地穿过喧哗闹市的人行横道和立交桥；空中盘旋飞过海洋里的贝壳；空气中冒着一串串水中气泡；撑伞悬空垂直旋转的人体……在这里，荒诞无序的表象拼贴组合出流畅的非现实景观。这些异化的表象经过宽泰数码编剪合成的画面情境，极度地渲染了歌曲出于商业动机的鼓惑性歌词内涵。这支 MV 歌曲曾在台湾和大陆风靡一时，当人们将其作为艺术作品来欣赏时，却不知已吞下了比尔·盖茨钓取金钱的诱饵，中了商战时代花样百出的糖衣炮弹。① 这样看来，用 MV 的形式来演绎形象广告，的确是一种很好的广告宣传方法。它不仅为包装歌手、销售歌曲及相关产品提供了更大的发挥空间，而且在某种程度上淡化了广告的功利色彩。它以优美的音乐旋律、精美的电视画面等，大大增强了娱乐性、艺术性和可看性。若从文化属性和功能的角度对 MV 进行界定，可大致归纳为：MV 是一种促销音乐商品，或推出经过包装的歌手与乐队形象以扩大社会知名度，从而获取商业利润的、电视广告性质的单曲音乐录像片。②

---

① 何晓兵. 中国音乐电视歌曲兴起的原因及其特征. 中国音乐，2002（1），2002（2）.

② 张凤铸，胡妙德，关玲. 中国当代广播电视文艺学. 北京：北京广播学院出版社，2004. 289.

　　由于各国文化背景不同，音乐电视的风格也各异。如英国的音乐电视以摇滚乐为主，在创意上突出反映社会问题和人生价值问题。法国音乐电视创意显得更为优雅，情调也更加明丽，色彩偏于淡雅。美国音乐电视创意手法丰富、变幻莫测，有的注重娱乐和故事情节，有的以精彩绝伦的特技来诠释音乐，有的以科幻色彩甚至惊险恐怖来吸引观众，有的反映美国存在的社会问题，如迈克尔·杰克逊的许多作品。韩国音乐电视在摄影上大量运用柔光，强调节奏的变化与影调的转变，对镜头的驾驭相当纯熟，创意欧美化。中国内地音乐电视历史感和民族感更强烈，主题也丰富多彩；在创意上，突出乐感文化，太平盛世和幸福感是重要的主题，色彩多为暖色调。较少看到悲剧结局，也少见颓废与绝望，更多的是近乎完美的人物，突出主流意识、民族性的美学风格。

　　MV 进入中国内地的时间较晚。20 世纪 80 年代后期，来自中国港台及日本的 MV 作品开始在中国内地的南方地区传播。1988 年，中央电视台曾经在其节目《潮——来自台湾的歌》当中播出过"小虎队"的音乐电视。但直到 1993 年 3 月 25 日，中央电视台第一个 MV 栏目《东西南北中》正式开播，并播出了由上海电视台王国平执导的《青春寄语》MV 作品，才由此拉开 MV 在中国内地大规模传播的序幕。

　　其实，从 90 年代初开始，国内流行乐坛就开始出现独立的创作和制作群体，来包装和推销本土的歌手及音乐，如当时红极一时的杨钰莹、毛宁等人相继推出的"甜歌"、"情歌"系列，就曾经在广州电视台等电视机构作过大量的推介，其中的一些作品如杨钰莹演唱的《月亮船》、《等你来带走我的心》、《轻轻地告诉你》、《等你一万年》、《一片艳阳天》以及毛宁演唱的《涛声依旧》等，都制作成了 MV 在电视上播放，为唱片促销并宣传歌手。广州、上海、北京三地新出现的许多音乐包装公司，依靠外来资金或民间资金，专门为这样一批签约歌手度身定做"包装"，并对新歌进行宣传和推介——流行音乐圈里人谓之"打歌"。

　　这里，必须一提的是中国音乐电视第一人王国平。1986 年秋，王国平在未受任何海外 MV 的影响下，推出了导演处女作《金色的旋律》，当时称为"青春音乐片"或"电视探索片"。当年获得了全国五大城市电视节目展评第一名，后被专家和媒体誉为"中国音乐电视的开山之作"。1993 年 3 月 25 日，中央电视台开办第一个 MV 栏目《东西南北中》，第一期便播出了王国平导演的 MV《青春寄语》。在节目中，王国平作为中国第一位 MV 导演正式亮相荧屏并接受专访，有媒体称"王国平的 MV 宣告了中国大陆本土 MV 的诞生"。

　　由王国平导演、宋祖英演唱的《东西南北兵》荣获中国军旅 MV 大赛金奖、最佳演唱奖、最佳导演奖等。在为李双江拍摄《我爱五指山，我爱万泉河》

时，王国平别出心裁地借鉴国外"大地艺术"的手法，用 3 000 多米长的红布把一座小山包裹起来，李双江身穿将军服站在红山头上引吭高歌。华裔影星尊龙为王国平颁奖时，直夸他的这部作品比迈克尔·杰克逊的 MV 还要厉害。另一部更为厉害的 MV 是他为廖昌永拍摄的《风雨同舟手拉手》。片中动用了 100 多位演员扮演"人民英雄纪念碑"的浮雕部分的塑像，由此创下人体活雕吉尼斯世界纪录。

与此同时，中央电视台的名牌主打栏目还有：1994 年推出的《中国音乐电视》；1995 年推出的《音乐电视城》；1997 年推出的《中国音乐电视 60 分》；1999 年推出的《新视听》；2000 年推出的《同一首歌》（改版后的新栏目）。

1994 年 10 月，上海东方台的音乐频道开播。

2003 年 3 月 18 日，西安电视台的音乐综艺频道播出。

2004 年 3 月 29 日，中央电视台的音乐频道正式播出。

无论从数量还是质量上看，中国的 MV 已步入鼎盛时期，成为中国电视文艺的一大品种。中国的音乐电视已超越了电视广告片的功能，成为一种集教育、娱乐、广告于一身的多功能的电视文艺体裁。特别是中国大陆的音乐电视非常注重历史感和民族感，太平盛世是最重要的主题，且强调寓教于乐的叙事性结构。它所展示的是中国的音乐，并非对国外音乐电视模式的照搬。因此，中国大陆 MV 及其歌曲，更多的是反映现代人的生活、思想和情感，并广泛接纳更多样的艺术思维模式，且在多文化的交糅杂合之中，已逐渐形成将过去与未来相连接的、新的音乐文化传统。①

二、电视音乐与音乐电视

电视音乐和音乐电视是两个不同的概念。徐航州、徐帆在《电视节目类型学》一书中对电视音乐和音乐电视的界定如下：电视音乐是以电视的特殊手段对原有的各类音乐演出进行二度创作，通过电视屏幕传播给广大观众的电视音乐形态。音乐电视却是充分利用电视的手段，根据对音乐歌曲的内涵和节奏的理解与处理来进行创作，设计和拍摄出包括演唱者在内的具有情绪化又有感情与内涵联系的多组画面的艺术形象的电视音乐节目。

虽然电视音乐和音乐电视都是音乐与电视手段的结合，都是音乐的电视化形态，但结合的紧密程度和电视化的程度是不一样的。电视音乐是对现场音乐表演，包括声乐、器乐表演的一种实况转播或录播，或是把音乐表演搬进演播

---

① 何晓兵. 中国大陆音乐电视歌曲的成因. 人民音乐，2002（6）.

室然后再直播或录播。电视仅仅是传播音乐表演的一种媒介，对音乐的介入很少，它与电视舞蹈、电视戏曲类似。电视音乐是运用电子手段对舞台音乐表演艺术的一种新的呈现方式。

1. 标志音乐

标志音乐包括各个电视台的台标音乐和各个栏目的片头、片尾音乐。这种音乐是作为一个特定符号出现的，具有很强的象征意义。观众天天看它，甚至一天相见数次，每当听到某段音乐出现时，便会联想到这个栏目的形象。标志音乐具有相对稳定性，一年甚至几年都不变，它一般都较短，少则几秒，多则几十秒，音乐和画面都体现出短而精的特点。

2. 电视广告音乐

电视广告是近20年发展起来的新型节目类型，具有明确的商业性。它是为商家推销产品的，如果做得好，可以使商家获得巨大的经济效益。因此许多厂家不惜以重金来制作电视广告。有了资金的保证，在制作上便可以精雕细刻，特别是电脑三维动画和特技的使用，使画面变化多端、多彩多姿。

3. 综艺节目中的音乐

电视综艺节目兼容性很大，它可由音乐、舞蹈、小品、戏剧片段、曲艺、杂技、魔术等各种不同门类的艺术形式以及服装表演、武术表演等组成，内容丰富，形式活泼，结构自由，可以满足不同层次观众欣赏的需求。音乐在综艺晚会中，以各种形式贯穿始终。音乐创作的好坏，对整台节目的成败起着举足轻重的作用。一台晚会若能推出一两首好歌，可以说已成功了一半。

4. 专题片音乐

专题片音乐是电视语言的一个元素，受画面制约，为画面服务，经常采用声画统一的音画组合。专题片音乐由片头音乐、片尾音乐以及分散在各个段落的音乐组成。多集纪录片一般都有一首主题歌或主题音乐贯穿全片。主题歌对于全片艺术风格的统一及主题的概括、揭示和深化都起着重要作用。如12集文献纪录片《邓小平》就是用歌曲《春天的故事》改编而成的。

5. 电视剧音乐

在电视剧中，音乐和画面、语言、音响等作为一个戏剧元素出现，可以参与剧情，推动剧情发展。音乐与画面的关系是音画并重、声情并茂。电视剧歌曲的运用比专题片要多一些，除主题歌外还有片尾曲以及插曲。主题歌具有高度概括性。它像歌剧的序曲一样概括全剧内容、艺术风格。主题歌具有鲜明的时代感、民族特色和地方色彩，歌词凝练，旋律形象准确而鲜明。电视剧中的插曲用于表现剧中某个具体情节或某个侧面，它的内容广泛，表现力也很强，特别是在多集连续剧中，可以在不同的场景中使用。总之，电视剧中的歌曲是一种复杂的艺术，它是依赖于影片、为影片内容服务的。

三、音乐电视的特点

虽然音乐电视借用电视手段进行制作，但往往需要投入大量的艺术构思与创作。音乐电视的画面是音乐创作的重点，但又不是简单的对音乐作品的一种图解。音乐电视创作需要对音乐作品本身有着充分的理解和领悟，并进行视觉的设计、画面的拍摄和后期的剪辑。除了现场演出的录像外，音乐电视都是由导演精心编排，邀请演员进行动作编排，经过光线、角度、色彩、背景的组合等一系列复杂的工作而完成对歌曲的演绎，这其中包含了导演、摄制、表演、剪辑等大量的创作，是视听结合的一种艺术形式，具有独创性。在整个创作过程中，创意是关键。音乐电视不只是电视手段对音乐的介入，更是艺术构思和创作对音乐的介入。

顾名思义，音乐电视"是指运用电视技术和艺术手段，以音乐语言为抒情表意方式，以画面语言为烘托的辅助表现形态，给观众以音乐审美感的电视艺术片种"①。即音乐电视是电视文艺节目的一种类型，是以音乐为听觉表现形式、以活动画面为视觉表现形式，声画相辅相成的一种艺术作品。音乐电视一般以一首完整的歌曲为作品长度，伴以歌手的歌唱和表演，以它独特的音乐、画面、节奏，给观众带来极大的视听刺激。音乐电视是一种具有很强视听冲击力、可反复播出的电视文艺节目样式。音乐电视的产生，拓展了传统音乐样式，丰富了音乐中的艺术品种。即真正符合 MV 要求的作品，是以歌曲为表现主体，以演唱者为表现形式，通过镜头语言将歌词的内涵与意义、音乐的主题与完整的旋律以及所要赋予的主观情感抒发体现出来。音乐电视具有双重结构：音乐与画面相互贯通，相互交融，形成统一的音画关系，以电视手法构成情景交融、声情并茂的电视画面，呈现出独特的艺术品位，这是音乐电视追求的最高境界。

音乐电视的核心元素包括歌曲、演员、主题。在音乐电视作品中，音乐形象成为被表现的主体，画面是为音乐服务的，所有的画面造型元素都被用来表达、演绎音乐的内涵与意境，推动音乐情绪的发展，以空间形式完成音乐形象所赋予的多维空间的意境景象。即音乐电视通过对歌唱演员的演唱、表演以及对相关场景、景色、人物动作、物件等的拍摄，再通过电子编辑、三维动画和数码剪辑系统等后期技术制作，用一个个无序多变、充满想象的画面或故事诠

---

① 邵长波. 电视导演应用基础. 北京：中国广播电视出版社，2000. 132.

释音乐内涵的核心，诱发观众的审美体验。① 即在 MV 中，音乐、歌词、画面是三个不可或缺的组成部分。其中，音乐是起主导作用的表现因素。由于音乐有着很强的不指向性，欣赏者可以根据自己的生活经验和审美情趣对音乐进行个人化的理解与阐释，而 MV 则把无限的东西化为有限，即固定的画面限制了人的想象空间，也限制了音乐的表情范围。有人甚至认为，MV 画面不过是把创作者在音乐欣赏中所产生的主观表象，通过技术手段变成客观的视觉图像而已。其实，在 MV 作品中，相对于音乐、音响而言，画面似乎只是一种从属性的表现因素，表达的多是创作者个人对音乐的理解。但是，画面对音乐的诠释是否合理，表述是否新颖、到位，又直接影响着 MV 作品的成败。从这个意义上讲，两者的关系并不是音乐对画面的单向制约，而是复杂的双向制约关系。恰如爱森斯坦所言："画面将我们引向感情，又从感情引向思想。"

1. 抽象、概括的叙事

由于音乐不是语意符号，没有明确而固定的语义，因此无法"讲故事"，但擅长营造某种朦胧的、流动的、下意识或非逻辑的情绪过程。MV 画面的叙事功能被大大削弱，只能以象征性强的画面符号、高度浓缩的情节聚合，来寓意式地讲述故事。即 MV 画面或是非叙事的情境组合，或虽有叙事成分，但这一叙事却相当概括、简略、不完整、时空跳跃很大，情节过程断续简约。换言之，画面既不能完全图解歌词，也不能完全与歌词脱离关系。用齐白石的话说："不似为欺世，太似为媚俗，妙在似与不似之间，以不似求似，似也。"MV 画面对歌词的诠释，也应该在似与不似之间、在虚与实之间找到平衡点，才是音乐电视所要达到的境界。

2. 情节逻辑的残缺

MV 作品往往只选取一个事件过程中某些具有典型意义的情节片断，并以拼贴的方式予以连缀，在情节之间形成许多因果联系的空白。如 MV 作品《同一首歌》最初是 1990 年亚运会开幕式的主题歌，后由"同志工作室"拍摄的 MV 作品，在歌词、乐曲未变的情况下，将其演绎为红四方面军妇女独立团在河西走廊惨遭覆灭的一段历史悲剧事件。而其情节只有"西征出发"、"宿营"、"五位女战士牺牲"三个主要环节，加之此歌的长度仅 6 分多钟，不可能依据情节的发展逐一展开，只能是截取片断，留下大量的情节空白由受众以各自的联想和想象去填补。

3. 叙事时空的快速突变和交错，表现为"超现实的抒情风格"

它是指画面及组接更加虚幻、奇异、不连贯，人物的行为方式更加异于常

---

① 魏珑. 电视编导. 杭州：浙江大学出版社，2007. 210 ~ 212.

态，甚至用类似于"梦境"的超越现实生活经验的情境来表现人的某种心情和感受。如 MV 作品《阿姐鼓》的歌词大意是"我的阿姐从小不会说话，在我记事的那年离开了家……天边传来阵阵鼓声，那是阿姐对我说话"。其中就有这样几个画面：①荒野中独立的绿树。童年时自己曾与阿姐在此树下荡秋千，也象征着阿姐早逝的生命曾经像这株美丽的树一样生机蓬勃。②寺院中一堵黄色的墙。少年时与阿姐在墙下，踮起脚跟，与阿姐比高。长大的"我"再来到这里时，却已找不到阿姐。③玛尼堆。这种景观象征着生命的转世、轮回，此处应是阿姐灵魂的居所，并与阿姐作隔世的对话。④鼓。按照藏族的宗教习俗，用死去阿姐的人皮，做成一只法鼓。它就是阿姐本身。"我"敲击这只鼓，就是与阿姐的灵魂进行交谈。"我"伏身紧紧拥抱这只鼓，它正是"我"寻觅已久的"阿姐"。①

当然，有些电视音乐片，将歌手、演奏者放到了实景中进行拍摄，但本质上并没有摆脱舞台艺术的窠臼。演员表演沿袭的依旧是舞台模式，作品的主体是歌手的演唱，电视的介入只是对歌曲的再现，即只是在空间上对舞台的扩张、放大。如歌手身着服装出现在荒原上、废墟当中，形象与环境造成的视觉反差给人以虚假的审美体验。而转化的成功与否，取决于演员表演与空间关系的处理，若使表演主体与表演空间达到一致、和谐，就能够实现艺术真实的效果。

4. 注重画面语境对空间造型和气氛要素的把握

例如，MV 作品《帕米尔的眼睛》中帕米尔高原连绵不断的银色冰川；MV 作品《声声慢·恋曲》中奢华封闭的庭院、古色古香的书斋及 20 世纪 20 年代雨中街景的插入等，就是对音乐本身所进行的视觉化把握，营造了一种特殊的氛围和地域空间环境。

再如 MV 作品《知心爱人》，导演郑浩以特技为主要手段，用二维特技制作的"雨中站在礁石上的歌手"、"雨后草原上的女歌手"以及用三维特技制作的"穿梭于各种空间中的绿叶"、"悬于空中的长笛"、"在相框中活动的歌手"等，改变了一切物体与人物的常态存在和运动方式，把受众引入一个新颖奇特、充满神秘和高度情感化的想象世界，使受众暂时忘却现实世界的制约，在精神上体验了近乎绝对的自由。特别是"绿叶飘飞于雷雨交加之中"——象征着爱情的常青和两情不渝。尽管人生旅途风雨如晦，但坚贞不渝、清新如一的爱情永远是人生苦旅中的一片亮色、一缕希望。即"电视的出现，不仅使音乐传播获得了前所未有的广度与迅捷，而且全息性再现了音乐表演的背景空间；并因蒙

---

① 何晓兵，郭振元. 音乐电视导论. 北京：中国广播电视出版社，2001. 143.

太奇手段的采用，使音乐的表现内涵第一次获得了充满想象力的视觉化之可能"。①

5. 往往采用音画分立的方式

音乐电视的声画关系不同于一般的影视片，在音乐电视中首先是有一首好听的乐曲或歌曲，通过旋律和节奏的有机组合，引发观众的联想，音乐是第一位的，起到叙事抒情及阐释的作用；而画面则有赖于声音，是对音乐意境的一种感悟。两者的关系是互为补充、相互协调的。

在音乐电视中，画面表现音乐往往采用音画对位的方式。即音乐与画面相对独立地表现各自的内容，音乐的听觉内容与画面的视觉内容常常并不一致，但两者又相互协调，共同升华为一个同一的主题。如 MV 作品《365 里路》，其音乐的歌词内容找不到与回归内容有关的含义，但与具有回归内容的画面相结合，就使歌曲的主题上升到回归的内涵上了。再如 MV 作品《寂寞让我如此美丽》中有这样几个画面：一个背对观众、独自看电影的男子；歌手特写，对口型演唱；歌手坐在旧式的洋车上以及阮玲玉的电影资料镜头等。这些画面看似各自独立，与歌词内容并不相关，但通过对这诸多画面的组接，才最终让人明白歌曲是表现影星阮玲玉的，且表现得比较合情合理，值得观众回味。

当然，也有许多 MV 作品采用的是音画合一的手法。即音乐歌词与画面内容是统一的。如《祝你平安》、《长城长》、《长大后我就成了你》、《好大一棵树》、《爱我中华》等。其中最典型的例子就是解晓东、范晓萱演唱的《健康歌》，画面与歌词几乎是逐一对应的，但观众并不觉得乏味，原因无外乎：卡通形象的动画造型、"人偶同台"的表演，观众非常喜爱；加入了喜剧性的叙事，如贪吃的肥肥、不爱运动的赵本山、瘦瘦的巩汉林等。但是，音乐电视毕竟不是对歌词的简单图解，而是要表达和超越歌词所描述的规定情境。音乐电视的创意应以表达和超越歌词所描述的情境为中心，而不应该是对歌词内容的图解。

四、音乐电视的类型

在音乐电视中，镜头对歌词原意既是一种诠释，又是一种超越；既是一种气氛展示，又是一种感觉创造；同样也是创作者对歌词、作曲的一种认同和理解。即音乐电视的目的不在于表现什么，而在于怎样去表现，怎样将抽象的音乐旋律转化为具体的视觉画面形象，往往更强调的是画面的写意性功能。

---

① 张凤铸，胡妙德，关玲. 中国当代广播电视文艺学. 北京：北京广播学院出版社，2004. 241.

1. 故事类

用故事情节来演绎歌曲，是音乐电视中常见的一种类型。这类音乐电视作品，往往讲述一个故事，有剧中人物和故事情节的发展，就像一部电影短片。歌手除了演唱之外，一般还要扮演故事中的人物。当然，音乐电视在叙事上的特点是情节的跳跃，这与影视作品讲究叙事的完整性是不同的。音乐电视在叙事时，可以从一个情节跳到另一个情节，从一个故事场面跳到另一个故事场面，中间可以不作任何交代或过渡。

2. 片断类

片断类是指歌手在不同空间和场景中演唱，通过演唱内容的变化和场景的变化来表现歌曲的内容。歌手往往以不同形象在各个不同空间中演唱，歌手的形象不断变化，空间也不断变化。片断类中既有现实生活空间和场景，也有现实生活中不存在的、非现实的幻觉或超现实空间。如童安格的《看未来有什么不一样》MV中，大象穿过都市的人行道，人飘浮在空中。

3. 演唱会类

演唱会类指以歌手演唱会的现场情景为主要内容的音乐电视。这类作品以展现歌手的现场表演为主。即主要是展现歌手在演唱会现场忘我表演的状态。

4. 歌舞类

歌舞类是指歌手在各种场景中边演唱边舞蹈，演唱和舞蹈成为MV中的主要画面组成部分。歌手往往作为领舞者，带动一群人与他一起边舞边唱，或是许多人在歌手身后随着他的动作与节奏作伴随性的舞蹈。如李玟的《真情人》就是歌手身穿橘红色的拉丁舞舞蹈服，在音乐伴奏中边唱边跳，在她的身后有一群身穿同样服装的年轻女子伴舞，不时还穿插打鼓的男子和穿绿色舞服的男子伴舞。

5. 动画类

动画类是指虽然MV中演唱者是歌手，但歌手的形象并不出现或很少出现，出现的是动画形象或主要是动画形象。随着电脑科技的发展，这类MV有日益增加的趋势。甚至有一种是完全动画的，即不用歌手表演而用动画形象来演绎歌曲的内容，如黎明的《眼睛想旅行》MV中的鱼、戴宇航员帽子的娃娃、粉红色的小猪、倒立的人等。

6. 电影画面剪辑类

电影画面剪辑类主要是指在歌手演唱的同时，穿插电影的经典镜头和画面片断。它往往是该片的主题歌曲，歌手演唱的现实空间和电影画面片断交相辉映、相得益彰，如《我心依旧》、《神话》、《懂你》（电影《九香》的主题曲）等。

五、音乐电视的创意

音乐电视的创意主要由叙事（歌词）和写意（镜头画面）两个部分组合而成，而创意的核心是画面的结构形式。即音乐电视不应仅仅停留在画面与歌词的简单对应，也不同于一般的音乐创作，它要求创作者运用视觉形象为音乐、歌曲谱写视觉篇章，进而形成新的视听同构。特别是不要只让歌词填满一首歌曲，要给画面留下表现余地。MV 的主要画面大都在没有歌词的地方，应给画面留出一定的时间，力求视听平衡，让音乐和画面轮流充当主角。以下关于各类音乐电视创意分类的描述，详见魏珑《电视编导》（浙江大学出版社 2007 年版）第七章的第二节：

1. 叙事型

叙事型音乐电视的创意，采用角色化人物通过一定的戏剧性情节、典型化场景等描述一个事件发生发展的过程，阐释音乐歌词的内涵，具有一定的叙事成分，生活气息较浓。如《常回家看看》讲述一对老夫妻在家中等待孩子们归来，时间长度有限、镜头短、多时空且快速突变。音乐不是为电视而生的，只能运用组合的音符表达一种情绪，不能像画面和语言那样具有语义逻辑。再如《祝你平安》，设计的是一个女教师和聋哑学生之间的故事，但还不是全部，以此还引发了和平的寓意和主题。特别是在暖黄色为基调的温馨的教室里，一会儿出现老师和孩子们，一会儿出现飞落在教室里的鸽子，就使得叙事型的创意很传神，既不过于戏剧化，又不是对歌词的简单图解，传达出了音乐电视应有的意境和诗意。

2. 情绪型

情绪型音乐电视的创意，不追求情节性和故事性，而是选择一些与主题有关的富有象征意义的视觉元素来进行组合排列，形成一种视觉冲击力，直接作用于人们的感官，激起人们的某种情绪和情感。画面的选择主要依据情感的抒发，连接缺乏现实逻辑，时空及人物的行为方式往往异于常态。如苏芮的《牵手》采用一对青年的婚礼、一对老人的相依漫步及日常劳作等情景表现人生历程。画面常常将实物表现为意象，较多运用移情、拟人化等手法。即依据主题选择具有象征意义和表现力的视觉形象并加以组合，通过积累效果给观众以视觉冲击，如 MV 作品《我们的大中国》，就是利用很多富有概括力的视觉元素，诸如黄河、长江、喜马拉雅山、天坛以及京戏、红绸子、大鼓、东方舞蹈等，构成了一组象征，很好地阐释了音乐的主题意蕴。

3. 抽象型

抽象型音乐电视的创意，主要强调一种纯形式的美感。它是将生活或自然界中具有形式美感的形象元素加以提炼和抽象，或者以搭景、制景等方法建构独特的时空，使得原本具体形象的线条、色彩、光线、形状等具有全新的视觉感受。如 MV 作品《想说爱你不容易》，被打烂的靠垫中的羽毛四处翻飞的场面，以及过去与现在两个时空的交替出现、黑白与彩色两种色彩的鲜明对比等，就把人物初恋时的愉悦和当下独处回忆时的孤寂绝好地展示出来了，且留给观众更多的是形式的美感与享受的印记。

4. 超现实虚拟型

这类音乐电视的创意往往诉诸人物的思维意象，大多采用绘图、搭景、电子特技、电脑绘画、屏幕合成等方式，创造一种超现实的时空。即以超常、奇异的视像表达思维意象，给人一种远离现实的奇特感觉。如 MV 作品《同一首歌》，在"风儿把天下的故事传说"这个乐句之后，至音乐完全终止长达 8 秒钟。无声的画面经过升格处理，将那位红军女班长在爆炸的火光中缓缓倒下的过程予以了充分的展示，使观众完全集中于视觉的画面意象当中，忘记了音乐的存在，给人以巨大的情感冲击力。

5. 纪实型

此种类型基本上是对歌手演唱过程的情景再现。画面场景空间几乎等同于歌手的舞台演出现场。歌手很少在演唱现场以外的空间进行表演。即场景空间较为集中，歌手的演唱、乐队的演奏、伴舞者以及现场观众是构成画面表现内容的主要元素。可在局部动作和动态的分解与组合上下功夫，画面组接多以直切的方式组合成视觉形象的整体。

六、音乐电视编导的素养

当下存在着大量质量低下的音乐电视作品，有的是音乐画面两张皮，画面竭尽能事地华美，然而音乐质量低下；有的音乐电视则成了歌手的写真集，音乐画面只是歌手自我表现的工具，成为空有其表的"金苍蝇"；还有的音乐电视缺乏对音乐内涵的理解，通篇罗列着一些空洞的符号，表现中华民族就一定是黄河、长江，要增加神秘色彩，就一定是西藏的自然风光……这些毫无深度和创意的音乐电视画面确实精美，但是最多称得上是风光片而已。更有一些作品，打着音乐电视的幌子，其实只是音乐会或者花絮的集锦，更别奢望根据音乐剪辑画面所营造的节奏感了。

电视作品中的节奏由内部节奏（由内容和情绪的快慢缓急、起伏高低构成）和外部节奏（由剪辑率构成，即单位时间里镜头切换的次数）组成。在音乐电视的剪辑中，宏观上要考虑对音乐主题、基调的表现；微观上则要注意将镜头的切换点选择在音乐的节奏点上，结合画面的景别和视角上的变化获得视觉上的节奏感。这一切都需要电视编导具备良好的素养。

1. 音乐素养

对音乐的艺术特性、音乐知识和音乐功能都有较深的了解，要熟知音乐常识。熟悉所拍摄的歌曲，理解歌曲的含义，才能赋予其一个恰当的主题，通过影像化的方式，将自己的理念传达给观众。创作者的音乐素养越高，对音乐越熟悉，理解程度越深，对节奏的把握就越好。色彩与节奏也是有联系的。如果把色彩的强弱、冷暖、浓淡、色块大小等有机组合和变化，也会形成一种有序的节奏和韵律。

2. 丰富的想象力

要善于将抽象的语言具象化；乐于寻找和发现不同事物之间的联系，以形成精妙的构思。

3. 视听语言的驾驭能力

音乐电视的重要任务之一就是将音乐的节奏视觉化。即画面之间的时空跳跃和快速变化是电视节奏的体现方式。动感镜头是音乐电视拍摄的一大特点。讲究节奏与韵律，画面的构图更为精致、艺术化。音乐电视的主旨在于情感和意境的表现，情绪镜头会占镜头总数的大部分，即镜头强调感染力与意向化，所以夸张的拍摄也是常见的手法。因此，音乐电视编导应具备良好的视听语言驾驭能力，才能更好地把握音乐的视觉化。

4. 色彩运用能力

色彩也能够发挥独特作用，一般用红色、金黄色表达快乐；用蓝色、灰色表现忧郁；一些回忆或怀旧的画面则常用黑白和茶色。编导通常会使用鲜艳明快的色彩，以对比强烈、用色饱和、光调反差明快来传达轻松快乐的情绪气氛；有的编导以柔和淡雅的色调来表现某种宁静舒缓；有的用偏冷的色调作为环境色，将主体处理为色彩明丽的暖色调加以突出；有时蓝、紫等会超越冷色调的基本含义而表达更加深邃的意义。如 MV《懂你》一开始使用了深蓝的环境色调，歌手满文军手中拿了一束红玫瑰。红玫瑰在环境色中分外夺目，表达了儿子对母亲的深切感激之情。这里深蓝的环境色调就不是冷色调的基本含义，而是如海洋般的深情。[①]

5. 选取表演背景的能力

表演背景是音乐电视至关重要的元素。它不仅应与表演的主题内容和情绪

---

① 魏珑. 电视编导. 杭州：浙江大学出版社，2007. 218.

色彩完全一致，还应该尽可能地与表演的进程和细节相辅相成、相得益彰。即应该选用指向性明确又独具特色的生活实景、自然风光、虚拟意境作背景，忌用不经挑选、缺乏设计、俗不可耐、牵强附会的场景作背景。编导只有具备良好审美能力才能选好表演背景。

6. 镜头的应用

减少长镜头，不要一个镜头表现一章乐曲或一段歌曲，要让画面丰富起来，变换起来。比如舞蹈视频《天使》，它意图表现孩子像天使般单纯活泼，但3分多钟的片子，从头至尾只有十个镜头，甚至多个长镜头还用慢动作表现，给人的感觉不是轻松活泼而是沉重疲惫。

7. 善用彩色遮罩的能力

减少不必要的彩色遮罩、减少不必要的画像处理等特技手法，让画面以接近正常的视觉感传达信息和内容，能够更精准地传情达意。常见的彩色遮罩有实框、虚框、棱形、三角形、椭圆形、五边形、六边形、等比遮幅、不等比遮幅等，多是为了突出画面的主体形象，减少冗余信息干扰和补救画面。但这种"万花筒"式的画面本质上无助于内容的传达，反而会因为华丽的外衣遮盖了内容，曲解画面语言。如MV《歌声与微笑》从头至尾全都是变幻莫测的彩色遮罩，画面语言支离破碎，如果不是旋律熟悉，几乎看不懂作品所表达的意思。

8. 深挖掘能力

对画面的挖掘，不应该是泛泛的对音乐所反映的相关符号的堆积，而应该是建立在对音乐内涵的深刻感悟上。作为表现音乐的载体，画面同样需要具有节奏感，成为一种可视的音乐。视听节奏绝对不是单纯的音乐节奏加画面节奏，而是一种内在的和谐。音乐电视是一种运动着的建筑，它可以通过在时间中连在一起的视觉唤起在空间连在一起的乐感。即营造音乐电视外在节奏的主要手段是画面的剪辑、动态的摄影、光色的变化、歌手及演员的动态表演等；而内在节奏的变化主要通过时空的交替、情节的设定等来实现，比如观众在故事的起因、发展、高潮、结局中所经历的情感的变化，这种感情的变化就是一种内在节奏感。内在节奏和外在节奏的结合形成了音乐电视的律动美。

七、音乐电视的取景类型

在音乐电视创作中，景别也是一种最重要、最外在的视觉语言形式。当观众看到屏幕上的任意一个镜头时，在视觉心理过程中，首先感受到的是画面景别形式，即首先辨别出这是一个什么景别的镜头画面。其次，才会从镜头画面的外部，即景别的形式范围，进入对镜头画面内容、构成效果、造型元素以及画面效果的认同、感受、分析和理解。从严格的意义上讲，景别的运用规律是导演最重要的叙事要素，是摄像师首先要考虑的视觉营造手段。

对于音乐电视的摄像创作，导演应对整部片子的摄像基调有一个基本的设计，摄像风格也要有明确的定位。音乐电视的摄像与普通的电视片的不同之处就在于 MV 的摄像讲究运动感，讲究节奏与韵律美。即音乐电视的取景极为重要。虽然音乐电视的景别是由传统的五个要素构成，即远景、全景、中景、近景、特写，但这五种景别的使用频率却是不同的。音乐电视为了突出镜头运动的节奏性，大量地使用中近景，其次是特写。大全景仅仅是过渡景别，有时也用来抒情，表现心情开阔或心旷神怡的状态，而远景可以说使用得很少。

下面我们分别来介绍一下音乐电视的取景类型：

1. 中景

由于音乐电视强调歌手的情绪，因此中近景便被频繁地使用。加上歌手有时会一边唱一边跳，中景更容易表现动作的动势和幅度。但是，中景对人所产生的视觉冲击力，不如近景和特写，在摄像机机位处于静止状态时，画面会显得过于平衡和完整，缺少动感和变化。而当摄像机运动起来时，这种沉闷就会被打破。即在拍摄过程中应该让摄像机在运动中进行拍摄。

2. 全景

在叙事结构里，全景是必不可少的元素，它用来确定事件发生的环境空间，为情节确定特定情景。传统的做法是：人物的出入镜都在全景中展现，这有利于叙事的清楚。在音乐电视中，由于时间的关系，这一做法有时被省略。它只截取叙事必需的几个支点，精心地组织画面，跳跃式地进行镜头剪辑。

而大全景的运用在音乐电视中非常少，因为受屏幕画幅的影响，电视不可能像电影屏幕那样有更广阔的屏幕空间来表现巨大的场面以及气势恢弘的场景。但是，有时如果使用得当，也会创造很好的镜头效果。

3. 近景

近景在过去的影视理论中常被忽视，认为它只是一种过渡性的镜头，处于中景和特写之间，缺少个性。可是，在 MV 制作过程中，近景却是最重要的景别，歌手的口型，以及细微的情绪变化，全在于近景的刻画。歌手的内心状态，细腻的情感转变，也都与近景的表现有关。音乐电视通常会讲述一个完整的故事，在这之中，近景的运用可谓最频繁。

4. 特写

特写是音乐电视中最常用的景别之一。音乐电视的特写与一般的影视作品不同，其特写在构图上不只取其完整与平衡，而且强调局部的描写与夸张。即使是特写，在音乐电视中也是处于运动状态下的。一般的特写多是规规矩矩的，但是音乐电视却追求视觉的强烈感受、局部细腻的变化以及瞬间的表情状态。音乐电视的特写有些像广告摄像作品，它的取景并不强调将被拍摄对象居中，或留下天头与地脚，它可能只是被拍摄对象的半个脑袋或半张脸，但要求构图的造型美感与情感捕捉的准确性。它不强调拍摄的真实性和客观性，而是在于表现被拍摄对象的情绪特征以及音乐所传达的那种抽象的美与心理感受。

八、歌手的主体空间

音乐电视的一个重要目的就是要推出歌手，即每一部 MV 作品都非常注重歌手的主体空间，以展示和表现歌手的才智与素质。如舞台上的歌唱现场、录音棚里、麦克风前等，都是展现歌手本体特征的空间。歌手的主体空间在拍摄时往往是一气呵成，成为"母画面"（即前期拍摄中，有意设计的一些起贯穿作用的镜头，在后期剪接时往往被拆解为若干独立的画面），以便后期剪辑时使歌手的演唱连贯流畅。[1] 例如 MV 作品《朋友》，就始终贯穿歌手在录音棚里演唱的主体空间，其中也穿插了其他的空间。但无论空间如何变幻、流转，总是不时地将歌手的主体空间穿插在整首歌的各个流程中。

此外，歌手对口型演唱的镜头（歌手在几处设计好的空间，拍下几个不同景别的"演唱"镜头）、歌手表演状态的镜头（如《流浪的燕子》MV 中艾敬骑着毛驴、男人提着大提琴在前面引路、一群孩子跟跑的全景镜头，此长镜头在作品中被分解成三个画面，在不同时间、空间分别使用）、配角演员情境化表演的镜头、各种视觉物象的镜头等，也是必不可少的。

再如，《北京欢迎你》这首歌从 2008 年 3 月初提出创意到制作完成只历经一个半月的时间，词曲小样在 5 天之内就制作完成，两个星期之内完成 100 位歌手的录音、平面摄影与北京奥运祝福访谈，6 天完成所有的后期制作，仅纪录片拍摄的素材就达 7 000 多分钟，有 200 多名工作人员为其诞生付出了汗水。作为北京奥运会倒计时 100 天的声音符号，《北京欢迎你》是以"同一个世界，同一个梦想"为主题，以北京普通人家的视角，采用民谣形式，用热情的音符表达北京奥运即将到来之际，人们喜悦的心情和对北京奥运客人的欢迎之意。这首歌是由北京奥组委文化活动部和中国移动共同策划，香港著名音乐人林夕填词，中国内地音乐人小柯作曲，小柯、陈少琪、余秉翰担任制作人。

MV 作为一种综合艺术，就是利用电视的手段来传达音乐作品的灵魂。它突破了音乐作品抽象传达情感的局限性，将音乐的个体情感经历转换成统一的

---

[1] 何晓兵，郭振元. 音乐电视导论. 北京：中国广播电视出版社，2001. 360.

视听形象。即"MTV 的出现，不仅是一种艺术样式的创新，而且是一场强调本体意识以及电视技术力量的革命"①。电视以最快的速度、最直接的手段把音乐立体化、形象化，开创了一种新的音乐表现形式，并且由于传播方式的改变，使得音乐有了三度创作。如果说作曲家是一度创作，歌唱者演唱、演奏是二度创作，那么当下加入了视听语言就是三度创作。即便是转播现场音乐会实况，也有前期和后期的工作。特别是电视的视觉图像和视觉信息的存在，为受众理解音乐提供了一种参照，且图像往往是碎片的组接，不会完全限制听者的想象力。相反，在图像的视觉片断中还存在大量的逻辑空白，更容易激起听者的想象去弥补情节的缺失。MV 将心理蒙太奇语言变成了主流和权威的语言，而将叙事蒙太奇置于次要的地位。这样，MV 就形成了自身的特定的艺术语言，它不仅仅是利用了电视这个媒介平台，还可以称作电视艺术（即电视是对 MV 的创造，不是简单的传播媒介）的样式之一。

如今，MV 在中国经历了由节目到栏目再到频道的发展历程，并逐渐形成了自己的民族化特点。加之几乎与之同步进行的各种相关的理论研讨，无疑都为音乐电视的全面、健康发展起到了推波助澜的作用。当然，MV 也存在着明显的不足和缺陷。诸如画面美感不足，只注重拍摄和编辑技巧，忽视了画面本身应具有的艺术美感；文字的美感不足，即歌词应具有文学性、思想性，并从画面中找到意象，至少是具象，但现在的作品在这方面都表现得很模糊；再有是音乐性的问题，即旋律、节奏、配器、画面的整个组合，时常显得莫名其妙。这也反映出我们现在的 MV 制作人的浮躁心理。换言之，我们应该有一种忧患意识，思索这些东西最后能否抚慰人的灵魂，能否愉悦人的感官，能否体现一种审美的价值。②

随着人们精神生活需求不断增长，审美品位不断提升，以及电视数字技术不断发展，MV 的走向可以体现在两个方面。一方面，MV 的创作越来越重视综合艺术性，在艺术表现上则偏向叙事风格的演绎。创作者们意识到 MV 的综合艺术性，了解到一部优秀的 MV 实际上是导演、演员、词曲、演奏、摄像、灯光、美术、道具、录音、剪辑等诸多艺术行当的综合体现，于是开始从 MV 的各方面因素入手，追求精致细腻的音画效果。为了迎合观众的收视心理，大量 MV 开始走叙事路线，有情节、有故事，像一部微型电视剧，增强了 MV 的观赏性，得到了广大观众的支持。另一方面，技术发展带来视听盛宴。音乐电视发

① 胡智锋. 电视审美文化论. 北京：北京广播学院出版社，2004. 325.
② 关玲. 知行轨迹. 北京：北京广播学院出版社，2000. 71.

展到今天，人们对它倾注了极大的想象力，电脑特技被运用其中，极大地丰富了 MV 的表现手段。电脑特技的运用直接拉动了 MV 的制作成本，一些 MV 出现高成本制作的倾向。值得注意的是，大制作使得人们的感官受到越来越震撼的视听冲击，但是这种形式化的东西到最后是否会因其过分注重外在形式，缺少内在的人文关怀而使观众厌倦呢？这个问题值得思考，也许 MV 又会重新追求一种朴素的表现风格，更加重视其内在的意义和表现力，出现返璞归真的发展趋势。

总而言之，音乐电视作为电视文艺的一种重要类型，不管它采取何种表现形式，只要能够达到娱乐和审美的艺术欣赏功用，只要能为观众所接受、所认可，便是对电视文艺的一种再造和更新。恰如 2004 年中央电视台春节联欢晚会的音乐总监黄小秋所言："我们可以从国外具有国际高水准的音乐电视借鉴到许多东西，突出以故事性、娱乐性为主的审美情趣。音乐电视实际上是小型电影，它的发展方向可以是画面一条线，平行的是歌曲、音乐一条线，这在国际上有很多很好的范例。其次要保持专业化的精良的制作。如果拍片经费允许的话，最好选好的机器来拍，要用好的后期工作站。同时有一种享受，有色彩和画面，有非常好听的音乐，还有流畅的音乐剪辑，构成综合的电视载体，它赋予的信息量和给大家的欣赏度是远远超过我们的想象的。"中国的 MV 还具有很大的需求空间和生长空间，愿它早日走出一条更加广阔的发展之路。

【思考题】

1. 以你熟悉的音乐电视作品为例，谈谈音乐电视的创作特点。

2. 音乐电视的创意主要有哪些类型？

3. 将你喜欢的一首歌制作成音乐电视，并提交分镜头本。（包括歌词内容、画面内容、景别、时长，暂不用考虑镜头运动方式等；或制作电视散文，二者择其一，作为平时作业之一）

第五章　电视综艺娱乐节目

电视综艺娱乐节目来源于 20 世纪 50 年代美国的 NBC。当时 NBC 创办了一档空前规模的大型广播节目 *MONITOR*。该节目将各种艺术的表演形式熔为一炉，有新闻、人物专访、爵士乐、书评、赞美诗等，打破了以往单一的节目类型模式，引起了极大的轰动。于是，一种全新的电视节目形态——"电视综艺节目"诞生了。它几乎覆盖了电视声音、图像传播的各种渠道，充分发挥了电视媒介声画并茂的媒介强势，给予观众感官上的全方位的满足，具有很强的娱乐性。

但是，关于电视综艺娱乐节目，至今在电视艺术理论界依然存在着争议。而争议的焦点就是：电视综艺节目究竟是不是电视艺术？它属不属于电视文艺所探讨的范畴？

这里，主要有两种截然相反的观点：一种认为电视综艺节目属于电视艺术范畴。如阮若琳在《是危机还是新的挑战》一文中谈道："电视文艺作为一个新型的艺术品种，它综合了歌、舞、绘画、文学、诗歌、戏剧、影视各门艺术之长，以声画结合的艺术形式把观众吸引到电视屏幕前。截至目前，电视文艺似乎没有一个确切的定义，但它作为一门充满生命的、新兴的艺术已经诞生了，它的文化品位正影响着屏幕前大量观众的审美情趣。"而另一种则持相反的意见，以王维超为代表。他在《电视与电视艺术辨析》一文中认为："演播室加工的舞台艺术节目，在声、光、色、时空形态、画面造型等方面，都经过了电视艺术的二度创作，较多地运用了电视艺术的表现功能和电视特点，但仍介乎本意的电视艺术与舞台艺术之间，故而严格地说，也不能算作纯粹的电视艺术。"

对此，中国传媒大学高鑫教授的观点是：电视综艺节目虽然不如电视文学、电视戏剧、电视艺术片的艺术创造性那么鲜明、突出，似乎只是一种舞台演出的转播，但它毕竟经过了电视的二度创作，它已不再是原有的舞台文艺演出的形态。从科学的意义上讲，电视综艺节目应属于"亚艺术"形态，是电视屏幕上的"亚艺术"。

一、电视综艺娱乐节目的发展

中国电视综艺娱乐节目的发展，大体经过四个阶段：第一阶段是 20 世纪 90

年代初兴起的以《正大综艺》和《综艺大观》为代表的表演类综艺节目类型；第二阶段是以《快乐大本营》和《欢乐总动员》为代表的游戏类娱乐节目；第三阶段是以《幸运52》和《开心辞典》等益智博彩类节目为代表；第四阶段即"真人秀"节目盛行的当下，平民走到观众面前，而且成了明星。需要指出的是，贯穿在这四个阶段之中的是电视综艺娱乐节目播出的栏目化。固定的栏目播出，形成了相对稳定的观众收视期待，在一定程度上巩固了电视综艺娱乐节目在电视节目体系中的地位和影响。即栏目化不仅使电视综艺娱乐节目变得类型化，也使得电视综艺娱乐节目开始有了自己的包装，朝着多元化和多样化的道路发展。

所谓电视综艺栏目是指电视综艺娱乐节目的专栏化。中国最早的电视综艺栏目是广东电视台于1981年元旦开办的电视综艺栏目《万紫千红》（总栏目下又设"遗事趣谈"、"小幽默"、"系列小品"等小栏目），很受观众喜爱。后来它成为广东电视台的名牌栏目。1981年11月，广东电视台又推出第二个综艺栏目《百花园》，专门播出经过重新编辑、加工的优秀保留节目，也在电视界引起了较好的反响。《万紫千红》和《百花园》栏目，是新时期中国电视文艺的一个重要标志。

1984年，中央电视台创办了第一个综艺栏目《周末文艺》，安排在每周六晚上的黄金时间播出。它同时还开办了以加工、编辑地方台选送节目为主的综艺栏目《艺苑之花》，该栏目后来改为《东西南北中》。

1986年，中央电视台又开办了播出各类社会演出录像的综艺栏目《电视剧场》。1988年，中央电视台的综艺栏目获得了进一步发展，《周末文艺》分解为两个独立的综艺栏目——《文艺天地》和《旋转舞台》。这些综艺栏目的开办和红火，又有力地带动了各个地方台综艺栏目的发展。如上海电视台的《大世界》、《大舞台》；北京电视台的《大观园》、《五彩缤纷》；吉林电视台的《艺林漫步》；河北电视台的《观众之声》；山西电视台的《五彩缤纷》；山东电视台的《广告文体大观》等。

1990年3月，中央电视台又创办了《综艺大观》栏目。它包括"开心一刻"、"请你参加"、"艺海春秋"、"送你一支歌"、"综艺快车"、"天南地北"、"一分钟笑话"等小栏目。它的节目短小精悍，节奏轻快，形式多样，手法新巧，且是现场直播，具有强烈的现场感和参与感，特别是倪萍等节目主持人深受电视观众的喜爱。《综艺大观》曾经分别在1991年、1992年、1993年连续三年荣获了三届电视文艺"星光奖"的优秀栏目奖。《综艺大观》的诞生，标志着我国电视综艺栏目的成熟。

1990年4月，中央电视台又与泰国的正大集团联合制作、推出了名牌综艺

栏目《正大综艺》。该栏目包括"世界真奇妙"、"五花八门"、"真真假假"、
"正大剧场"等小栏目，着重介绍世界各地的文化艺术、风土人情等，杨澜等
节目主持人深受观众的好评。

《综艺大观》、《正大综艺》的节目形态，引领了我国电视综艺娱乐节目的
潮流，是当之无愧的先行者。这一时期，也被业界公认为是中国电视综艺娱乐
节目的初始阶段。由于当时电视荧屏上的节目类型比较单调，日常生活中人们
的娱乐方式比较匮乏，因而《综艺大观》集歌舞、杂技、音乐、小品、相声、
魔术等各种艺术门类于一体的新型节目样式让观众眼前一亮，满足了人们的审
美需求。

1991 年的下半年，中央电视台开办了《曲苑杂坛》栏目。

1992 年 7 月，中央电视台又与中国广播文工团、北京广播学院合办了《艺
苑风景线》栏目。

1993 年 3 月，中央电视台又推出《文艺广角》和《东西南北中》，使得中
央台的电视综艺栏目更加丰富多彩。

与此同时，各地方电视台也陆续开办了一些新的综艺栏目。代表性的栏目
有：上海电视台的《今夜星辰》、上海东方电视台的《东方直播室》、吉林电视
台的《盼今宵》、浙江电视台的《调色板》、河北电视台的《万花丛》、江苏电
视台的《潇洒今宵》等。这些电视综艺栏目，由于制作周期短、经费低、演出
时效性强，且观众能够直接参与，受到了观众的普遍欢迎。

1995 年 11 月 30 日，中央电视台第三套综艺频道正式播出。它是以播出音
乐及歌舞节目为主的专业频道。

1997 年 7 月 13 日，湖南卫视的综艺栏目《快乐大本营》开播。该节目凭
借着轻松、幽默的气氛，活泼亮丽的主持人，开心、有趣的游戏，一下子就征
服了观众，并且获得了中国电视文艺"星光奖"综艺类节目一等奖。它的出现
应该说是具有里程碑意义的。1999 年，该节目在金鹰奖评选中获得金奖。它几
乎在一夜之间带动和刮起了电视荧屏的"娱乐旋风"。它更被公认为"国内电
视综艺节目的革命先行者"和"综艺娱乐节目的第一品牌"，甚至可以说改变
了国内电视从业者与电视观众的思维。湖南卫视在国内所引发的风潮被称为
"湖南电视现象"，湖南电视人被赞誉为"电视湘军"。

1999 年 1 月 2 日，北京电视台的综艺栏目《欢乐总动员》开播。

1999 年 4 月 23 日，安徽卫视的综艺栏目《超级大赢家》开播。当时，甚
至有人戏称《快乐大本营》、《欢乐总动员》、《超级大赢家》为中国电视综艺栏
目的"三驾马车"。

信息和娱乐并不是水火不相容的，随着电视节目生存方式和思维方式的转

换，信息娱乐化的趋势会越来越鲜明。而大众文化所擅长的就是借助现代大众传播媒介向公众大量制造信息，把引发公众的即时娱乐作为自己的主要目的，并调动一切可能的现代化传播媒介手段去实现这一目的。娱乐资讯节目的出现和迅猛发展可谓是大众文化发展的必然产物。① 巴赫金的"狂欢理论"曾部分地点出了"娱乐"的品格——全民性的，无所不包的，精神自由自主的，无等级的，全民共享的。这种狂欢品格使人从压抑中解放出来，对僵化的秩序有着解构的作用，体现了人们对自由、自主的追求。至今，在世界各国的节目构成中，娱乐资讯节目都占有不可或缺的位置。据统计，美国的 ABC、CBS、NBC、CNN 等电视网每天都有半小时左右的娱乐资讯节目，欧洲多数国家的电视台都有专门的娱乐资讯节目。

我国的娱乐资讯报道始自 20 世纪 90 年代末期，出现了《中国影视动态》、《影视同期声》等专项资讯娱乐节目以及《中国娱乐报道》、《娱乐无极限》等综合性的娱乐资讯节目，开始注重商业包装，并以一种栏目化的方式固定播出。即娱乐资讯节目以新闻报道满足观众对娱乐的兴趣，在新闻内容选取上强调娱乐性，既包括电影、电视、音乐、舞蹈、戏剧、曲艺、文学等艺术门类的最新人、事动态，又包括文化娱乐产品、文化娱乐市场、政策、管理、从业人员和机构动态，文化艺术教育及国际文化娱乐业动态等，其中不乏一些娱乐界人、事的趣闻、秘闻。在报道形式上，娱乐资讯节目也强调娱乐性。由于娱乐资讯节目的特殊信息类别，对文化娱乐作品及其活动的展示在节目中占了相当的份额，譬如在报道演唱会的信息时，对演唱会现场会有较长时段的展示，同时还有后台的花絮、观众的反应、对明星的个人情况介绍等；在电影新片报道中，有对影片较为完整的段落演示及在拍摄现场的采访等。

如今电视综艺娱乐节目就其形态而言，已出现了综艺类、速配类、益智类、博彩类、游戏类、"真人秀"等多种样式。即电视综艺娱乐节目表现为：以观众观赏为主的综艺晚会型；在与观众相互交流中形成娱乐氛围的益智型；有特定规则的以竞技竞赛项目为核心的游戏型；有一定情境设计的以纪实手段完成的"真人秀"型；以满足观众表演欲望并为其提供舞台的表演秀型等多种形式。

对此，谢耘耕、唐禾曾在《2006 中国电视娱乐节目报告》当中指出：从全国范围看，2005 年中国电视综艺娱乐节目播出总量约为 14 万小时，综艺资讯

---

① 朱羽君，殷乐. 减压阀：电视娱乐节目——电视节目形态研究之一. 现代传播，2001（1）.

类节目 254 档，综艺晚会 2 767 部，单项艺术 317 档/部，互动游戏类 272 档，"真人秀"类 982 档/部，娱乐脱口秀 148 档，综艺集锦 709 档，其他 490 档/部。总制作量约为 6.08 万小时。其中，"真人秀"节目在全国范围内的大规模举行，使得 2005 年观众收看综艺节目的时间大大增长，观众收看娱乐节目时间共计有 4 000 余分钟，平均每天收看时间约为 12 分钟，占总收视时长的 7.4%，高于 2004 年所占比例 6.7%。

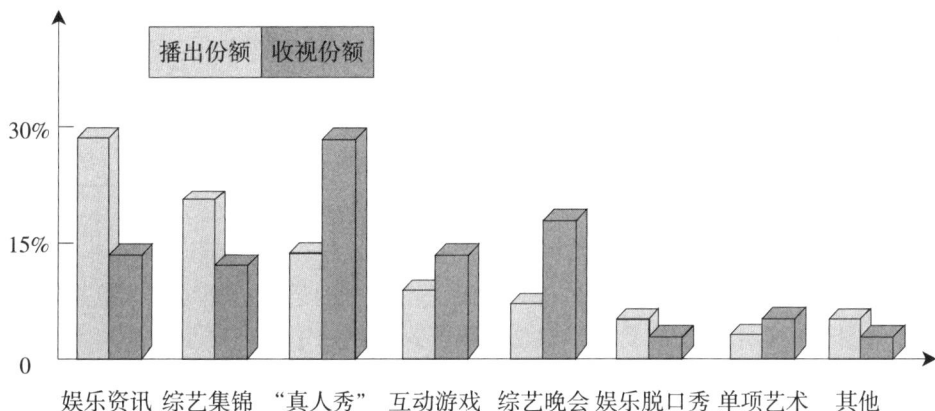

图 1 2005 年各类综艺娱乐节目的播出与收视份额

如图 1 所示，"真人秀"节目在 2005 年各类综艺节目中播出份额为 14%，位居第三，但收视份额却高达 30%，位居第一，证明"真人秀"节目与传统娱乐节目形式相比，受到观众的普遍欢迎。此外，娱乐资讯节目的播出份额最大，占综艺娱乐节目播出总时长的 30%，其次为综艺集锦类节目，占总时长的 20% 以上。而收视份额除"真人秀"节目最高外，其次为综艺晚会节目，收视份额为 20%。互动游戏、娱乐资讯和综艺集锦三类节目收视份额也在 10% 以上。

毫无疑问，中国电视文艺的影响力不可忽视。电视文艺包括电视剧、电视文艺栏目、电视文艺专题节目、电视综艺节目、电视文学类节目、电视文艺资讯、音乐电视等在内，是影响电视生存和受众收视的第一位因素。即便把电视剧这一大类型搁置一边，电视文艺类节目所占电视比重也至关重要，艺术类型的节目依然占据电视主要收视份额，在 2004—2006 年全国各类节目播出份额和收视份额的百分比中，电视艺术类节目居高不下。①

---

① 周星. 中国电视文艺 50 年发展分析. 电视研究，2008（T02）.

表 1　2004—2006 年全国样本市（县）各类节目的播出份额和收视率（%）

类型	2004		2005		2006	
	播出比重	收视比重	播出比重	收视比重	播出比重	收视比重
电视剧	28.3	36.4	25.3	36.5	25.5	34.6
新闻/时事	8.4	14	7.5	13	7.8	12.6
综艺	6.6	6.7	5.3	7.4	6	8.5
专题	9.7	7.1	7.7	6	7.6	6.5
电影	6.3	5.6	6.7	5.7	6.5	5.6
音乐	2.4	1.9	2.1	2.1	1.4	1.5
戏剧	0.7	0.8	0.5	0.7	0.5	0.7

数据来源：CSM 媒介研究。

不难看出，即便不计电视剧这一电视艺术主要形态，电视综艺、电影、音乐、戏剧等其他几类艺术类形态的总体数据，也超过了新闻时事的播出与收视比重。而且综艺节目播出比重和收视比重之间拉开距离的速度最快，收视比重高于播出比重，说明综艺节目处于供不应求的状态，而两个比重之间相差得越来越多，正好说明综艺节目其实是越来越供不应求。

二、电视综艺娱乐节目的特征

电视综艺娱乐节目因其内容丰富，形式活泼，表现自由，雅俗共赏，已成为电视荧屏上的一种重要的节目样式。它是一种不同于其他电视艺术形式的节目，有着自己独特的审美价值。

1. 内容的丰富性

电视综艺娱乐节目是综合性最强的节目样式，汇集了歌舞、音乐、戏曲、曲艺、相声、小品、杂技等多种文艺形式。它将各种文艺样式综合、编排在一起，具有"集纳化的信息传达方式"。即各种形式的文艺节目应有尽有，或轻松，或幽默，或抒情，或轻歌曼舞，或大气磅礴。这就使得观众在眼花缭乱中，享受到多种艺术的美感。这是其作为一门综合性艺术所独有的审美优势。

2. 表现形式的多样性

电视综艺娱乐节目既可以采用时空转换、内外结合、声画并茂的表现手段，也可以通过服装、化妆、道具、舞美、音响、灯光等多种艺术手法强化审美效果。同时，它还可以运用特技等技术手段进行外在形式的多样化包装。播出形式可直播，可录播，也可插播，还可以两台对播或多台联动播出。节目主持人可在台上，也可在台下，可报幕式，也可茶座式，可由一人主持，也可两人或多人主持，可在演播室内主持，也可在外景主持。即电视综艺娱乐节目需要在主持人的服装造型，节目现场的场景、道具设计等形象营造，以及前期的情境设计、后期的剪接制作、特技运用、组合拼贴等形式结构上极尽奇思妙想，需要通过奇异的道具、场景设计和大胆、开阔的想象组接来营造一种眩人视听的情境，既与日常生活隔离开，又具有一定的审美性。

3. 受众的广泛性

在电视艺术各门类的样式中，电视综艺节目已逐渐形成了自己独特的风格，且受众人数较多，人群分布广泛。在娱乐节目所引发的狂欢活动中，需要摒弃演员和观众的区分，在现场的直接参与和借助于媒介的虚拟性参与乃至最终与生活的渗透中，调整人们的心态，取消等级使人回到自身，在集体的参与中去除不和谐的杂音，而达到一种公众的和谐，形成一种狂欢中的新型人际关系。当然，在民间狂欢的表达中不可避免地夹杂的一些负面因素，如日常生活正常逻辑的颠倒，上下换位，以及粗鄙、不登大雅之堂的言谈和表达、行为、动作等，也或多或少地在电视娱乐节目中出现了，在电视娱乐节目中需要努力发挥大众参与的积极一面，而尽力避免这消极的一面。

4. 艺术上的可视性、趣味性

电视综艺娱乐节目在整体艺术风格和每个节目的设定与处理上，无不煞费苦心。它大多采用群众喜闻乐见的艺术形式和具有相当艺术才能的专业演员来表演。它很少有沉闷的说教、冗长的叙事、高深的思辨，而是短小精悍，妙趣横生，让人们在轻松、愉悦中领略到电视综艺娱乐节目的赏心悦目、多姿多彩。当下的电视综艺娱乐节目已趋向于多元化的格局、多元化的价值取向和多层次的观众定位。电视综艺娱乐节目充分利用摄像机运动、舞台美术、造型艺术、大屏幕、面包墙等各种元素，营造独特的视觉感受。即利用电视传媒的特殊手段，多机位的画面切换，多角度的拍摄，不同景别的更迭，大摇臂的伸缩升降，给平面的屏幕增添了强烈的空间纵深感，扩大了舞台的空间感，延伸了观众的视野，让观众能将空间的每一处都尽收眼底，激光灯更是展示出梦幻般的视觉奇观，将观众从日常视听的模式中解脱出来，以一个全新的组合，依靠形式的美感将观众吸引到虚拟的电视屏幕中来，使观众可以全方位、立体化地感受综艺节目的魅力。

三、电视综艺娱乐节目的类型

（1）按制作播出方式，可分为录播和直播。

①录播电视综艺娱乐节目。即播出前事先录制，再经过后期的编辑、制作、合成的电视综艺娱乐节目。录播方式不仅可以对节目录制过程中的不妥之处进行处理，还可以对节目进行再加工，如一些特殊字幕的添加、特技效果的使用、音效的处理等。既可使节目更精致、完美，又可以对节目的时长进行调整，使其符合一定的播出需求。

录播电视综艺娱乐节目的优点在于：拍摄时可以按需要停下来重拍，时间的相对从容能有效提高节目质量；通过后期剪辑，可以删除或者弥补录像过程中出现的差错和不足之处；能够增强节目的娱乐性和传播效果，如将某个动作用特技做成，反复几次，会直接增加娱乐效果；录播还有利于对节目进行全方位的包装。录播综艺节目的缺点是缺乏直播的同时性、连贯性，不利于现场气氛的渲染和营造。

②直播电视综艺娱乐节目。就是将电视综艺娱乐节目的录制和播出同步进行，即把准备就绪的电视综艺娱乐节目根据安排好的时间直接播出的方式。直播电视综艺娱乐节目的优势是现场感强，气氛好，情绪连贯而真实，利于造势，具有相当的亲和力，与观众互动的效果好。缺点在于：节目即时播出，出了差错无法弥补；一些必须通过后期剪辑才能达到的效果会缺失。这就要求编导必须做好前期大量的准备工作，对各个环节包括细节都要充分考虑，甚至要有备选方案，以防万一。

（2）按播出形式，可分为栏目化和非栏目化。

栏目化的电视综艺娱乐节目最大的效益是它的品牌效应。品牌意味着优质、信任和观众的忠诚度。固定的观众群，是一个节目收视率的强有力的保证。非栏目化即不进入正常综艺栏目播出，长度和时间不固定。这类节目多为时政性较强的晚会或行业晚会。

（3）按主要创作手法，又可分为游戏、歌舞、益智、杂技类综艺节目等。

当然，依照不同的分类方法和界定标准，电视综艺娱乐节目可以分为许多不同的类型。

四、电视综艺娱乐节目的彩排

电视综艺娱乐节目的制作是一个系统的、复合的艺术生产过程，离不开前期的策划和创意；导演的总体艺术构思与编导的行为更是晚会成功与否和水准高下的关键。而演员的再度创作及其他部门的综合参与，也是艺术创作的组成部分。

彩排就是预演，按照节目的整体设计从头到尾演练一遍，不但能够发现一些准备工作上的漏洞、不足，便于及时弥补、纠正，更能够使演员、导播、摄像、灯光、舞美、音乐、音响、道具、烟火、前后台监督等各工种之间的配合得到检验，使导演对整台晚会的流程与效果有一个整体的检验和真切的感受。如导播和摄像之间的协调，只有通过彩排才能实现。一般晚会都会有五六台摄像机，它们所拍摄的视频信号会分别输送到导播台的五六台监视器及总控台中，由导播负责切换。导播决定在什么时间、用哪台摄像机所拍摄的画面以及所用镜头的时长。为了给观众以最佳视角、视距和最好的镜头效果，导播要不断地向位于各机位的摄像师发出指令，提出对镜头的角度、景别、构图、运动等方面的要求。若不经过实战演练，沟通就可能产生障碍，如指令不确切、有歧义、误解、对实施指令的时间把握不准、对专业用语含义的理解有误等。

导演、编导在演播进行中发出的指令，往往关系到节目播出或录制的进程。为了确保指令准确、高效地传递与实施，传递通常有两条途径：一是通过对讲机（或无线话筒、耳机）；二是通过始终在他身边的导演/编导助理。如果导演/编导在演播现场用对讲机或无线话筒因受干扰可能要提高讲话声音，势必影响现场。尤其是直播节目，一点纰漏都会被千千万万观众瞬间感知，影响极大。万一遇到意外情况，镜头前的人要镇定，设法应急补救。如一位主持人出现了意外，另一位主持人就要马上抢过话头，把摄像机和观众的注意力吸引到自己身上。摄像师和导播也要眼疾手快，将镜头以小景别对准救场的主持人，使意外对晚会或节目的不利影响降到最低。

一般说来，电视综艺娱乐节目大多在室内进行，属于舞台艺术范畴，演播厅、舞美、灯光在一定程度上成为节目的一种标志，在节目或栏目的主题及总体构思的统领下，它们和屏幕文字（字幕内容及出现的时机、方式、颜色、字体等，都可能是节目的一种无形标签，体现节目个性和审美取向）等一起构成了观众识别节目的视觉系统。

由于舞美设计给节目造就了一个虚拟的表演空间，设计就要充分考虑节目的内容、风格特点、舞台调度、灯光等因素。一般设计人员在了解导演/编导的艺术要求后，会根据构思先画出草图，通过或修改后，可按比例先行制作出模型，再画效果图（包括灯光、烟火等效果），将材料、颜色、尺寸定位后，便开始购料制作，最后是装景。

至于演播厅的灯光设计，也要根据导演/编导的要求和分镜头台本的要求，充分理解其创作意图和对总体效果的考虑，正确体现和把握节目的总基调。灯光设计要充分考虑舞台美术的整体基调、造型布景及道具的摆放，仔细了解表演区范围的大小、摄像机数量及位置、现场音响设置、观众席等情况，甚至要弄清每个节目的表演和演员的主要位置。布光顺序应该由面到点、从远到近。即要布好天幕光，尽量避免影片和灯具投影出现；环境光要与天幕光相协调，用以体现环境的特征，表达不同的时间状态；表演区灯光是整个演播室布光的重点，要根据节目内容、情感、节奏、场面、人物的不同要求，分别用光和进行现场调度。还要处理好运动中人物全景、中景用光；处理好人物静止的近景用光和特写镜头的用光。还不能忽视观众席的布光，有时表演区会迁移到这里，即便不作为表演区，观众的反应镜头也是节目中必不可少的精彩部分。

此外，编导要依据节目的总体基调来确定现场气氛的走向和调节观众的情绪。如一般综艺晚会都是在观众热烈的掌声中开场的，但实际上这时观众自身并没有鼓掌的情绪，这就要求编导事先考虑气氛需要，安排领掌员，并预先与观众沟通，征得他们的配合，否则遭遇冷场，这是电视综艺娱乐节目的大忌。

与此同时，现在的电视节目主持人有了较多的话语空间，若编导前期工作不充分，与主持人沟通不足，或主持人表现欲过强，就有可能出现主持人言多偏题、时间和火候把握不当等情况。毕竟主持人只是编导构思的实施者、执行者。所以彩排时也必须包括主持人部分，以确保主持人语言能最大限度地和整台节目一致，并取得相得益彰的效果。于是，鲜明的主题、精彩纷呈的节目内容、精妙的节目编排、靓丽的屏幕效果、明星荟萃的收视效应等，构成了电视综艺节目的独特魅力。

五、电视综艺晚会文学台本的写作

录制一台电视综艺晚会的第一步，是撰写电视综艺晚会的文学台本，它为未来的电视综艺晚会规划出文字性的蓝图，使得电视综艺晚会有一个整体的依据。

（一）写明晚会的指导思想

策划和撰稿人在撰写晚会的文学台本时，必须在创意的要求下为晚会确定一个明确的主题。它是一台晚会的统帅和灵魂。著名电视文艺导演邓在军说过："一台晚会的主题，直接关系着节目创作、演员选择、风格色彩各个方面。一台大型综合性文艺晚会，如果没有明确的主题，并贯穿于晚会的始终，就会显得东拼西凑、杂乱无章，而整台晚会人们会很快淡忘。因此，在设计晚会的开始，必须把确定晚会主题作为首要课题，精心地考虑、研究。"①

例如，文化部 1995 年的春节文艺晚会《辉煌》："1995 年恰逢建国 45 周年和改革开放 15 周年。因此艺术地展现建国 45 周年的光辉成就，着重歌颂在邓小平同志建设有中国特色的社会主义理论指引下，深化改革开放建树的辉煌业绩，是文化部 1995 年春节晚会的主线和指导思想。"再如，纪念中国抗日战争和世界反法西斯战争胜利 50 周年的大型文艺晚会《光明赞》，其主题思想明确地表述为："晚会以弘扬爱国主义精神为主旋律，艺术地表达抗日战争和世界反法西斯战争的胜利，是和平民主力量的胜利，是人类进步事业的胜利……展现民族的凝聚力和振奋的民族精神。"因此，在创作一台电视综合文艺晚会时，必须确定一个明确的主题。用陈志昂的话说就是："鲜明的主题可以把许多零散的节目贯穿起来，就像一根红线把珍珠连成一串那样，使每个节目处在恰当的位置，围绕着一个主题发挥出处于散乱状态时所不可能起到的作用，使整个节目产生更强烈的艺术效果。"

对此，原中央电视台副台长洪民生也认为："从 1984 年起，凡是能充分体现主题的就成功，凡是跑了题的就失败，表现不充分的就显得平淡。主题就是晚会的基调和灵魂，它的确定不是个人的随意性，而是要经过广泛地听取观众和专家的意见。既要有浓烈的民族传统节目气氛，又要把晚会放在宏观的时代背景上去立意深化。"②

（二）艺术构思：通过什么节目体现主题、基调、风格

电视综艺晚会的艺术构思，十分注重晚会整体艺术表现的风格和基调，内容主要包括：指明举办晚会的意义；确定节目的内容、形式以及艺术风格上的追求和把握；对灯光、音响、舞美和主持人的串联要求以及特殊的处理；通过节目的构成、演出的气氛、演员的表演来体现晚会的基调和风格等。③

例如《纪念毛泽东同志诞辰一百周年大型文艺晚会》的艺术构思："晚会在艺术表现上，是象征的、写意的，而不是口号式的图解和写实性的再现，是诗意的概括，而不是编年史的排列。"于是，该晚会在总的艺术风格的追求和把握上，特别强调：要有崇高的格调和境界（毛泽东是历史的巨人，用"高山"、"大河"这些大气磅礴的形象来突显其伟人的雄姿）；要有新意和时代感（把革命历史和今天的现实有机地结合起来）；要富有浪漫气息（力求调动一切艺术

---

① 林强. 邓在军电视艺术. 北京：华文出版社，1993.148.

② 洪民生. 追忆. 北京：中国国际广播出版社，1990.6.

③ 朱宝贺. 电视文艺编导艺术. 北京：中国广播电视出版社，1996.52.

手段，充分展现毛泽东又是一位大诗人的革命浪漫主义诗情）。

（三）总体框架：简要写明采用什么样的结构形式

一台电视综艺晚会在有了主题思想这个坐标，并通过不同内容和不同形式的节目确定了基调后，如何把这些不同形式、不同内容的节目组成一个完美的有机整体，就是需要考虑选择什么样的结构形式的问题了。

根据朱宝贺《电视文艺编导艺术》一书的归纳，关于电视综艺晚会的结构类型，大体有如下几种：①珍珠项链结构；②段落组合结构；③篇章组合结构（15～20分钟一个段落）；④编年史诗结构；⑤组合回旋结构；⑥多元综合结构（多种结构形式综合在一起）；⑦散点形式结构（不集中在一个舞台或演播室，而是根据主题的需要选择不同的演出场所）；⑧平行并进结构（适用于主会场与分会场同时进行演出的多演区活动）。

（四）电视综艺晚会文学台本的语言

电视综艺晚会文学台本的语言，主要包括撰稿人说明性的语言、主持人的串联语言、屏幕文字的运用等。

（1）撰稿人说明性的语言（主要包括对片头设计的说明和艺术处理的说明）。

例如，文化部1994年电视春节晚会《五彩路》的文学台本中，对片头设计的文字说明如下：

[浓郁节日气氛的三维特技。

[在片头音乐伴奏声中，运用中录现有的设备，创意力求表现具有鲜明时代特色并与晚会主体形象"五彩路"相适应的动画特技，要求立意深邃、画面清新、构图别致、色彩斑斓，以期达到先声夺人的效果。

[在象征五彩路的恢宏画面上定格，推出五彩缤纷的"五彩路"三个大字，随即推出片头字幕"文化部九四春节晚会"，字幕衬底为保利剧场外景。

而片头作为晚会的主题形象，需要考虑到如下元素：采用什么样的色彩、色调；标志性的人或物的代表符号；节奏的变化（快、慢）；画面的层次（春夏更替，或者鸽子、海浪、鲜花在同一画面等）；晚会标题的图形处理（字幕的比例大小、三维动画等）；特效制作（技巧处理等）。

再如，对文化部1993年春节文艺晚会开场节目《中国潮》艺术处理的说明：

［碧海蓝天、海鸥翱翔。由远及近推出"春潮"二字。(外景)

［镜头摇到海面,潮水向镜头涌来。

［音乐声起,画面上出现惊涛拍岸、一浪高于一浪的三叠浪掀起时,定格"歌舞《中国潮》"。字幕左入画。

［24名身穿红、黑、蓝、白的舞蹈演员起舞。

这里需要注意的是,片头并不等同于晚会的节目预告(频道提前滚动播出的线上宣传)。片头起势要有震撼力,并引出开篇。

晚会的开篇往往是一首歌,即专门为晚会创作的主题歌。作为开门引子,主题歌要短小、明快、简洁,一般时长为3分钟。在大主题之下常常有次主题等几层主题(当年的主要事件、热点新闻、取得的成就等),与主题相关的主要元素在晚会的前15分钟要体现出来。当然,时代的最强音主题要放在高潮部分(如"走进新时代",可以稍长至5分钟)。

然后,由主持人的串联词作为转折,引出下一个节目。在节目安排上也要讲求变化,注意节奏的快慢搭配,每隔15分钟要给观众一个停歇的"气口"。歌曲联唱等快节目,要与舞蹈、小品等相对慢的节目穿插进行,并把魔术等作为舒缓节目。晚会相声则要求"碰响就走",少铺垫,尽量30秒一次笑声、掌声,即给以最直接的刺激,没有过多回味的余地(舞台相声则相反,节奏相对慢些,追求意味)。

晚会的高潮,一般安排的是压轴节目,且在高潮之后的10~15分钟就必须进入尾声。尾声除了照应开篇,往往故意适度地"拖泥带水",让观众彻底松弛下来,甚至造成"假高潮"("虚假繁荣"),常常采用的是众人合唱的热闹形式(戏剧最忌讳"假高潮",它在事件进入顶峰时,必须尽快收尾。如《锁麟囊》"三让座"的高潮之后,很快进入尾声,唱腔也短小、快速收尾)。

不仅如此,在大型电视文艺晚会中,有的节目需要叠插外景画面来烘托节目内容,这就需要撰稿人把插播的画面用文字写明,以供对导演进行部分提示。如中央电视台文艺部为庆祝中国共产党建党70周年而录制的大型电视文艺晚会《拥抱太阳》,其结尾歌曲是董文华演唱的《我爱你,七月》,撰稿人设计了如下的插播画面:

年轻母亲给年幼的孩子讲述纪念碑上浮雕的故事;

威武雄壮的天安门国旗班行进的队列;

武警战士训练有素的持枪动作;

徐徐上升的五星红旗;

一组组伫立凝望国旗升起的人物群像；

嘉兴南湖船附近老人在打太极拳；

一群可爱的孩子跑过上海一大会址；

大渡河铁索桥上来往的人们；

遵义会议旧址前老人在给红领巾讲革命传统；

延安宝塔山下，陕北汉子驾着拖拉机喜送公粮；

雨花台前，几名天真的儿童把晶莹剔透的雨花石放在烈士塑像前；

天安门广场上高高飘扬的五星红旗。

（2）主持人的串联语言（力求生动活泼、简明扼要，富于吸引力和启发性）。

关于主持人的串联语言，我们可以将其归纳为如下几种主要形式：介绍式、描述式、引导式、交流式、朗诵式等。

（3）屏幕文字的运用（统称为电视字幕）。

电视字幕就其性质而言，又大致分为四类：节目预告字幕、片头字幕、演职员字幕、唱词字幕。

电视字幕除了可以替代节目主持人，将节目串联起来外，还具有补充节目内容、介绍有关人物和背景以及揭示节目内涵的作用。例如，专题性综艺晚会《为了腾飞》是一台宣传交通安全的行业性晚会。在宋祖英演唱歌曲《莫忘我的话》的过程中，就叠加了起到补充节目内容作用的屏幕文字："我国每年因交通事故造成的损失高达 30 个亿，若加上间接损失高达 180 个亿。"这种具体的数字实在令人触目惊心。

再如，在大型电视文艺晚会《拥抱太阳》中，有一个节目是杨丽萍领舞、中国铁路文工团歌舞团表演的佤族舞蹈《火》。由于该舞蹈具有某种现代派和抽象的意味，使得观众在理解上有些难度。于是，编导为了使其内容更具明确性，便配上了一段富有诗意的字幕：

是谁燃起代代相传的火种，

是谁绘就星火燎原的画卷，

长夜中呼唤你，呼唤光明、希望、温暖，

征途上高举你，高举理想、追求、信念。

这样看来，这段屏幕文字不仅赋予抽象意味的舞蹈以具象性的含义，而且弥补了舞蹈和音乐语言的不明确性，并更好地达到了为节目主题服务的目的。

（五）电视春节联欢晚会的创作特点

在电视综艺晚会中，春节联欢晚会是全国观众比较喜爱的节目，它基本上体现了电视综艺晚会的整体风貌。自 1983 年以后，中央电视台每年都有一台春节联欢晚会。它播出时间最长、演出规模最大、创作人员最多、收视率最高、传播最广。如今，CCTV 春节联欢晚会已经走过 30 年，它的成功向人们证明了其价值之所在。它不仅仅作为电视文艺的形式而存在，它还作为中国安定团结、社会进步、经济发展、人民幸福的象征。它"不仅浸透着中国人民对生活独有的情感、热望和追求，也集中地体现出中华民族的向心力、亲和力和凝聚力"。

（1）主题明确，晚会就是为除夕而作，除旧迎新，集体跨越一道时间的门槛，是一种节日文化。晚会主题定位的准确与否，直接影响整台晚会的成败。春节联欢晚会所传达的声音是否积极，也直接影响到社会安定团结、健康向上的大好局面。用作家冯骥才的话说："这种以电视为传播的文艺晚会，不仅走入了千家万户的节日之夜，而且将亿万家庭的节日生活连成一气，这是对传统文化（特别是年俗文化）多么伟大的创造！"而每一次过年，都是这种凝聚力和自信心的一次强化。它对于整个社会的心理、行为、文化意识以及生活方式的潜移默化都起到不可低估的影响。这是春节联欢晚会特有的节目特性：鲜明的主题、节目的综合性、喜剧的风格色彩、对"情"与"趣"的追求等。

（2）相对稳定的传统民俗内容。春节民俗是伦理文化的集中展示。我们之所以需要一个节日，是因为我们需要集体的感谢表达和集体的希望寄托，这是中华民族对春节的根本要求。特别是在文化转型的今天，传统文化正面临着退化和消失的危险，政府就应该有意识地提倡民俗文化，有效地促进传统节日文化的传承与发展，扶植和抢救积极的、有现实意义的民族文化财富。如果放任，就很可能丧失一个保存、传承民族文化的机会，就像我们轻易地拆掉一个名胜古迹一样，再复原它是不太可能的。春节联欢晚会节目的安排要有间隔、有变化、有高潮。编导要对每一个节目做到心中有数，节目总体布局要把握准确，总体的发展趋势应该是一浪高过一浪，最后推至高潮。节目之间的衔接要紧凑。在晚会节目的进程中，无论采取什么样的方式对节目进行串联，一定要短快、简洁，串联是为了让观众情绪得以过渡，要顺乎人情。由于家庭需要团圆，春节期间家庭成员间的亲情就显得特别重要。如当年的歌曲《常回家看看》以及"拥抱亲人"、"问候邻居"、"感谢同事"、"祝愿朋友"，特别是让真正的一家人走上舞台等节目环节，透露出一种浓浓的亲情。

（3）有着特殊的文化功能。"每年的电视春节晚会已成为传统节日的一项不可缺少的重要内容，成为我国人民每年生活中的一次盛典。同时，它也是中国电视文艺卓有成效并值得为之骄傲的丰碑。"①

中央电视台文艺部副主任、著名导演郎昆经过多年的艺术实践，提出了富有理论色彩的"三大规律"和"八个走向"。"三大规律"是指"民族化"、"综合化"、"喜剧化"。除夕之夜就应该充分考虑到如何展现中华民族的民风民俗，应自始至终贯彻生生不息的民族精神。每一个节目都应染上浓重的民族喜庆色彩。"八个走向"是指"走向庆典、走向时代、走向生活、走向民间、走向纵深、走向纪实、走向世界、走向高技术"②。这八个走向，实际上是从八个侧面总结出了办好春节晚会所应该努力的方向。晚会既要注重形式的美感，注意导演手法上的多变性，又要在选材上有较深的思想性和较高的文化品位。

当然，一台好的晚会是集体智慧的结晶，撰写文学台本只是其中的一个环节，它要更好地发挥作用，还需要与诸多相关部门的通力合作。而春节联欢晚会只要锐意创新，常办常新，就能够也有必要办下去。这是由观众欣赏的心理定式、对春节传统含义的期待心理所决定的。但春节联欢晚会的节目质量依然有待提高，在形式上也有待突破。我们相信它会越办越好。

【思考题】

1. 电视综艺娱乐节目究竟是不是电视艺术？它属不属于电视文艺所探讨的范畴？

2. 当下的电视综艺栏目存在哪些问题？

3. 任选一个相关的角度，对一档电视综艺娱乐节目进行评析。

4. 以去年的央视春节联欢晚会为例，分析春节晚会主题设置、节目编排、舞美设计、互动形式等方面的得与失。

5. 撰写一个电视综艺娱乐类栏目或者一台电视综艺晚会的策划方案。

---

① 朱宝贺. 电视文艺编导艺术. 北京：中国广播电视出版社，1996. 19.
② 朱宝贺. 电视文艺编导艺术. 北京：中国广播电视出版社，1996. 21.

【附录一】

撰写电视综艺晚会文学台本的基本规范

（撰写电视综艺晚会节目大纲）

第一　写明晚会的名称

第二　撰写晚会的前言或概述

（一）写明晚会的指导思想

（二）艺术构思：通过什么节目体现主题、基调、风格

（三）总体框架：简要写明采用什么样的结构形式

第三　撰写晚会节目内容

（一）片头设计

（二）序幕：要求新颖、漂亮、点题，达到先声夺人的效果

（三）中间内容

1. 撰写主持人上场的串联词：报题、与观众交流、引出节目

2. 要求上演的节目编排要巧妙、品种搭配要合理、艺术处理要出新，动情节目要感人

（四）尾声节目

1. 内容要与序幕相呼应，耐人回味，给人以启迪或鼓舞

2. 形式上要有一定的气势，形成晚会总的高潮

第四　演职员字幕和衬底画面内容

1. 策划人名单

2. 撰稿人名单

3. 导演：总导演、副导演、助理导演等

4. 摄像人员名单

5. 舞美设计人员名单

6. 灯光人员名单

7. 服装设计人员名单

8. 化妆人员名单

9. 制片、制片主任名单

10. 监制人名单

最后字幕：录制单位或台名

【附录二】

《可爱的中国》

（庆祝中华人民共和国成立 51 周年特别节目文学台本）

[片头：在《今天是你的生日》的音乐中，从生日庆典场面叠出"1949—2000"和"庆祝中华人民共和国成立 51 周年特别节目"的字样，"可爱的中国"片名

[在画外音的朗诵中，相继映出天安门广场升旗场面，人民英雄纪念碑，浮雕群像等镜头

岳斌旁白（以下简称"白"）：

这世界上有一片土，它是热汗、热泪、热血浇灌的热土；这世界上有一首歌，一首使浅薄者深刻、使沉睡者警醒、使奋斗者不惑的歌。中国，我可爱的国土；中国，我心中的歌！

共产党人方志敏曾这样说："朋友！中国是生育我们的母亲。你们觉得这位母亲可爱吗？我想你们是和我一样的见解，都觉得这位母亲是蛮可爱蛮可爱的。……我们相信，中国一定有个可赞美的光明前途。"

[大型歌舞《中国新世纪》，彭丽媛演唱

[城墙上毛泽东、朱德画像，电线杆上的标语，腰鼓等镜头
[纪录片《开国大典》片断，天安门前欢呼人物滕藤的定格

白：站在鲜花簇拥的广场之中，就像偎依着一架巨大的岁月天平。虽然我们已经清晰地听到新世纪来临的晨钟，但耳边仍回响着 51 年前新中国诞生的礼炮声。毛泽东的预言抒发着一位诗人的浪漫，也凝聚着政治家的庄严——"我们的工作将写在人类的历史上，它将表明，占人类四分之一的中国人从此站起来了。"

[毛泽东原声：中华人民共和国中央人民政府成立了

时代从这里开始！

生活从这里起步！

梦想从这里升腾！

[中国社科院原副院长滕藤在讲述

滕：是啊。镜头上那个年轻人就是我。当时我的嗓子都喊哑了……

[《今天是你的生日》音乐中，三人朗诵：陈铎　杨童舒　心儿

我总想知道

　　这一天首都的晴空为什么总是湛蓝的颜色

我更想知道

　　祖国的生日为什么总是在金秋的季节里度过

我也想知道

　　绿叶与树根的情意谁比谁更加依恋和执着

我不曾忘记

　　辅导员讲过那南湖的航船如何驶向西柏坡

我一直记得

　　月亮在白莲花般的云朵里穿行时唱起的儿歌

我刚刚度过

　　课文里用汉语拼音标注的那段春天的传说

我和我的祖国　每时每刻不能分割

　　五十年风雨　我们共同走过

[《我和我的祖国》音乐起，演唱：伊扬　眉佳

第一段50年代场景氛围，第二段现代红色芭蕾

[进军西藏的历史镜头，张国华将军的一系列镜头，张国华将军的小女儿在讲台上面向全军敬礼的照片

白：无法计算我们的今天是用多少代价换来的，所有的流血牺牲在今天看来也成为理所当然。可是朋友，你是否知道这样一个真实的故事——在进军西藏的誓师大会上，当时任十八军军长的张国华正在向全军做动员报告，他那天真无邪的两岁的小女儿南南爬上了讲台，从桌布下钻出来，毫不腼腆地向全军将士行了个军礼。顿时台下笑声四起，掌声雷动。

[张国华将军之子张小军在讲述

张：当时我的姐姐因为无人照管而生了病。誓师大会之后我父亲就把姐姐交给警卫员带着，自己马上去参加作战会议。仅仅两个月后，我的姐姐，他最心爱的女儿却离他而去了……

[资料镜头：张国华将军在布达拉宫前用双手举起一个西藏孩子

白：多么可爱的孩子，多么灿烂的笑脸，竟然在留下照片后就离开了我们，成为进军西藏的路上一块小小的铺路石，成为共和国大厦一块小小的奠基石。当西藏实现和平解放的时候，谁能说将军高高举起的这个西藏娃儿不是他的孩子呢！

[《亲爱的中国，我爱你》音乐起，叶凡演唱。通明的冰山中有战士的造型，藏族歌舞；降下五条少数民族标语

[邓维摄影外景和作品

白：从社会底层了解社会，从人生磨难中领悟人生，在新翻的泥土中触摸文明，在丰衣足食的渴望中走进百姓。我们就是从这里，找到了共和国的父亲和母亲。他们不是别人，就是亿万劳动者，就是那些可敬可爱的父老和乡亲！

[《经济日报》首席摄影师邓维在讲述

邓：60年代我曾经在陕西的一个小村庄里插队，这个村太穷了，几十户人家分布在若干个山头上。我插队的地方，小山头上只有一户人家，只有老两口和一只自留羊，因为这山头上连一分能种庄稼的地也没有，当时公社就给分了这只羊。靠羊毛、羊奶什么的换几个零钱，这只羊简直就是他们的命根子。

[山下的远行人

邓：后来知青要回城了，我也要回北京。可我们村离能够搭上汽车的县城还有五天的路程。临行前房东大娘把一摞白面饼捧到我面前，让我带着路上吃。我问哪儿来的白面大饼啊？大娘说，知道你要走，几天前你大爷就上公社把羊卖了……我带着大饼上路了，走啊走啊，走了好远回头一看，远远的山头上，大爷大娘还站在那儿看着我……我这个人心挺硬，一辈子也没给谁下过跪，可是这时候，我扑通一下就跪下了……

[音乐渐起，夕阳中老两口送行的剪影
[《绿叶对根的情意》歌声起，毛阿敏演唱

白：落叶归根，我们是叶，祖国是根。虽然天上有倒转的北斗、坠落的星辰，但我们说祖国永远都是在说母亲。百川归海，我们是川，祖国是海，不论走到白云深处，迢迢远方，我们说母亲，永远都是在诉说着对祖国的依恋和忠贞。

[舰队出访资料，飞行舰长柏耀平在讲述

柏：1997年我们的海军舰队访问东南亚，当时华侨好几万人上舰参观。一位83岁的老太太已经瘫痪了，让女儿用轮椅推上了军舰。老人家知道军舰是流动的国土，代表着祖国，一上舰就向着五星红旗深深地三鞠躬。老人家激动地说，我以为这辈子回不去了，今天，我终于回到了祖国！

[《祖国，慈祥的母亲》音乐起，演唱：莫华伦
[间奏中三人朗诵

祖国如果是广场　我就是那鸽哨在风中鸣响

祖国如果是海洋　我就是那海鸥在高天翱翔
祖国如果是花园　我就是那花朵在阳光下绽放

对于我来说　明天恰是莫道桑榆晚为霞尚满天
对于我来说　明天正如提速的列车在飞奔向前
对于我来说　明天好像一轮红日照亮了东海边

岁月如歌　中国百年　百年中国　走向明天
我们歌唱你　青春常在　我们祝福你　岁岁年年

［插播片头

［一组上甘岭坑道中的战地静物
白：儿女对母亲的忠诚，莫过于这样一句话：祖国的利益高于一切。当年轻的新中国遭遇危难的时刻，她的儿女们自然挺身而出；当年轻的志愿军跨越鸭绿江之后，战士们才第一次体味到"祖国"这两个字的分量。
［《我的祖国》歌声响起，演唱：张燕
［间奏中
白：在纪念抗美援朝 50 周年的日子里，我们不禁想起半个世纪前那个最不需要回答的问题——"谁是最可爱的人"？在那些连岁月的风光都无法抹去的光辉名字面前，在雪白血红覆盖的三千里江山面前，我们还需要再问一句——"为什么战旗美如画"吗？
［《英雄战歌》，演唱：隋宁

［大量的抗洪镜头资料；音乐效果大作
白：当年，刚刚诞生的共和国打赢了一场保家卫国的战争。前不久，正在凯歌行进的共和国又迎来了一场与大自然的抗争。
公元 1998 年，当大浪来袭的时候，站出了李向群、高建成这样一个个年轻的战士。他们的回天之力，仅仅来自他们的忠诚和生命。筋骨欲裂，苦苦支撑，用血肉裹住了天地的风雷，风雷化作不屈的夯声。乌云消散了，大水退潮了，群众准备向他们表达谢意时，百万大军却悄悄离去，深夜撤兵。看着远去的背影，也许我们叫不出他们的名字，但正是他们，构成了我们中华民族的脊梁。人民的儿子只需要一个报酬，就是要向全世界证明一个真理——
［江泽民原声：中国人民是不可战胜的

［《我们是黄河泰山》音乐起，演唱：鲍容　陈思思　雅芬

［二人朗诵

　　中国，是一个英雄辈出的国度，

　　今天，是一个呼唤英雄的时代，

　　这里，是一片养育英雄的土地。

　　我们忘不了雷锋、王杰、向秀丽、欧阳海，还有草原英雄小姐妹、战斗英雄麦贤德、县委书记的好榜样——焦裕禄、人民的公仆孔繁森……

　　一串金光闪闪的名字，实现着我们的英雄梦想，留下时代最珍贵的记忆。

［采访新时代英雄徐虎、李素丽、邹延龄、李国安、曾皎等，谈学英雄

［《共和国之恋》音乐起，演唱：佟铁鑫

［歌声中出现一组新时代英雄的资料画面

［间奏中出现雷锋的塑像，向秀丽的连环画，王杰的照片，《欧阳海之歌》，王铁人、马泰、张秉贵等劳模资料

［插播片头

［新时期风貌，有关城市资料

白：100 年前，中国人是留着长辫子、缠着小脚，带着屈辱和列强的剥削压迫迈进 20 世纪的。100 年后的今天，中国正昂首阔步跨越新的世纪！

　　历史并不总薄待中国，她曾经给过我们强汉盛唐，也在 20 世纪里给了我们无数优秀的民族子孙。特别是近 20 年来，我们从昨走到今，从冬走到夏，从旧走到新，从梦走到真。

　　从黑暗走向光明，从积弱走向小康，从大国走向强国，这就是中国三代人已经完成和必将完成的千秋伟业！

［《走向新时代》音乐起，演唱：张也

［一组城市变化镜头

白：中国变了，变得流光溢彩，变得令世界刮目相看。而最大的变化却在我们心里发生，以往的所有的不同凡响，在今天的中国人眼里，都觉得有点儿平平常常。在你我他的身边发生了一场本世纪来最深彻的改革，一场静悄悄的革命。一个改革年代的同龄人，上小学时曾经用稚嫩的笔在她的作文里这样写道：

[书桌上的铅笔盒、作文选等静物，外景拍摄生活变化

[童声朗诵

我一天天地在长大，已经长成了十几岁的大姑娘。人家都说，人长大，周围的东西就小啦。可是，奇怪，为什么我觉得自己长高了，我的家乡也长高了呢？真的，低矮的街巷变成了高楼大厦，有的公共汽车还变成了双层的活动房。就连我小时候最爱玩的转马，也成了高大的空中转盘和过山车。我问爸爸妈妈这是为什么？他们告诉我，这是因为在我出生的那一年，北京开了一个重要的会。

[三中全会资料

白：（前奏中……）1992 年，我们的总设计师又一次来到深圳。从来不大爱说话的他，这一次却讲了很多很多。当他就要离开时，突然转过身拉住送行人的手，深情地说："你们要搞得快一点呵！"邓小平说得很轻很轻，可是，就是这句话，却像飞花的柳絮，一下子牵出了整个春天。

[《春天的故事》，演唱：董文华

[一组生活速变画面，叠出改革开放 20 年前后有关对比数字

白：就在往日被各种票证塞得满满的钱包变成一张张小巧的信用卡时，就在没东西买而排长队变成所有商品都在打折促销时，就在家门口来辆大汽车都让人感到新鲜变成汽车拥塞逼得道路要一次次加宽时，就在提倡"忙时吃干闲时吃稀"变成端起碗吃肉放下碗减肥时，一个初步富足的中国正在我们身边降临。据国家统计局最新统计，改革开放二十年来，我国国民经济指标发生了巨大变化，国内生产总值从 4 000 亿元增长到 80 000 多亿元，中国经济总量已跃居世界第 7 位，外汇储量达到 1 580 亿美元。如今，我国在 12 天时间创造的国民生产总值就相当于 1952 年全年的总和。走过"九五"，中国经济给了世界一个惊奇，也给了世界一个有待破解的谜。昨天还在苦苦思考火车怎样正点，今天却在一次又一次地全面提速。昨天，中南海的灯光通宵不灭，是在起草征服饥饿的宣言；而今天，中南海的灯光彻夜通明，却是在筹划中国未来的高速发展。是的，中国在匆匆赶路，她在提速，她在加速，面对世界竞争，迎着扑面而来的世纪风！

[《爱在 2000》音乐起，演唱：林依轮

[一组运动员悉尼奥运夺冠的镜头

白：在共和国 51 周年的今天，南太平洋传来捷报，成了献给母亲的鲜花，成了生日庆典的礼炮。奥运会的白天常常泪花相伴，儿女在那边征战，母亲在这边惦念；奥运会的夜晚无人入睡，因为梦想成真的时刻，也是超越梦想开始

的时刻。超越梦想就是超越自我，在民族复兴的道路上，哪有枫桥夜泊，人生驿站，只有乘风破浪，直挂云帆！

[《超越梦想》音乐起，演唱：王涛　李小双　汪正正

[插播奥运资料

[中国残疾人游泳队教练张浩鹄在讲述

张：我率队参加新西兰国际残疾游泳锦标赛的时候，想不到来了一群我们的留学生，一天三顿饭都志愿来为我们的残疾运动员服务，照顾得无微不至，我很感动。他们都还是十几岁的孩子，我们临行前，孩子们提出想要点纪念品。我说，你们想要什么呢？他们说，把五星红旗留给我们吧！我们每个人轮流保管一天，夜里睡了觉，就能托梦中国！

[间奏中，婴儿的笑脸；牧童水牛；南极长城站；军舰乘风破浪；世界地图叠化出中国地图；王军霞披着五星红旗奔跑

[三人朗诵

中国在哪里，为什么让我们这样魂牵梦绕？

中国是什么，为什么令我们这样一往情深？

中国是摇篮里的婴儿第一次叫出的那声"妈妈"，

中国是故乡小屋上悠悠缥缈的一缕炊烟，

中国是南极冰雪中镌刻着长城考察站的那块岩石，

中国是破浪远航的军舰上信号兵手中的彩色旗语，

中国是小时候老师挂在黑板上那张花花绿绿的地图，

中国是王军霞在奥运会跑道上身披的那件最美丽的衣裳！

[《红旗飘飘》音乐起，演唱：孙楠　罗中旭　景岗山

[西部风光资料，江泽民视察西部资料

白：此时此刻，在祖国的大西北，正是高原上月在中天的时候。"在九曲黄河的上游，在西去列车的窗口"这诗句仍然那么脍炙人口，正是因为中西部的发展始终记挂在我们的心头。

西部的十二个省区，占国土面积的50%，那里有3亿多勤劳勇敢的人民，其中有占全国80%以上的少数民族兄弟，那里有保证我们实现跨世纪发展目标的丰富的物产资源。党中央决定实施西部大开发，将为21世纪我国经济的发展开拓新的空间，将有力地增强对我国经济增长的拉动，有利于我们更好地调动全国力量参与国际竞争和拓展国际市场。这一战略之举对逐步达到社会主义的共同富裕和实现中华民族的伟大复兴，都将起到极大的推动作用。在那不远的

将来，一定会有许多来自西部的好故事，飘荡在祖国的大地上。

〔歌曲《好故事》，演唱：宋祖英

〔插播片头

〔采访一组科学家：王选、于全、杨焕明、陈建生、李国杰，谈科技兴国，展望新世纪

〔一组快速变换的现代科技画面

白：人的生命是有限的，但人的理想却跨越时空、跨越世纪，留在常青的大山，留给常绿的大河。当中国在下个世纪的中叶达到中等发达国家的水平时，人们会惊奇地发现，2049 年，正是中华人民共和国一百年华诞。那时大地将光华万丈，神州将如日中天！

〔江泽民关于实现现代化的讲话

〔大型歌舞《灿烂阳光下》，合唱　领唱：魏松

〔片尾字幕

CCTV 国庆剧组

2000 年 9 月 29 日

（该文学台本由中国传媒大学朱宝贺教授提供）

第六章　电视剧

电视剧是随着现代电子技术的发展应运而生，并依托电视媒介成长起来的一种新兴的艺术。它是一种适应电视广播特点、融合舞台和电影艺术的表现方法而形成的艺术样式。

一、电视剧的类型

1928 年 8 月，美国通用电器公司在纽约的 WGY 电台播出了世界上第一部电视剧《女王的信使》①。这部戏只有两个演员，因为原始的设备无法拍摄更多的演员，每台摄像机只能拍摄 12 英寸见方的范围——仅仅能容纳一个人的头部。在拍摄现场，一台拍摄女演员，一台拍摄男演员，还有一台拍摄两位演员的替身。拍摄时男女演员的头只能一动不动，否则就会出画。

中国的电视剧几乎与我国电视事业一同诞生，并在我国的政治、经济、科技文化的直接影响下与制约中发展着。1958 年 6 月 15 日，北京电视台播出了中国第一部电视剧《一口菜饼子》。直至 1966 年，陆续播出了《邱财康》、《焦裕禄》、《王杰》、《刘文学》等电视报道剧以及《红缨枪》、《耕耘记》、《李双双》、《岭上人家》等 70 多部电视剧。

1958—1966 年，我国播出的电视剧均采用黑白图像的直播方式。所谓"直播"，是演员在演播室内表演，摄制人员通过摄像机和话筒，把图像和声音变成电讯号送到导演操纵台，导演按照事先设计好的镜头顺序切换组接并直接播映出去。即表演、播放、欣赏同时进行，表演完成，播放停止，欣赏也结束。因为当时没有录像设备，所以无法保留播出节目。如果重播，电视台就得重新召集演员再表演一次。直播电视剧因受其表演与欣赏同时性的制约，不得不在荧屏上沿袭话剧的舞台形式，时空都限于演播室所能表现的场景中，人物对话成为其主要表现手段。此时，电视剧还没有形成自身鲜明的艺术特色。

1980 年，我国制作出了自己的第一部电视连续剧《敌营十八年》，揭开了我国电视连续剧的序幕。王扶林在回忆他执导该剧时的紧迫状况时无可奈何地

① 世界上第一部电视剧. 一种观点认为是《花言巧语的人》，另一种观点认为是《女王的信使》。

说："摄制组为了赶在春节播出这部电视剧，几乎被时间牵着鼻子走，腾不出工夫对剧本所反映的历史背景作必要的研究，连案头工作以及广泛吸取对剧本的意见等这些必不可少的环节都被挤掉了。现在回顾拍摄中的一些情况，是很可笑的。主角江波的国民党军装，没有时间特制，只能借，借不到裤子，只能将人物的全身镜头改为半身镜头。领子太小，系不上风纪扣，国民党少将高参居然整场戏敞着领子；帽子太小，就拿在手里，作戴帽状；八个匪兵，只借到两条裤子，于是，让有裤子穿的匪兵在前景，用他们的身体挡住后景没有军裤的另外六个兵的下半身，可谓煞费苦心。"①

（一）电视连续剧

电视连续剧是指 3 集以上、分集播出的多部集电视剧。其中，主要人物和情节是连贯的，每集只播出整个故事的一部分，往往在每集结尾时留下悬念，以待下集继续发展。它类似文学作品的"章回小说"、"长篇评书"。

目前世界历史上最长的肥皂剧是美国的《指路明灯》，从 1952 年（此前即 1937 年已在广播网中播出了 15 年）播出电视版至 2004 年已达 50 多年。通常是每天播一集（有的 60 分钟，有的 30 分钟），每周播出 5 集，一年播出 260 集。由于收视率下降，美国哥伦比亚广播公司决定停播这部史上最"长寿"的电视剧《指路明灯》。这部已经播放 72 年的连续剧于 2009 年 9 月 18 日播出最后一集，合计播出 15 700 集。《指路明灯》的前身是广播肥皂剧，1937 年在美国全国广播公司中以 15 分钟一集的长度连续播放。1952 年它由广播版改成电视版，在哥伦比亚广播公司播出首集。派拉蒙网络电视娱乐集团总裁南希·特勒姆说："《指路明灯》在电视史上的成就无可比拟，它通过不同媒体播放，并且根据时代变迁不断修改剧情，观众群横跨几代人。"《肥皂剧文摘》主编琳恩·利希说："也许这次停播对《指路明灯》而言是一次契机，也许能够通过有线电视或互联网播放连续剧。宝洁公司说会尝试以较低的成本保住这部肥皂剧。"《指路明灯》演员之一罗恩·雷恩斯说："这部肥皂剧 72 年的历程无人能及。它的停播令人悲哀，但这就是我们生活的时代，眼下肥皂剧生存环境相当艰难。"

英国的第一部肥皂剧是《园林》（1954—1957）。《园林》之所以能够在英国肥皂剧市场中一直保有领先的地位，就是因为它巧妙地将浪漫故事、正剧和

---

① 中国电视剧制作中心. 电视剧研究（第一辑）. 北京：中国电视剧制作中心，1984. 348.

喜剧的因素融合在一起。而肥皂剧《加冕典礼街》（1960—1995）已连续播送35年之久，是英国播放时间最长的一部电视剧，被誉为"我们这个时代的编年史"，它"反映了以复杂的阶级和种族构成为特色的当代英国社会"。《十字路口》（1964—1988）也播出长达20多年；而在收视率中稍逊一筹的竞争者如《东区人》、《溪畔》、《爱默达尔农场》等，也都播出了十多年。其他的代表性剧目还有《合同》、《联合》、《新来的人》、《综合医院》、《黄金国》、《大胆的与美丽的》、《圣巴巴拉》等。

此外，澳大利亚的《萨利文一家》和《邻居》、德国的《黑森林诊所》、法国的《杀托瓦伦》、巴西的《玛鲁·穆赫尔》等，都是比较受欢迎的肥皂剧。

"肥皂剧"一词最早用来指称20世纪30年代美国经济大萧条时期由肥皂粉制造商赞助的广播剧栏目。那些15分钟的栏目，如《玛·珀金斯》、《正是平凡的简》等，都是关于妇女的故事，剧情集中在她们的情感困境上。广告商希望借此能够使家庭主妇中的听众在购物单里添上肥皂粉。

20世纪50年代，这种节目制作样式成功地移植到电视上，长度扩充为25分钟，后又发展到60分钟。它是一种连续式的戏剧类节目，一年里播出52周，通过连绵不断的故事情节来表现家庭主题、处理个人的或家庭的关系，有开放的结尾，几个故事在连续的剧集里交织在一起，不像系列剧那样每集可以独立成篇。

电视连续剧的艺术特征表现为：

（1）开放型的艺术结构。如日本的《阿信》、苏联的《我们的邻居》。

（2）叙事式的表现手法。注重叙事方式和线索安排。

（3）巧设悬念。

当然，也有人指责电视连续剧"人物语言太多"、"情节进展太慢"、"篇幅越拍越长"。若换一种角度，它又恰恰是电视连续剧的优势和特点。

（二）电视系列剧

电视系列剧也称情景喜剧。它指的是"一种叙事性系列喜剧，长度一般为24～30分钟，有固定的演员和布景。这种玩世不恭的工人阶级喜剧第一次正式播出是在'二战'期间的军队之声广播电台。但直到20世纪40年代才在美国发展起来"①。

---

① ［英］大卫·麦克奎恩. 理解电视：电视节目类型的概念与变迁. 苗棣等译. 北京：华夏出版社，2003.53.

50 年代初，美国的一部分无线电广播的情景喜剧开始直接移植到电视屏幕上，采用的还是原来的演员。它是哥伦比亚广播公司一档非常受欢迎的电视娱乐节目发展而来的，它将各种情境处理成为一连串的喜剧事件，并塑造出一批为人所熟知的角色，它的布局是利用情节使节目生动活泼，各个角色以其确定的形象进行表演，以其显然可以预知的结果取悦于人。而且，往往以女性作为主要角色，诸如《我爱露茜》、《娶个女巫》、《洛达》、《金色女孩》、《受攻击的格蕾丝》等。

而英国的情景喜剧，则深受《汉考克的半小时》的"自然主义"的影响——灰暗的卧室和起居室布景、古怪但很真实的人物、低调的表演、每天的情节发展、语无伦次又带有哲理意味的内心独白，奠定了"英国式"情景喜剧所特有的格调。这部涵盖着抱负受挫和阶级对抗、对现代郊区生活的庸俗社会现实持有悲观嘲弄态度的情景喜剧，后来被《斯代普透和儿子》、《好小伙子》、《麦片粥》、《福尔太塔》、《湿气升腾》等情景喜剧奉为典范，不断模仿。类似的幽默风格在《一只脚踏进坟墓》、《拉柏·C. 奈思比特》中仍然可以看到。而且，这些英国情景喜剧往往以"男人"为核心展开剧情，如《爸爸的部队》、《只有傻瓜和马》、《年轻人》、《男人糟糕的行径》、《红侏儒》、《守护者》、《最后的夏日葡萄酒》等。情景喜剧经常使用的两个基本情境就是"家庭"和"工作"，因为两者是人们共有的经验领域，绝大部分人都能够理解、体会那些面临生活或工作困境的人们的情绪状态以及他们之间产生的摩擦。特别是情景喜剧倾向于提供熟悉的场景、情境和人物类型，作为喜剧夸张的情节设置和人物表演中易于接受的背景。

情景喜剧在中国发展成为电视室内剧的一种，它融合了常规电视剧和综艺节目的特点：它是现场演出，有固定的人物活动的场景，有现场观众的反应；但同时，它又有一个完整的故事，由一些固定的贯穿全局的人物推动情节的发展。它并不要求深化人物性格和挖掘人物心理活动，而是在角色限定的范围内，要求随心所欲地即兴表演。时空转换时，通过几个固定的外景的穿插，完成对事件发生的时间和地点的简单交代。随着播出时间的逐渐固定，它发展成为各剧集之间有联系又各自独立的系列剧。

电视系列剧虽由几个主要人物贯穿全剧，但故事本身并不连贯。每一集都是一个新的、完整的故事，上下集之间的故事没有内容上的联系。即主要人物保持着连贯性，而每一集的情节是独立的。观众既可以连续收看，也可中途收看。即便偶尔看一集，也能看懂。中国的情景喜剧代表作品有：《编辑部的故事》、《海马歌舞厅》、《我爱我家》（1993 年）、《新七十二家房客》、《心理诊所》、《候车大厅》、《候车室的故事》、《临时家庭》、《中国餐馆》、《东北一家人》、《闲人马大姐》、《西安虎家》（陕西方言）、《红茶坊》（上海话）、《外来媳妇本地郎》（广东话）、《街坊邻居》（重庆方言）等。

电视系列剧的艺术特征表现为：

（1）背景相同。不同的系列故事，有着相同的时代背景。如南斯拉夫的《在黑名单上的人》，12个故事都发生在"二战"期间，反映的是南斯拉夫游击队与德国法西斯的殊死斗争。美国的《加里森敢死队》也是如此。

（2）独立成篇。即每一集都是一个完整的故事。

（3）以情节取胜。一般都带有较强的娱乐性，乃至以曲折、离奇、惊险的情节取胜。如《神探亨特》、《老干探》、《探长德里克》、《狮城勇探》等。

（三）电视短剧和电视小品

根据中央电视台1988年10月出台的关于播出电视剧的规格和长度的具体规定：电视短剧是指一般长度为30分钟的短电视剧（有的七八分钟）；电视小品长度则为15分钟（不少小品在5分钟以下，甚至仅有一两分钟）。由于两者具有许多共同的特征，往往被并称为"短剧"，其实不能把两者混为一谈。电视短剧无论短到什么程度，仍然具有"剧"的特征，能够比较全面地运用戏剧元素来进行叙事，比较重视人物形象的塑造，也有相对完整的情节结构；而电视小品的情节则十分简单，甚至没有相对完整的情节，只是创作者截取的一个生活片断，不一定追求完整的性格表现和情节发展，而是力求突出最富表现力的一刹那，更注重"意境"的传达或生活哲理的阐明。

虽然两者在选材上往往是着眼于小人物、小故事，但常常能"小中见大"，从一个生活侧面反映出社会普遍存在的现象和问题。恰如诗人任彦芳所言："选材沙里淘金，立意一叶知秋，结构巧夺天工，情节出奇制胜，人物画龙点睛，语言惜墨如金，看着小巧玲珑，看后余味无穷。"中国电视短剧的代表作品有：《天伦王朝》、《如此舞伴》、《窗口》、《流动的音符》、《周总理的一天》、《他们住在哪条街》、《心灵》、百集短剧《咱老百姓》、短剧集《人与人》、《吉祥胡同甲5号》等；电视小品的代表作品则有：《找石花的小姑娘》、《飞了》、《帽子》、《赛聪明》等。

电视短剧和电视小品的艺术特征表现为：

（1）短小隽永，言简意赅。

（2）情节凝练，诗意盎然。

（3）细节生动，富于哲理。

（4）绝妙的结尾。

二、电视剧创作的剧作元素

（一）题材的选择

剧作者在进入创作之前，首先遇到的便是"写什么"的问题。即题材的选择是剧作者进行电视剧创作的第一要素。用库里肖夫的话说："在每一种艺术里首先必须要有题材，其次是组织题材的方法，而这方法必须特别适合于这种艺术。"① 那么，电视剧的题材究竟是什么呢？"题材可以说随处都有，在这个世界上只要有人生活的地方，就会不断地涌现出来，而且无须到像阿拉斯加或者非洲之类的特别的地方去找，在我们的日常生活当中就有不少。当你在自己的房子周围散步时，或者注意一下自己家里的人，甚至仔细观察一下自己，就可以找到许多素材。"②

当然，素材不同于题材。素材是艺术家在生活中积累起来的、尚未经过加工的原始材料，即素材是纯客观的东西。题材则是艺术家经过头脑筛选和情感过滤的生活材料。具体说来，题材是艺术家在素材的基础上，依据一定的思想和情感需要，经过选择、提炼、加工并写进作品中去的一组有内在联系的完整的生活材料。因此，人们往往把题材称为"第二现实"。

而题材的概念本身又有广义和狭义之分。广义上的题材是指作品所描写的生活现象的性质、范畴，如工业题材、农村题材、军事题材、历史题材、山水花鸟题材、神话题材等。但我们这里所说的题材是狭义的，是指已经写进作品中去的具体的生活材料。

从生活中的素材到题材的最终选择，是一个十分艰难的创作过程。比如，果戈理创作的《钦差大臣》是根据普希金经历过的一段故事创作出来的。或许有人会替普希金惋惜。其实，这种惋惜是根本没有必要的，普希金之所以对这个故事不感兴趣，是因为这个故事并不适合表现他的人生理念，这个故事在含有很深的社会批判性的同时还带有喜剧的色彩。普希金作为诗人，本身并不是很幽默的人，也不是喜剧大师，这个故事也就不大可能触动他的灵感和创作欲望。即便是普希金依据同样的素材进行创作，也必定与果戈理创作的《钦差大臣》风格迥异。

---

① ［苏］普多夫金. 论电影的编剧、导演和演员. 何力译. 北京：中国电影出版社，1980. 117.

② ［日］山田洋次. 素材与剧本. 陈笃忱译. 世界电影，1982（2）：48.

（1）电视剧被称为"时代的艺术"，它具有反映生活及时、迅速，且收看自由、方便灵活的优势。在选材上应该大量选取当代的、具有鲜明时代特点的生活题材，敏锐地发现群众普遍关心、迫切需要解决的社会问题。而且题材要新，创作要快。"电视剧要适应广大观众，并要取得良好的社会效果，就更应该发挥它能及时反映现实生活的特点，要多少带些新闻性。"如《永不凋谢的红花》、《新星》、《寻找回来的世界》、《苍天在上》、《人间正道》、《黑脸》、《孔繁森》、《任长霞》、《震撼世界的七日》等。这也正是许多以真人真事为题材的电视剧深受欢迎的重要原因。

例如，在 2008 年 5 月 12 日四川汶川地震发生 67 天后就火线播出的电视连续剧《震撼世界的七日》，拍摄时间 15 天，5 天完成后期制作，7 月在央视播出，制作时间之短堪称中国电视剧的一个传奇。《震撼世界的七日》以纪实的手法重现了发生在灾区的感人救援故事，让无数观众动容。"哭"成了观众评论该剧用到的最多的字眼。44 位内地、港台知名演员参加拍摄，是中国电视剧中明星最多的一部剧。由于该剧最终制作、删减成 14 集，按每集 45 分钟计算，每位参演的明星平均"露脸"15 分钟，创下明星戏份最短之纪录。同时，该剧的片酬创了中国影视作品中最低的纪录，因为每一位参加演出的演员都是"零报酬"。由于这是一部纪实电视剧，在表现方式、镜头运动上都会相当写实，有点类似专题片，注重在事件发生时记录现实。和常规电视剧不同，它没有强烈的戏剧冲突，着重表现人在大环境中的状态，因此可能部分观众会觉得太拖沓、平实，没有主线和强烈的戏剧冲突。观众们应该将它和一般的电视剧区别对待。

加之，《震撼世界的七日》还有一个不太有利的因素：剧中的大部分故事、场景，观众们都已经在此前的新闻报道中有所了解。观众有了先入为主的感觉，期待值就会大大提高，自然会挑剔许多。但毕竟这不是一部常规意义上的电视剧，正如其主创所说，这是一部"特殊时期的特殊作品"，当中的遗憾应该宽容地去看待。面对这次人类大灾难，人们所表现出来的不仅仅是民族精神，更体现了人性的光辉。逾百位演员和工作人员先后奔赴灾区"零报酬"地参与拍摄，也体现了这种精神。如果每个人都能抱着这样的心态去看待这部电视剧，领会片子背后的意义，相信都会收获不同的感动。

（2）电视剧又是"家庭艺术"，宜选取贴近观众的日常生活的平凡事件，即小题材。用美国电视剧作家查耶夫斯基的话说："电视剧应把在大街上过往的那些平凡的人，描写得真实细腻，故事环境也是电视观众身边常见的，人物关系也并没有如何稀奇之处，台词也好像是在听过路人的讲话。但是，通过极普通的语言和人物行动，却能尖锐地揭示出人生的一刹那。因为平凡，才使人感到亲切真实。"观众如果能够透过电视这面镜子，看到与自己、与周围人相似的人物或事件，就会感到熟悉、亲切而又真实，进而产生观赏的兴趣。如《远亲不如近邻》、《咱爸咱妈》、《儿女情长》、《空镜子》、《大哥》、《大姐》、《贫嘴张大民的幸福生活》、《结婚十年》、《婆婆》、《浪漫的事》、《香樟树》、《妻子》、《海棠依旧》、《我的兄弟姐妹》、《中国式离婚》、《越走越好》、《空房子》、《过把瘾》、《亲情树》、《双面胶》、《马文的战争》等。

（3）由于电视屏幕尺幅和家庭欣赏环境的限制，要求电视剧尽量采用中、近景镜头，但并不排斥电视剧创作大题材和史诗性的作品。如《今夜有暴风雪》、《末代皇帝》、《黄兴》、《三国演义》、《天下粮仓》、《雍正王朝》、《康熙王朝》、《孙中山》、《开国领袖毛泽东》、《长征》、《太平天国》、《走向共和》、《汉武大帝》、《武则天》等，这些作品既有时代的广度，又有历史的深度。特别是当下的高清电视和大屏幕技术的推广，必然使得相关的历史题材越发引起创作者的兴趣和更多的关注。

（4）现代科技的飞速发展，无形当中也增强了电视时空的表现力，尤其是电视自身形态的完善与成熟，为开拓新的题材和领域提供了新的可能性。如电视剧《不要与陌生人说话》所引发的家庭暴力问题；《牵手》率先开了婚外恋题材的先河；《血玲珑》、《十月怀胎》已开始了试管婴儿及社会伦理方面的探索；《爱了散了》表现的则是无性婚姻所带来的情感折磨；《谁懂我的心》对于当下部分人群存在的心理问题予以关注；《温柔的背后》讲述几个男人因为无法抗拒女人温柔的陷阱，最终咎由自取，失去了他们宝贵的一切的故事。选择一个好的题材，同样是电视剧创作成功的一个关键因素。

（二）情节的表现

电视剧作为一种叙事性的艺术门类，是非常讲究情节的。不同类型的电视剧对情节有着不同的要求，尤其是长篇电视剧更是离不开情节。没有情节的支撑，也就不会有电视剧的存在。

何谓情节？高尔基在《和青年作家谈话》一文中指出："文学的第三个要素是情节，即人物之间的联系、矛盾、同情、反感和一般的相互关系——某种性格、典型的成长和构成的历史。"[①] 高尔基认为，文学的第一要素是语言，第二要素是主题。而作为第三要素的情节又包含三层意思：一是指人物之间的各种相互关系；二是指人物性格发展的历史；三是指性格发展的历史又是通过人物之间的各种关系表现出来的。即情节是人物性格的发展史。那么，在电视剧

---

① ［苏］高尔基. 文学论文选. 孟昌，曹葆华译. 北京：人民文学出版社，1958. 297.

的创作过程中如何来组织情节呢？

（1）以写人物性格、塑造人物形象为主，就要在情节安排上学会"制造麻烦"，尽一切可能为人物设置难以逾越的障碍。法国有句谚语："让你的人物藏在树上，然后向他扔石头，把他打出来。"美国剧作界也有类似的格言："让你的人物藏在锅里，点燃火，把他烧出来。"很显然，处于困境中的人物更容易引发矛盾冲突，更能引起人们对人物命运的关注。如电视连续剧《贫嘴张大民的幸福生活》中的主人公张大民就总是处于困境之中，从爱情的困境、生活的困境到事业的困境，但他总能一次次地从困境中走出来。从中不仅引发出许多令人感动的故事，其性格也得到了完满的展现。

也就是说，电视剧创作要把"立人"放在情节的首位，而事件的冲突、矛盾关系的设置也都要考虑是否同展现人物的性格有关。如电视剧《诸葛亮》虽然也描述了许多重大的历史事件，也交代了人物的主要经历，但创作者提出"武戏文演"的原则，主要把镜头对准孔明的性格特征，每一两集通过一个具体的事件去表现人物的某个性格侧面。像"孔明吊孝"、"拜将入川"、"上疏自贬"、"鞠躬尽瘁"等集，都是通过感人的情节着力刻画人物的独特个性。从这个意义上说，"电视剧在表演深度及描述人物神秘的内心世界方面是独占鳌头的。各种机械和电子装置给电视剧提供一种手段，使观众产生在剧场里无法得到的与剧中人的亲近感和亲切感。电视剧作者可以把观众的注意力引导到有关人物内心世界的各个细微的方面；电视摄像机的镜头可以把观众的眼睛集中在最有效地反映人物感情的东西上"①。

（2）以写人际关系为主，就要在情节安排上"激化矛盾"。即电视剧的情节是在人物之间的种种交往、矛盾关系中表现出来的。这种联系、矛盾有时突出表现于外在的冲突中，有时也深蕴于内在的表现形态中。当设置的情节已为人物制造了麻烦，但还不足以形成对观众的冲击力时，就要进一步强化困境，激化矛盾，使制造的矛盾达到无以复加的地步，进而最大限度地引发观众的情感反应。

例如电视剧《生死抉择》剧中主人公李高成就面临着复杂的人际困境：若指出一手提拔起来的部下在大搞腐败，就意味着自己用人不察，无知无能；若指出上级也涉嫌腐败，就意味着自己忘恩负义、恩将仇报；若指出妻子也牵连其中，就可能把妻子送进监狱；若彻底追查此案，自己也有说不清的牵连，可能身败名裂。正是这多重明明暗暗的人际关系组成了一张无形的网，也才使得

---

① ［美］罗伯特·希里尔德. 电视剧的写作（一）. 臧国华译. 电视文艺，1982（10）：44.

他在困境中的生死抉择具有爆发力和震撼力，才会感人至深。此外，电视剧《四世同堂》、《寻找回来的世界》、《故土》、《钟鼓楼》、《激情燃烧的岁月》、《青衣》、《大宅门》、《橘子红了》等，也都是具有代表性的作品。既有外在社会环境的冲突，也有内在人物之间的矛盾。

（3）以写事件为主，就要在情节安排上有意设置"情节点"。情节是剧作者在明确的创作目标指引下而构筑的一系列彼此联系的事件，是不断出现的新事件、新转折，而一系列的情节点最终把故事推向高潮，直至结局。

例如，制片人刘沙在组织编写电视剧本《贫嘴张大民的幸福生活》时，就要求编剧刘恒在每集戏中找出 13 个情节点。按照他的说法，在好莱坞一般要求每部电影要有 26 个情节点。一部电视剧 45 分钟左右，即应该有 13 个情节点。比如电视连续剧《三国演义》就是一个突出的例子，其对情节的安排极为出色。仅"赤壁大战"一节，就安排了如下的情节点：曹操下劝降书、诸葛亮舌战群儒、蒋干盗书、黄盖施苦肉计、庞统献连环计、诸葛亮草船借箭和设祭坛借东风、曹操横槊赋诗、被火烧战船、败走华容道、关羽义释曹操等，事件环环相扣、精彩紧张、扣人心弦。

再如，在第 24 届中国电视剧"飞天奖"中荣获长篇电视剧二等奖的《结婚十年》（由高希希导演、许波编剧）就是一部令人感悟至深的亲情戏。它以平民化的视角，选取具有典型性的、与日常生活经验息息相关的生活素材，通过剧中人物演绎婚姻的幸福与不幸，将都市百姓生活状态真实、自然地展示在人们的面前，鼓励人们用爱心去理解与宽容他人，从而实现道德评判和社会价值。尽管《结婚十年》人物形象栩栩如生，但主要还是通过十年当中发生的诸多事件来塑造的。即第一年是"结婚了"，第二年是"有孩子了"，第三年是"妈来了"，第四年是"下岗了"，第五年是"出事了"，第六年是"有点钱了"，第七年是"外面有人了"，第八年是"分居了"，第九年是"破产了"，第十年是"重逢了"。把人物放在 20 世纪的最后十年，这既是人们的情感思维模式从传统转向开放的十年，也是人们在这忙乱而丰富的生活中，或许会眼花缭乱、手足无措、迷茫困惑的十年，但最终他们懂得了如何对待自己、对待别人、对待社会、对待今后的成长。换言之，电视剧《结婚十年》在讲述一对夫妻十年情感史的同时，也完成了对中国社会十年间的变迁、生活发展和人们性格成长的描摹。用资深评论家杜高的话说："我仿佛不是在看戏，而是面对一片生活。就像发生在我们身边的那种平凡而平淡的生活，到了电视剧里却显示出了它的深长的意味，并且使我久久心动。我陪伴着这一对可爱的青年恋人，尝到了那纯洁的爱情的甜美；我又跟随着这一对贫困的年轻夫妇，在相濡以沫的携手奋斗中度过了那一年年艰辛而难忘的岁月。我看到了那爱情的美丽的成果，又看到了那家庭的平淡的日子给他们带来的纳闷和疲惫；我看到了体贴、恩爱和温馨，也看到了妒忌、猜疑和无由的愤懑。人生和岁月像小河一样在日夜流逝，一下子就过去了十年。我像读了一首吟唱岁月的诗篇。这首诗却令我沉醉。"

然而，情节并不等同于故事。人们往往习惯于把故事和情节连在一起使用，如"故事情节"的称谓。其实，故事是故事，情节是情节。所有的情节都是故事，至少包含了故事的因素，但并不是所有的故事都能成为情节。福斯特在《小说面面观》中是这样对情节与故事加以区分的："（故事）它是按照时间顺序来叙述事件的。情节同样要叙述事件，只不过特别强调因果关系罢了。如'国王死了，不久王后也死去'便是故事；而'国王死了，不久王后也因伤心而死'则是情节。对于王后已死这件事，如果我们再问：'以后呢？'便是故事；若要问：'什么原因？'则是情节。"即事件间的因果逻辑是构成情节的必要条件，而故事只是一个个独立的事件在时间顺序上的排列。于是，就电视剧创作而言，设计情节便成了剧作最主要的工作之一。

（4）要巧设悬念。关于悬念，主要有突发式悬念和期待式悬念。

所谓突发式悬念，是指悬念突然发生，出人意料，往往是故事发展的转折点。如电影《紧急迫降》中，飞机起飞后突然发现起落架无法正常收起。这一突发事件和悬念的出现，就把预定的事件发展打乱了，飞行计划被迫取消，取而代之的是紧急迫降。

期待式悬念，主要是就观众而言，即只是向观众透露一小部分信息，为他们提供想象的线索，这种想象又唤起他们更大的心理注意和情绪期待。观众的情绪完全被即将发生的事件所吸引，造成紧张、扣人心弦的艺术效果。如电影《后窗》的结尾，引导观众的情绪向创作者设定的方向发展，为即将到来的高潮进行了有力的烘托。

对此，悬念大师希区柯克曾经比较过这两种悬念的不同效果：

四个人围坐在一张桌子旁边谈棒球。谈了5分钟，沉闷极了。突然一颗炸弹爆炸了，把人炸成碎片。观众是什么感觉？10秒钟的震惊。现在还是同一场面，告诉观众桌子底下有颗炸弹将在5分钟内爆炸。现在关于棒球的谈话就变得非常引人关切了，因为观众也加入了："别扯淡了，不要再谈什么棒球了。桌子底下有颗炸弹呢。"你让观众也开始动脑筋了。

一般说来，悬念是在开端部分就设置起来，随着剧情的发展而不断得到加强，于最终的高潮或结局中得以释放。即总悬念贯穿于剧情的始终，期间也穿插一个个阶段性的分悬念，在某一阶段出现并随之得到解决，使总悬念得到进一步的丰富和强化。如电视连续剧《人间四月天》是以徐志摩一生的婚姻情感生活作为全剧的总悬念，而这一总悬念又是通过几个分悬念来完成的，如他与张幼仪、林徽因、陆小曼三位女性的情感故事及她们各自的命运与归宿。当三位女性的命运各自演绎完成，徐志摩一生的总悬念也就完全释放了。再如电影《公民凯恩》以"玫瑰花蕾"作为全剧的悬念，在结尾时才让观众明了那原来是一个雪橇。

虽说情节可以通过各种不同的内容和形式表现出来，并不存在什么固定的模式，但有不少人花费很大的精力去探讨其模式。如赫尔曼就把各种影视文艺作品的情节概括为九种模式——爱情、飞黄腾达、灰姑娘式、三角恋爱、归来、复仇、转变、牺牲、家庭。他既反对美国影视作品重视剧情而忽略人物性格刻画，也反对欧洲影视作品重视人物性格而忽略剧情的做法。赫尔曼认为："最理想的方法是将情节与人物性格相融，使之相辅相成。故事情节是某一组人物进行活动的突出方式。这种方式应当包括一个或数个中心人物被安排在一种看上去几乎是毫无希望的处境中。一旦中心人物被一种出于自己，或者出于别人或自然界的巨大力量引向冲突后，主要人物便陷入某种复杂性中，使无望的处境更无望解决。他被冲突形成的力量逼着去做或不去做某件事。他被迫从事的这些事在他的生活中产生了一系列危机，即故事的转折点，然后推向各种危机中最重要的一点，即戏剧高潮。这种高潮可以从解决问题或未解决问题中获得，它终于把中心人物带到他一生中的特定时刻，故事也就此结束。"① 恰如狄德罗论及艺术作品的构思时所言："假使历史事实不够惊奇，诗人应该用异常的情节来把它加强；假使是太过火了，他就应该用普通的情节去冲淡它。"

（三）人物性格的刻画

有人说，电视剧主要是靠情节取胜，电视剧最讲究的也是情节。其实，没有人物也就没有情节。即情节的安排、场面的处理、矛盾冲突的展开、细节的运用等都要以人物为依据。情节不过是人物性格发生冲撞的结果。

我们可能都有过这样的体会，当我们欣赏一部电视剧以后，特别是多年之后，可能对于剧情都淡忘了，但对其中的人物依然记忆犹新。对此，谢晋导演有一段话可谓意味深长："如果一部电影放完之后，人家说：'啊呀，这个画面真棒！'或者说：'啊呀，这个音乐真不错！'我反而认为这个影片就糟糕透了。

---

① ［美］赫尔曼. 电影电视编剧知识和技巧. 朱角译. 北京：文化艺术出版社，1983. 37.

因为听起来好像是表扬，实际上是导演的最大失败。因为人家看完电影后什么也没有记住。我觉得对于电影来说，只是画面好、音乐好，是远远不够的，最重要的还是要看它人物刻画得怎么样。人物留在了观众心里，这是对一部电影的最高评价。"

电视剧也是如此，人物才是剧中的主角，所有的要素都是为塑造人物服务的。其中，性格是人物的灵魂，看到了性格，就看到了人；抓住了性格，人物就活脱了。恰如德国批评家莱辛所言："一切与性格无关的东西，作家都可以置之不顾。对于作家来说，只有性格是神圣的，加强性格，鲜明地表现性格，是作家在表现人物特征的过程中最应当着力用笔之处。"①

所谓性格，从心理学角度看，是指一个人对待周围环境的一种稳定态度以及与之相适应的行为方式。其特征有三：第一，性格是一种心理态势；第二，性格相对稳定；第三，性格是个性化的。以上三点恰好也是电视剧创作的重点和所追求的最终目标。即性格刻画不但是塑造人物形象的最佳切入点，而且是人物形象塑造成功与否的最终衡量标准。日本电视制片人中山纯一说过："在表现风景与人物上，电视以拍人物为主。电视不可能把风景拍得很美，但在表现人的喜怒哀乐和表情上，电视比电影来得有效。"

1. 电视剧要努力揭示人物性格的丰富性、复杂性

高尔基说过："人们是形形色色的，没有整个是黑的，也没有整个是白的。好的和坏的在他们身上搅在一起了——这是必须知道和记住的。"如电视剧《努尔哈赤》，一方面努尔哈赤为统一女真部落，东征西讨，百折不挠，度过了40多年的戎马生涯，显示出了他作为杰出的政治家、军事家的雄才大略，不愧为叱咤风云的英雄；另一方面，在残酷的战争、你死我活的政治角逐当中，他又杀人如麻，为了其政治需要，他不惜鸩兄杀子、贬妻为奴。即伟大与暴虐、炽热与冷酷集于一身。也正因为如此，这个人物才有了立体感，真正成为一个有生命的血肉之躯。

再如，《康熙王朝》中的康熙，他对待容娘娘和蓝齐格格，也有着类似的做法。作为一个丈夫和父亲，他是深爱她们的，但在与政治利益相冲突时，他依然不惜牺牲她们的个人幸福乃至生命。即电视剧通过塑造这样一个典型的人物形象，才使得人物的性格活灵活现，既符合历史真实，也不失艺术真实。用别林斯基的话说："成功的艺术形象会栩栩如生地出现在你的眼前，神态逼真、须眉毕露。你可以感觉到他们的脸、他们的声音、他们的步伐、他们的思维方

---

① ［德］莱辛. 汉堡剧评. 张黎译. 上海：上海译文出版社，1981. 125.

式。他们永远不可磨灭地深印在你的记忆里，使你再也忘不掉他们。"①

于是乎，当下的许多影视剧创作一改过去在人物塑造上"恶则无往不恶，美则无一不美"的简单做法，努力还原人物的人性真实与复杂的人情情结，把人还原为具有独立个性和鲜明性格的人。特别是一改过去影视作品中对反面人物的"脸谱化"刻画，而是开始注重使其作为一个具体的、真实的人来进行表现，这标志着一种创作思想的转变和观念的更新。这是符合历史的辩证法的。

然而，值得指出的是，这种变化有时候又会矫枉过正，在打破了"脸谱化"的桎梏之后，反面人物的"完美化"又成了一个新的模式，甚至在部分电视剧的创作中出现了人性泛化的趋势，以情为性，情性不分，情性合一，人情大于人性。特别是所谓的"三黑"（《黑冰》、《黑洞》和《黑雾》）题材的电视剧，关于人性的描写达到了极致。创作者以冷漠的态度关注着人性的阴暗与残忍，无休止地炫耀丑、欣赏丑，而这种精神的"蜕化"很容易把人引向虚无与绝望。也就是说，编创人员往往在努力刻画剧中人物多面性、复杂性的同时，给予反面人物更多人情化的东西（不是说不能描写，而是要把握好"度"），于无形当中让观众对反面角色抱有同情，进而削弱了作品批判的力度。或者，更确切地说，这类影视作品是以人情来代替人性，是以人情来美化人性，甚至人情大于人性。这同样是艺术创作的误区。

2. 电视剧要刻画人物的典型性格

在人物的诸多性格因素中要突出其中的主导性格，使得人物性格既有多样性，又有统一性。

黑格尔在《美学》中曾谈道，"性格的丰满性必须显得凝聚于一个主体，不能只是杂乱肤浅的东西"，"性格的特殊性中应该有一个主要的方面，作为统治的方面"，"如果一个人不是这样本身整一的，他的复杂性格的种种不同的方面就会是一盘散沙，毫无意义"。这种主导性格的鲜明性，既可以防止人物性格的模糊杂乱和性格分裂，又可避免性格的简单化。如莎士比亚笔下的哈姆雷特，他正直、善良、充满正义感，但其性格的核心却是迟疑、延宕，以至于屡次错失良机，最终酿成悲剧。这种迟疑，则恰恰反映了新兴的资产阶级的人文主义思想同残存的封建观念的矛盾和冲突。再如电视剧《历史的天空》中的姜大牙，虽然也表现了他性格中跋扈、粗野、蛮横的一面，但其主导性格还是勇敢、善良、正直，那些缺点并没有影响和否定他作为一个英雄的光辉形象，反而让

---

① ［苏］别林斯基. 别林斯基选集（第 2 卷）. 满寿译. 上海：上海译文出版社，1979. 196.

人觉得这个形象真实、可信。

3. 人物动作也是展现人物性格的重要手段之一

动作又包括外部动作和内部动作两个方面。

（1）外部动作，一般可分为形体动作和语言动作。

所谓形体动作，是指人物在特定情境中所发生的表情变化和行为动作。它对于人物性格的刻画十分重要。因为电视剧是以诉诸人的视觉为主的艺术，即表现人物性格用可见的表情变化和行为动作比用文字语言更为生动、有力。

当然，由于性格的差异，人的表情变化和行为动作也必然有所不同。一般说来，形体动作表现为两种方式：一种是冲突式，一种是抵触式。所谓冲突式，即矛盾以比较激烈尖锐的形式表现出来。如电视剧《不要和陌生人说话》，家庭暴力的场面就是通过肢体冲突表现出来的。男主人公变态、残忍、无端猜忌的性格便通过过激的行为动作传达了出来。所谓抵触式，即矛盾未构成正面冲突的一种比较含蓄的表现形式。如电视剧《落地，请开手机》，国家安全局的侦查员与敌对分子的较量，就一直以心理攻击战的形式展开，没有构成正面的肢体冲突，直到最后敌对分子恼羞成怒才发展为冲突式的动作，这样就把我侦查员的机智勇敢与敌方形成了鲜明的对比。

而语言动作是指人物在特定情境中所说的话语。它也是动作，是刻画人物性格的重要手段。人物语言是人物性格的自然流露，剧作者往往选择最能反映人物个性的语言来表现人物的性格。如电视剧《辘轳·女人和井》中狗剩儿媳妇与铜锁的一段对话：

狗剩儿媳妇一边倒酒，一边说："铜锁啊，本来，人到难处不能挤，马到难处不加鞭。你眼下正在难处，我实在不应当多说少道。可我是个直肠子人，肚子里留不住话。你呀，不能再这么下去了。这么下去，姥姥不稀罕，舅舅不爱，别人都会当狗屎臭你！"

铜锁默默点头。

"男子汉大丈夫"，狗剩儿媳妇振振有词地，"要勤劳致富。你想啊，就是天上掉馅饼吃，也得人起早，你晌午才起来，还哪儿能捡得到?！"

铜锁又默默点头。

狗剩儿媳妇对他这样的表现挺满意，微微一笑，又继续说下去："所以说……"刚说出这三个字，她突然停住了，支棱起耳朵，警觉地听着什么。

铜锁莫名其妙地看着她。

她听着听着，突然一回手，啪地推开窗户。此刻，正在窗外偷听的苏小个子躲闪不及，被窗子给狠狠地撞了一下。

狗剩儿媳妇出口不逊地："你爹你妈说话，你也偷听？"

"哎，狗剩儿媳妇"，苏小个子理亏气短地，"你别骂人哪！"

"我没骂人，我骂狗！"狗剩儿媳妇火气很大。

……

苏小个子真的气急了，用手指着狗剩儿媳妇："你，你，你嘴也太损了！你是寡妇心，绝户肺，这辈子尖尖嘴儿，下辈子还得当寡妇！"

"你呢？"狗剩儿媳妇也真急了，"这辈子缺德，下辈子缺德，大下辈子还得更缺德！你祖祖辈辈像耗子，代代都像武大郎！"

"武大郎怎么了？"苏小个子顽强反击，"我偏偏要收拾你这个潘金莲儿！呸，兴你招野汉子，就不兴我偷听？"

"招野汉子，我乐意！"狗剩儿媳妇说，"我还想跟他结婚哩！"

可以说，这段对白非常准确地抓住了人物的性格，把狗剩儿媳妇作为一个农村寡妇的泼辣性格以及苏小个子的猥琐表现得淋漓尽致。

再以电视连续剧《贫嘴张大民的幸福生活》为例，它之所以广受观众的欢迎，很大程度上得益于剧中人物独特的语言风格。比如李云芳失恋后，刘大爷和张大民分别去劝说她，但语言表达各有特色，符合人物各自的性格：

刘大爷：想开点儿，我一辈子没结婚，不也过来了。读师范的时候，我跟一个同学初恋，她没嫁给我，嫁给别人了。我心说不嫁就不嫁，我不谈不就完了么，我自己嫁给自己不就完了么。我当、当教导主任，退了休还当主任，管居委会，活得非常充实，心情非常愉快。一晃40多年过去了（突然想落泪，自感不妥，拼命忍住）……云芳，挺起来，好好工作，做一个有理想的年轻人，把全身心献给你的事业……

张大民：云芳，你披着一块杭州出的缎子被面，你知道吗？我刚发现，你还给披反了。（捏捏被面）别不说话。江姐不说话，人家有革命秘密，你有什么革命秘密？你要再不说话，再不吃饭，再这么拖下去，我认为……你就是反革命了。（李云芳的嘴角抽动了一下）

你裹着被面咽下最后一口气，你以为居委会和毛巾厂会给评个烈士当吗？那是不可能的。顶多从美国发来一份唁电：李云芳女士永垂不朽……就完事了。你还不明白吗？（李云芳的视线换了一个方向，望着窗户。窗户外面贴着许多人头）

我帮你算一笔账。你不吃饭，每天顶多省3块钱，3天没吃饭，省了9块钱。你再省9块钱，就可能去火葬场了。看出来没有，这事对谁都没好处。你饿到你姥姥家去，顶多给你妈省下 18 块钱。知道一个骨灰盒多少钱吗？80！该吃什么吃什么吧，你还没攒够盒儿钱呢！你才 20 多岁，起码还得吃 50 年的饭，任务很重，现在就撂挑子不吃饭了？把惹你不高兴的都当菜就着饭吃了吧！

这两个人的话都很个性化，特别是张大民的每句话都是富有个性的，似乎也只有他才能说出这样的话，人物的性格便活灵活现地表现了出来。

由此可见，面对发生的同一件事，来自每一个人物的反应都必须是独立的，具有显著的区别。假若两个人物持相同的态度，你必须将他们合二为一，或者把其中之一从故事中驱逐。因为当人物反应一致时，你已经将冲突的机会缩减到最少。① 这是大忌。

无论是形体动作，还是语言动作，又都必须符合人物所处的特定情境中所产生的特定心理动机。即要为人物的动作找到符合情境的内心根据。只有这样的动作，才具有刻画性格、塑造形象的功能，否则，"便会给人一种毫无意义的空虚感觉"（巴拉兹语）。

（2）内部动作。

所谓内部动作，是指人的心理活动，即人的认识、情感、意志等心理因素相互渗透、交融在一起所构成的内心状态。对人物的这种内心状态揭示得愈充分，其性格愈有艺术魅力。凡是成功的艺术典型，都得力于剧作者对其内心世界的深入开掘。即剧作者总是把人物放在不断发展变化的情境中，以便深入发掘他们丰富而复杂的内心世界，并采用各种心理表现方法将他们的内心世界转化为可见的荧屏造型。既可运用"闪回"镜头将人物的内心活动（包括回忆、联想、想象、幻觉、梦魇等）直接造型化，也可以采用内心独白即"画外音"的形式揭示人物的内心世界。这种表现方法，一般不宜多用，在其他方法都无能为力而又特别需要的情况下才使用。如果运用得好，也能深刻地揭示人物的心理和性格。或者以声画蒙太奇手段揭示人物的思想情感，如电视连续剧《马文的战争》中有这样一个长镜头场景：马文一个人在马路上踉踉跄跄地无目的地独自晃悠，边走边喝酒，最后醉倒在路边。他的悲凉、伤感和无奈，与路边广告牌的鲜艳夺目形成了鲜明的对比。他的痛苦和复杂的心情可想而知；从人物的主观视点出发，暗示其心情变化。又如电视连续剧《士兵突击》，在班长史今即将复员时，连里为他举办一个送行仪式，所有的战友都给予他很高的评

---

① ［美］罗伯特·麦基. 故事——材质、结构、风格和银幕剧作的原理. 周铁东译. 北京：中国电影出版社，2001. 214.

价，唯独许三多大声喊："不好。"从许三多的个人角度看，他"好好活"的目的就是班长可以不走了。这样，就把许三多的极其单纯的感情展现得淋漓尽致。所以，班长说了一句非常有震撼力的话："我走了，就能割去你心里的最后一把草。你该长大了啊。"另外，也可以采用主观镜头（以被拍摄者的视角）予以表现。如纪录片《英和白》的开头部分：第一个镜头表现饲养员在房间里忙碌，画面呈180度颠倒；第二个镜头是仰卧在铁笼子里的熊猫的近景；之后几个镜头又是颠倒拍摄的。所有颠倒拍摄的镜头都是从熊猫的视角考虑的。这些镜头的处理是创作者根据自己的想象，按照自己的主观意图来进行的，完全是创作者诠释片子主题的一种手段。

当然，在电视剧创作过程中更多的时候是通过人物的动作、细节、人物语言、特写镜头乃至于闪回、声画对位等综合化的屏幕化手法来刻画人物性格的。如电视剧《今夜有暴风雪》中的曹铁强，他到工地上给裴晓云送水时，发现她穿着单鞋，就果断地把她背下工地，在宿舍里用雪为她搓冰冻的双脚；当他得知她有七年没有洗澡了，他就在山上的工棚内，替她刷桶、撮雪、烧洗澡水等。所有这一切，都形象而生动地表现了这个硬汉对遭受迫害少女的同情、爱怜及其无畏、正义而又深沉的性格特征。用美国的电影剧作理论家悉德·菲尔德的话说："人物的实质就是动作——什么样的人干什么样的事。"[①] 又如同黑格尔所言："能把一个人的性格、思想和目的最清楚地表现出来的是动作，人的最深刻方面只有通过动作才能见诸现实。"总之，电视剧要把人物塑造成功，最关键的在于刻画人物性格。人物性格是一个包容了众多因素的整体形象。剧作者在塑造人物时，要努力从人物的职业、经历、文化修养等多方面入手，才能使人物形象更加立体、丰满。自然，人物性格的塑造也要通过人物的行为、动作、情节等来展开完成。这是一个相辅相成的过程。

（四）主题的确立

如果说人物和情节是电视剧的骨和肉，那么主题就是灵魂。因为在一定的人物关系下，情节的发展具有多种可能性，只有把握了灵魂，才能使其按照固有的逻辑性合乎情理地发展下去。即剧作者在创作的时候，不是随心所欲的，除了刻画人物性格之外，还要为情节注入灵魂，使之富有生命。日本著名剧作家兼导演新藤兼人就认为，一个剧作家首先要有好的"匠人气质"，他说："要

---

① ［美］悉德·菲尔德. 电影剧本写作基础. 鲍玉珩，钟大丰译. 北京：中国文联出版公司，1985. 27.

写出好的电影剧本，首先要有良好的匠人，必须发挥匠人磨炼出来的技巧。电影剧本的艺术性，可以说就在于技巧精湛的匠人想什么，选定什么样的主题。"

所谓主题，是指从作品描写的特定题材中所反映出来的中心思想。它是作品的统帅和灵魂，其他许多思想的闪光点都必须紧紧围绕这一总的思想核心。苏联电影导演杜甫仁科就曾指出："电影剧作家——首先是作为思想家的艺术家，然后才是掌握电影剧作技术的行家。"电影大师普多夫金也说过："主题是一个为各种艺术所共有的概念。人类的每种想法都可以成为作品的主题。电影像其他艺术一样，对主题的选择是没有限制的。唯一的问题是它对于观众是否有价值。如果作为电影剧本的基础的主题思想是模糊不清的，那么剧本就必然要失败。"日本电影剧作家山田洋次在把主题与技巧加以比较之后则认为："写剧本当然需要技巧，但只要主题明确，技巧所占的地位就是微乎其微了。有无主题乃是首要的，技巧问题既不是第二，也不是第三，不妨列到第四吧。"美国电影理论家波布克说得更为深刻："任何一部影片首先需要考虑的是主题。尽管在过去二十年内，影片的风格发生巨大的变化，出现了各种运动，但是在这一个时期内，艺术上有成就的影片都有一个共同的特点，那就是有一个无论在思想上或哲学上都引人注目的鲜明主题。在现代电影中，最重要的一个发展，是认识到电影能够处理我们时代最深奥的思想。因此，电影脱离了通俗娱乐的领域，而取得了与作为主要艺术形式的戏剧和小说相等的地位。"所有这些理论观点和论断都表明，主题不仅决定影视剧作成就的高下，而且由于影视剧作能表现深刻的主题，从而使它提高到了与戏剧和小说同等的地位。可见，主题对电视剧创作具有举足轻重的作用。

（1）电视剧要弘扬主题的真理性。真理性又包含两层意思：正确性、真实性。也就是说，主题必须是积极的、健康的、向上的，且合乎时代的要求，闪烁着真理的光辉。尤其要站在当代意识的高度，用新观点、新思维，用高尚的理想和道德规范对生活、历史进行冷静的观照，进而去影响人、教育人，并对生活作出深沉的思考。

例如，电视连续剧《士兵突击》不同于以往军旅题材电视剧的一个最大看点，就是把普通士兵真正作为主角，塑造了和平年代下普通士兵的群像，并以战士许三多为个案，通过他由一个"呆兵"成长为"兵王"的过程，表现了许三多与战友之间"拯救与被拯救"的母题。若再进一步概括出主题，则不外乎剧中多次出现的六个字：不抛弃、不放弃。尽管许三多和战友们在学着长大的过程中，充满了苦涩、考验和磨砺，但正由于他们的不放弃、不抛弃，才使得他们一路走下来，在部队这个大熔炉中硬是锻造出一块块好钢，最终成长为一名名刚毅的士兵。这样看来，许三多的成功不是靠运气，也不是侥幸得来的。

他骨子里的坚韧、顽强和潜在的爆发力所体现的正是当代士兵群像的精神品格。恰如电影编剧张弦所言："生活是广阔无限的，是纷纭复杂的，是绚丽多姿的。但生活又是以其狭窄的、局限的、杂乱无序、平淡无奇的自然形态呈现在我们面前的。创作只有比生活本身更真实，才能比生活本身更丰富、更生动、更深刻，才能比生活本身更能说明生活。"

（2）电视剧要把握主题的鲜明性。鲜明性是指创作者对于他所描写的事物采取的明确的观点和态度。即立意必须新颖、独特，努力探索生活现象背后的更本质的内涵。借用罗丹的话说："用自己的眼睛去看别人见过的东西，在别人司空见惯的东西上能够发现出美来。"

这里，仍以康洪雷导演的电视连续剧《士兵突击》为例，它所唱响的是一曲"普通士兵"之歌，所赞颂的依旧是"傻大兵"精神，那就是：纯真、坚持、善良和永不言弃。于是，《士兵突击》便被网友们誉为中国版的《兄弟连》，士兵许三多更被称作"中国式的阿甘"。虽然许三多不像阿甘的成长那样见证了美国历史上一个个重大的事件，即没有跨度那么大的历史背景，但许三多还是经历了部队整编、现代化军事演习等阶段，也在某种程度上见证了我国陆军的发展轨迹。换言之，从许三多个人的成长经历同样可以看出当代军人士兵顽强的生存状态，包括每个普通士兵面对各种变化的泰然处之和心灵逐渐成熟的轨迹。

（3）电视剧要挖掘主题的深刻性。深刻性来源于创作者对社会生活观察的深刻程度和认识水平。即编剧必须敢于正视现实生活中的各种矛盾，密切关注群众急需解决的各种社会问题。即便是描写人们日常生活小事的作品，同样也能透过生活的表层，表现出其深刻的底蕴。电视连续剧《士兵突击》的编剧曾经坦言："其实许三多身上的纯真、坚持、善良，这些是我们每个人都曾经有过的，随着岁月的流逝，这些品质在慢慢流失，所以通过这部片子唤起的不仅仅是军人观众的共鸣。"在这个意义上讲，电视剧《士兵突击》又不只是以士兵的名义展现了普通士兵们个性化的生存群像，更是在重新激发人们对普通士兵的热爱和尊敬的同时，开启了当代年轻人对和平年代下军旅生活的一种梦想和憧憬，乃至对其人生观和价值观进行了一次彻底的洗礼。

（五）情境的设置

电视剧要表达主题，刻画人物性格，展开矛盾冲突，还必须营造一个合适的环境和特定的情境。因为人物动作和行为表现都要有一个具体的环境，让人物在这个特定情境中说他应该说的话，做他应该做的事，思考他应该思考的问题。只有这样，人物形象才能塑造成功，矛盾冲突才能够合情合理。

所谓情境，是一个包括环境又大于环境的概念。环境一般指自然环境和社会环境。自然环境，是指人物动作展开的具体的客观物质时空，即人物活动的场景；社会环境，是指具体的人与人之间的关系，"家庭关系，职业关系和亲友关系等"（狄德罗语）。情境除了包含自然环境和社会环境外，还包括事件的情势。情势是指事件发展到一定阶段时人物所面临的局面。在组成情境的三个因素中起决定作用的是社会环境，因为它规定并制约着自然环境和事件的情势，何况任何人都是"在一定历史条件和关系中的个人"。即剧作者只有把他的人物放在特定的历史条件和现实关系中加以表现，才能使之成为活生生的人，这就尤其要善于造势。所有的冲突都是在一定的环境和一定的情势下发生的。

剧作者要制造合情合理的冲突，就必须营造出一个合适的环境和情势。人物动作和行为的发生都有一个具体的环境，如时间、地点、天气、氛围等。如《雷雨》全剧的环境就安排在一场大雷雨的前后，闷热得令人窒息的午后和电闪雷鸣的倾盆大雨，就为故事当中的人物冲突提供了最有利的环境。午后闷热，所以开窗，才会引出周朴园与鲁侍萍的相认，而闷热的气候又暗合了侍萍心中的悲愤，而故事结束在一场大雷雨中，更是与剧中人物的"急风暴雨"般的冲突交相呼应。再如电影《正午》，匪首将在正午 12 点到达小镇，而故事开始的时间是 10 点。随着时间的悄悄逝去，小镇上的居民、法官、警察、官员等为了各自的利益，没有一个人愿意伸出援助之手。正是这种几乎令人窒息的氛围，紧紧地抓住了观众的心，使得他们同剧中人物一起关注事态的发展。

值得注意的是，剧作者在构思过程中，情境和人物性格常常是同步进行、同时成熟的。它绝不是剧作者随心所欲地拼凑起来的，即情境理应成为人物行动的必然依据。

1. 情境是人物性格形成的基础

电视剧除了着眼于人物性格本身的刻画外，还要格外重视环境造型。如电视剧《红楼梦》中贾宝玉的"小环境"，就是大观园里的怡红院，是雕梁画栋、锦衣玉食的贵族之家。他上有贾母的溺爱，如同一顶保护伞，可以免受封建正统势力的扼杀；下有众多姐妹的相伴，仿佛一道女儿墙，使他少受外界尘世污浊的侵蚀，有利于民主思想的萌芽。而宝玉所处的"大环境"则是衰亡、没落的封建末世，处处暴露出封建统治的黑暗、腐朽，显示着其必然灭亡的历史命运。正是这样独特的情境才使得贾宝玉形成了一种能够和敢于叛逆的性格。

2. 情境可以交代时序、地点和背景

电视剧还要重视典型环境的塑造，力求在"典型环境中塑造典型人物"。如董存瑞舍身炸碉堡就是一个典型环境：炸药包没有支架，周围也没有可以利用的条件；冲锋的战友纷纷在敌人碉堡的火舌中倒下；而大部队总攻的时间即将开始……在这种万分危急的关头，他必须舍身炸碉堡。这是一个非常典型的例子。

同样，电视剧《今夜有暴风雪》中的裴晓云之所以会被冻死在哨位上，也与当时特定的历史环境息息相关。由于她家庭出身不好，父母都被打成右派，所以她长期受到歧视。当她第一次得到组织的信任可以持枪站岗时，她是那么激动、兴奋，但因为指导员郑雅茹的失职，忘了派人给她换岗，致使暴风雪夺去了她年轻的生命。洁白的冰雪厚厚地披在她身上，俨如一副冰雪素雕，在远山、雪原、白桦林的映衬下，显得她是那么圣洁、庄严。

3. 情境可以作为隐喻、象征的手段

即情境必须符合故事本身发展的内在逻辑性。如电视剧《绿荫》中，那遮天蔽日的大片绿荫，是"树人中学"的象征，会使人联想到"十年树木，百年树人"。但"绿荫太浓，透不过阳光，像这样的小草就很难生长"，又富有哲理意味，深化了作品本身的主题。不仅如此，为了避免像剪纸一样的"手贴效果"，剧作者还往往采用前景的"隔"和背景的"透"来表达空间。所谓前景的"隔"，就是在主体人物之前设有一些景物层次，或人物、景物、器物的一隅，或隔着门栏、纱帐等，使人物与环境水乳交融。所谓背景的"透"，则是对主体人物所处的背景的处理。如让房间透过一束光亮，或夜景闪出一盏路灯等，以增加屏幕的厚度感。①

再如，电视剧《青衣》的独特情境就是在艺术构思上把女性最内在的东西挖掘得淋漓尽致：女人在现实生活当中往往充当的是配角，只有在梦幻中才是自己的主宰。于是，柳如云、筱燕秋式的青衣们在戏中活得最真实，最沉醉，最有滋味。虽有无奈，却是痛并快乐着，她们是在用一生守护着心中的嫦娥。用原著作者毕飞宇的话说："《青衣》只关注两个人：男人和女人；《青衣》只关注两件事：幸福和不幸。"

当然，电视剧《青衣》作为一种艺术创作，又不是简单地展示生活真实这个单一的主题。它还有更深层的东西在引发观众去思考：究竟怎样理解幸福和不幸？如果说柳如云、筱燕秋式的青衣们人戏不分，在现实生活中屡屡受挫是所谓不幸和人生失败的话，那么她们对舞台和唱戏的痴迷所达到的人神合一的境界又何尝不是一种幸福呢？正如剧中投资方郑老板评价春来和她的老师筱燕秋时所说的那样："你是演嫦娥，筱燕秋就是嫦娥，就差这么一点点。"可就是这么一点点，筱燕秋才堪称是真正的青衣，她是用生命和灵魂支撑起了偌大的广寒宫，使嫦娥在凄凉和孤寂中回味人间的温暖。即该剧的境外之境：她们心

---

① 刘树林. 电视文学概论. 长春：东北师范大学出版社，1985. 119.

灵上的魂就是青衣。于是，筱燕秋在只有一个观众的最后一场演出上发出的心声："我要唱，唱给天，唱给地，唱给我心中的观众"，其实这还有一句暗含的潜台词——就是唱给懂得嫦娥的观众。剧情结束了，但梦中的嫦娥依然会成为青衣们一生的追求。这样看来，剧作者在电视剧的构思阶段历经了这样的流程：先是对生活素材进行筛选，确定所要表现的题材；然后根据特定的题材来构思情节和设置人物关系；最后在明确电视剧所要表达的主题之后，将所有这些要素放置到一个特定的情境之中。只有具备了这些基本环节，电视剧才有可能进入下一步的创作阶段。

（六）结构安排

虽然在构思故事框架阶段，电视剧剧作的大致面貌已经较为完备，即主要的情节和较重要的人物以及主题、情境等都已相对明确，但是，剧作者在动笔之前，还必须对全剧的结构、人物语言、戏剧冲突、风格等作出相应的思考。若能够做到这些，一个较为清晰的剧本雏形也就基本形成了。

当剧作者选择好题材，确立了情节和主题之后，就要考虑如何具体地安排、组织所积累的材料了。一部电视剧成功与否，在很大程度上取决于结构设计的优劣。如果说人物和情节是电视剧的血和肉，主题是灵魂，那么结构就是支撑血肉的骨架。结构对于确定作品的风格样式、节奏比重、场景划分、情节安排等起着统筹规划的作用。

记得美国作家艾萨克·辛格在被问及创作过程中哪一个方面最困难时，他答道："故事结构。我认为这最困难。一旦结构定了，写作本身——描写与对话——就随流而下了。"① 苏联作家法捷耶夫引用托尔斯泰的话亦如是说："组织材料是最困难的任务：有时细节会使作家离开主题，有时相反，主要的东西没有具体地体现到必要的形式中。"② 西班牙作家德利维斯更是将结构形象地比喻为："作家力图铺设一座桥，把读者引到他的小说所虚构的世界。在这个时候，作家首先关心的不是桥美不美，而是桥稳不稳。装饰是第二位的。一开始，作家唯一应该关心的是读者能否顺利通过，而桥不塌。"③ 换言之，结构对于影视作品具有重要的意义，甚至不同的结构方式能够产生完全不同的含义。如爱森斯坦的《战舰波将金号》公映后，引起了国内外的巨大反响，也引起了敌对

---

① 崔道怡等. "冰山"理论：对话与潜对话. 北京：工人出版社，1987. 121.

② ［苏］法捷耶夫等. 论作家的劳动. 刘运逸等译. 石家庄：中国人民解放军华北军区政治部，1951.

③ 崔道怡等. "冰山"理论：对话与潜对话. 北京：工人出版社，1987. 873.

势力的憎恨和恐慌，使得该片很快遭到封杀，被禁止放映。这时，有一个商人想出了一个办法：把影片结尾表现水兵起义胜利的部分和表现沙俄镇压革命的部分互换，故事的结构便由"革命—镇压—胜利"变成了"革命—得意忘形（胜利）—革命失败（镇压）"。这样，将叙事先后顺序调换，虽然在情节上没有增添或减少，但故事的主旨却发生了完全对立的改变。可见，结构对于影视剧作，有时候是具有颠覆性作用的，不可小视。

关于电视剧的结构，有人曾经概括为许多模式：从头至尾叙述的开放式结构；从情节的高潮部分写起、用倒叙方式逐步展开的回顾式结构；因情境线索的不同安排而出现的单线结构、网状结构、平行结构；因人物设置方式的不同而产生的一人一事结构、传记式结构、散文式结构等。事实上，剧作者在提炼剧本的结构时，主要考虑的不外乎以下几点：

1. 故事线索

电视剧要想讲好一个故事，就必须把故事的线索梳理清楚。由于电视剧往往情节复杂，人物众多，倘若线索不清晰，就可能导致叙事混乱，框架结构不足以支撑全剧。即线索作为电视剧展开结构的重要依据，绝对不可小视。

（1）单一线索。

单一线索就是只以一个人、一件事、一种情感、一种品质等为线索的结构形式。单一线索适合于创作相对短小的单本剧、电视短剧和小品等。

（2）双线索或多线索。

双线索或多线索是指在同一作品中，以两条或两条以上线索的不同形态的组合来结构全剧。它又包括：平行式（将两个或多个本来可以各自独立的人物或故事，有意平行地展现）；交叉式（两个或多个事件均有各自的逻辑进程，却又在适当的时空交叉、碰撞或局部融合）；主副线式（两个事件或一个事件的两个方面，平行或交叉式进行，但两者不是平分秋色，而是一主一次）；虚实式（一条为实线，具体明了地展示在观众面前，一条为虚线，将所要表现的事件虚化处理）。

（3）辐射式线索。

辐射式线索又称"橘瓣式"线索，是指从一个中心点（或一个人物、一件事、一个中心场面等）出发，向外辐射出多条线索，展现多种场面或人物事件，进而全方位地反映生活的结构形式。比如，意大利影片《偷自行车的人》就是从一个人物写起，通过剧中的男主人公寻找被窃的自行车，展示了看相人、旧货市场、妓院、慈善机构等各个阶层的生活层面，揭示了意大利人民在"二战"后的生活状况。

同一时期的意大利的另外一部新现实主义影片《罗马11点》则是从一件事

写起，并串连出许多人物的相关命运。一家公司要招聘一名女打字员，却来了几百个应聘者。她们挤在年久失修的楼梯里，最后楼梯坍塌，造成一人死亡、数十人受伤的悲惨结果。影片通过在场应聘者的遭遇，揭示了战后意大利社会中极为普遍的失业和贫困现象。

（4）攒射式线索。

与辐射式正好相反，攒射式是从多角度、多侧面，从外向里、由分到合地表现既定的某一人物或事件，犹如众箭齐发、攒射靶心。

如果说辐射式是以一个核心为生发点，目的是要表现围绕核心的众多情景，那么攒射式则是要多层面、多角度地透视轴心。例如，黑泽明导演的影片《罗生门》，七个人分别讲出各不相同的情节，尤其是大盗、武士、武士之妻三个人对事件的叙述，大相径庭。事实真相到底如何，影片无意回答。该片的目的是使观众产生一种哲理思考：人生是永远解不开的谜，善与恶也没有固定的标准。

2. 叙事视角

在电视剧创作过程中，必须要有一个相对统一的叙事视角。剧作者往往主要有两种叙事视角：一种是采用单一的视角，即剧作者所叙述的剧情不能超越剧中叙事人的所见所闻；另一种是采用全方位的视角，即剧作者担任全知全能的上帝角色。任何时间、地点发生的任何事情，他都能看得见，并写进剧中。

当下，大多数电视连续剧采用的是全方位的叙事视角，即可以多层次、多侧面地刻画人物、表现事件。例如，"三黑"（《黑冰》、《黑洞》、《黑雾》）题材的电视剧就是一个突出的例证，剧情主要描写的是正义和邪恶的对抗。倘若只是通过正面人物的视角来写，恐怕就不能深刻了解那些反派人物的性格和行为。特别是《黑冰》中王志文饰演的大毒枭，他冒着被公安人员逮捕的危险最后一次给母亲洗脚，并不是他人性的复归或良心发现，而是一种最平常不过的血缘亲情。即十恶不赦的大毒枭与母亲膝下的孝子，并不矛盾。他也是人，还是一个受过高等教育的文化人，深谙中国的传统孝道。于是，他的此举无可厚非，反而从人之常情的角度达到了艺术的感染力，让人觉得真实可信。当然，他究竟如何走上这条不归路，何以肆无忌惮地制造和贩卖毒品，致使千千万万个家庭妻离子散、家破人亡，造成成千上万个母亲痛失儿女，何以他在面对自己所犯下的深重罪孽时却没有一点点仁慈之心，这才是电视剧编导最终要挖掘的人性根源。

3. 时空布局

如果说题材、主题、人物、情境等构成了电视剧创作的内部结构，那么对这些要素的处理、安排和组织便是剧作的外部结构。金代王若虚曾言："或问文章有体乎？曰：无。又问无体乎？曰：有。然则果如何？曰：定体则无，大体须有。"即一切行文都没有不变的"定法",但又要有大体的"常规"。电视剧也是如此,在结构上虽然要"与世浮沉"乃至"随风俯仰"地有所创新,却不等于可以"随心所欲"地胡编乱造。

(1)注重开端和结尾的处理。

由于电视剧观众具有十分自由的选择性及边选边看的"散漫"收视环境,因此如果开场一段时间还没有交代事件性质,没有提出主要矛盾,没有出现引人入胜的悬念,观众可能就换频道了。恰如近人陶明浚所言:"若起不得法,则杂乱浮泛。一篇之中既不得机势,虽善于承接亦难生色。"(《诗说杂记》)这就需要电视剧在开场后便很快出现全剧的冲突点,随之把背景和人物交代清楚。即在开端最好找到一个事件把几个主要人物的命运拴在一起,并很自然地引出后面的情节。

尤其是长篇电视连续剧在第一集中大多数的主要人物都应该出场,矛盾冲突初步形成,故事线索也初见端倪。例如,电视连续剧《贫嘴张大民的幸福生活》的开头就是通过张大民要带女朋友回家,接着他给李大妈家刷墙正好碰上李云芳带男朋友回家,就是这两段戏让剧中的主要人物都出场了,人物关系也交代清楚了,矛盾冲突也形成了基本的构架。用李渔的话说便是"开卷之初,当以奇句夺目,使之一见而惊,不敢舍去",只要开首"破竹之势已成,不忧此后不成完璧"。

当然,也要重视电视剧的结尾,避免一些常见的毛病:该收不收,情节拖拉,致使情境散失或高潮败落;或草草收场,虎头蛇尾,致使剧情窘迫而索然无味;或冗长议论,画蛇添足等。即电视剧的结尾必须自然合理,不可有人为拼凑、主观归拢的痕迹,要做到"瓜熟蒂落"、"水到渠成。"

(2)戏份的疏密处理。

戏份的疏密处理即要做到"立主脑,剪头绪,密针线"。如电视剧《红楼梦》中的荣国府、宁国府二府并峙,但重点放在荣国府;贾赦、贾政两支,重点在贾政一支;四世同堂,重点放在"玉"字辈;人际关系纷纭复杂,以宝、黛的爱情关系为主线。即便是比较重要的人物,如贾赦、尤氏等,也根据材料选取的需要进行了必要的删减。但电视连续剧《红楼梦》中仍有不少缺陷,如黛玉本是全剧的中心人物,应该给她充分表演的机会,可后面的戏却越来越少。相反,薛蟠的戏却占了不少的篇幅,其行酒令时的信口胡诌,反而活灵活现,这就不免有喧宾夺主之嫌。再如元妃省亲一节,过分铺排豪华、奢侈的场面及过程,而对元妃内心的痛苦却草率带过,表现不够到位。

(3)把握节奏,张弛得当。

常言道:"文武之道,一张一弛。"如电视连续剧《三国演义》中赤壁大战之前，将士们人人屏声敛气，正等待着一场大战的爆发，这时却穿插了一段曹操的横槊赋诗：

> 对酒当歌，人生几何！譬如朝露，去日苦多。
> 慨当以慷，忧思难忘。何以解忧？惟有杜康。
> ……
> 月明星稀，乌鹊南飞。绕树三匝，何枝可依？
> 山不厌高，水不厌深。周公吐哺，天下归心。

这段描写就使得大战前的紧张气氛暂时得到了缓解，同时也为后面更紧张的节奏作了铺垫。换言之，仅就结构而言，电影可以极端点，跳跃大些，采用时空交错式结构，打破现实时空的自然顺序，将不同的场面按照一定的艺术构思进行组合，适合观众在黑暗里独自品味。而电视连续剧往往由于情节较为复杂，人物多，线索也多，就要特别注意结构的均衡性，结构也要相对中庸些，甚至可以适当松散些，要让人即使是从中间看起也能看懂看下去，看完一集还得留些余味让人想看下一集，搔到痒处就差不多了，要适合一家人在家中收看的习惯。

（4）倒叙的手法与伏线的设置。

为了使电视剧波澜起伏，突出中心，电视编剧往往打乱时间的先后顺序，而把事件的结果或后来发生的富有决定意义的片断提到前面，然后再叙写事件的来龙去脉。如电视连续剧《士兵突击》就是在开篇时以倒叙的形式展开的，不仅引发了悬念，还把观众牢牢地吸引在了电视机面前。

至于伏线，常常通过声音和画面在开始时作出某种暗示，且随着剧情的发展和变化，这些暗示也跟着变化，最后在剧终时揭晓。当然，伏线必须藏而不露，要设计得十分巧妙，这样才能在结尾处骤然揭开时产生意想不到的艺术效果。如电视连续剧《红楼梦》当中王夫人由于看不惯丫鬟晴雯"那张狂的样子"，把她痛骂了一顿，还作比"眉眼又有些像你林妹妹似的"，即于有意无意间流露出王夫人内心里并不喜欢黛玉。凤姐等人听了，自然心中有数，才会有后来宝黛的爱情悲剧。

（七）语言表达

影视剧本中的文字语言，主要分为两种：一种是叙述性语言；一种是有声语言。

1. 叙述性语言

叙述性语言包括人物造型描写、动作造型描写及景物描写等。有些剧作者还将对导演、演员的提示以及技巧方面的要求（如摄影机摄像机的视点、视角，镜头的运动以及构图和色彩的运用等），也用叙述性语言表述出来。而对叙述性语言的最主要要求就是必须具备造型性。

特别是在景物描写上，剧本与小说的写法完全不同。小说可以采用一些象征性的或缺乏具象性的形容词去描写景物。如雨果的诗篇《愤怒的猎手》中写道：

树林中的叶子，随风颤动，

飒飒地响……就好像

一片夜间喧闹的鬼哭狼嚎声

充斥着整个森林。

这种诗句可以引起读者的丰富想象力，也能达到预想的艺术效果，但这种写法在影视剧中是不合适的。即影视剧中的景物描写不允许脱离对景物的具体可见的形象描绘，情感的意图依赖于对具体景物的切实描绘。

2. 有声语言

有声语言包括人物对白、独白和旁白。

（1）对白。

对白在影视剧中是作为声画结合体的一个有机组成部分出现的。由于电影比较强调视觉性，声音往往处于从属的地位；电视剧因屏幕小，视觉效果相对要差些，声音的作用显然要比电影大，电视剧的对话通常要比电影多。电影常常以景入戏，擅长景物和场面的描写；电视剧则比较注重人物性格的刻画和心理活动的描写。电影的蒙太奇节奏通常要比电视剧快；电视剧常常以平缓的节奏来展开剧情。电视剧是一集一集播放的，要求每集都有看点，要吸引人，从而保持收视率；电影则可以长时间渲染气氛，埋下伏笔，然后再同时揭示出来，因而有更大的视觉冲击力。于是，现在的某些电视剧本只要求戏剧性强，剧本中根本不用考虑什么画面语言，甚至完全按话剧来写都可以，只要戏剧性强，有戏剧冲突，有好看的情节。可是，越是这样要求，弱智的剧本就越多。也许这样的要求是出于实际情况的需要，因为现在一台电视机随便就可以收到几十个台，观众看电视时最大的活动是用手指头换台，所以才有"对话第一"这样的说法。

任何一部影视剧作都要通过人物的对话去作一些交代和说明。如人物的身份、职业以及故事发生的时间、地点和规定情境等。例如，电影《魂断蓝桥》的开端部分就有这样一段对白：

> 罗依：你是个学生吧？
> 玛拉：（笑）啊。
> 罗依：这话可笑吗？
> 在他们身后的墙上贴着的广告：国际芭蕾舞剧团招生。
> 玛拉（望着墙上广告）：正巧，我们学校——笛尔娃夫人的国际芭蕾舞剧团。
> 罗依：国际芭蕾舞剧团？那么说你是舞蹈演员喽？
> 玛拉：是的。

这段对白也可以说是故意说给观众听的，观众通过这一问一答了解到了罗依与玛拉二人的简单情况。

不仅如此，对白还能起到塑造人物性格，推动情节发展的作用。仍以电影《魂断蓝桥》为例：

> 玛拉：太遗憾了，可恶的战争！
> 罗依：是的，我也是这么想。这战争，怎么说呢？它也有它的精彩之处——能随时随地叫人得到意外，就像我们现在这样儿。
> 玛拉：和平时期，我们也会这样的。
> 罗依：你真是个现实主义者。
> 玛拉：是的，你好像很浪漫。

正是这段对白交代了两人截然不同的性格，为戏剧冲突的展开奠定了基础。浪漫的罗依全然不顾他们之间的等级差距，将玛拉引进贵族社会，偏偏务实的玛拉重视等级观念，于是剧情一步步展开，导致最终悲剧的发生。

再有，通过对白还能把人物隐藏的内心活动和想法显现出来。如日本影片《远山的呼唤》中的一段对白：

> 耕作：我小时候就是哥哥带大的。
> 民子：我常想，武志要有一个兄弟就好了。他年纪小，到底是个男孩，有些事情跟做母亲的是没法深谈的。
> 民子：对了，武志他一直想问问你，你能在这儿待多久？

耕作：你说待多久就多久，对我来说都一样。

民子：武志听了一定很高兴。

这里，明明是民子怕耕作离去，不好自己直接问，就借儿子武志之口传达了自己的心态。从中，我们既清楚了民子的"潜台词"，也很欣赏民子的聪明和说话技巧。

此外，有意制造的两种思维不平衡和错位可以产生喜剧效果。如纪录片《幼儿园》中的一段对话：

问：如果给你的钱，你收到以后是交给你的领导，还是自己拿回家呢？

答：交给领导，也分一点，都分一点。

问：如果不分，自己拿回家行不行？

答：不分，那不行，如果我的领导没钱怎么办。

……

问：你长大了，是做爸爸还是做妈妈？

答：做爸爸。

问：你可不可以做妈妈呢？

答：那到时候再看吧，要看情况。

问：看什么情况呢？

答：要看我们的头发情况，还要看我们的身体情况。

问：如果你的头发长长了以后呢？

答：那还要看身体的情况。

问：身体的什么情况呢？

答：身体的大部分情况。

小孩由于受到社会环境中的消极思想的影响，从大人的思维角度看问题，而大人又故意从小孩的角度提问题，两种变异的思维相互对接，便产生了幽默的喜剧效果。

（2）独白。

独白是指角色在规定情景下产生的内心活动，并用语言的方式表述出来。因此它并不起到与他人交流的作用，而成为人物自己心灵的对话。如法国影片《广岛之恋》中女主人公在向日本建筑师倾诉了初恋的故事之后，她回到自己的房间里有一段内心独白：

你还没有完全死，

我把我们的故事告诉别人了。

我今天晚上在这个陌生人面前对你是不忠实的。

我把我们的故事告诉他了。

你看，这是一个可以告诉别人的故事吗？

十四年了，我没有再尝到……不能实现的爱情的味道。

自从内韦尔以后。

看我怎样正在忘掉你。

看我怎样已经忘掉了你。

看着我呀。

这段独白，既表现了女主人公此时此刻的心境，也揭示出她的性格和思想感情，即她要忘记痛苦的过去。

（3）旁白。

旁白在影视剧中往往以画外音的形式出现，带有很强的主观色彩。或以剧作者的身份出现，对剧情进行叙述或评述，即"第三人称式"和"客观式"；或以剧中人物的身份，即"第一人称式"和"主观式"。

前者即客观式，以《祝福》的开场白为例：

对于今天的青年人来说，这已经是很早很早以前的事了，大约四十年前，辛亥革命前后，在浙东的一个偏僻的山村里……

这段旁白的作用是介绍影片发生的时间、地点和社会背景，介绍的基调是客观、平静的。

后者即主观式，以《天云山传奇》的开场白为例，即宋薇的旁白：

我要讲的故事，就是从 1978 年冬天开始的。我到组织部工作还不到半年，可是等待处理的错案、冤案已有无数起。每到这种时刻，我总是非常激动，恨不得一下子就把这些问题全部解决掉。粉碎"四人帮"已经两年了，我们国家正在发生巨大的变化。然而，在我们这里，却依旧冷冷清清，停滞不前……

显然，此处的介绍已经带有浓重的主观感情色彩。

总而言之，文字语言在影视剧本中的作用不可忽视。电影比起电视来，矛盾更为集中；剧中人物关系简单，清楚；人物更加典型。即电影讲究的是压缩，电视讲究的是铺张。电影一般特别注重镜头，对意境的要求比较高；电影一般单线索发展，电视可以多线索平行发展。

（八）戏剧冲突的布局原则

美国最流行的"编剧手册"式的教材是悉德·菲尔德的《电影剧本写作基础》，主要讲述的便是如何运用"冲突律"来对一个故事进行布局。而布局的原则可以大体概括为以下几点：

（1）全剧必须围绕着一个贯穿的冲突展开情节。电视剧既然被称为"剧"，它就必然要具有戏剧性。由于家庭欣赏环境的随意性，而且广告不断地把一部完整的作品给锯成许多部分，加上观众自己手里的遥控器的剪辑作用，电视剧没有戏就无法吸引观众来欣赏。曾经一度有人认为，电视剧由于是在电视媒介上播出的，观众在自家的现实环境中观看，而它的播出又是夹杂在众多的新闻、体育、访谈等纪实性的节目中，观众已经形成的对共时性、现场感的期待心理，使他们往往把电视剧也当成真实发生的事情，即电视剧应走纪实化道路。

其实不然。例如，电视连续剧《神医喜来乐》的主要戏剧冲突是以喜来乐为核心的正义力量与以太医王天和为首的邪恶势力的两大阵营的主线冲突。在敌我双方之间，交织着多种人物之间的多种类型、不同程度、不同形式的矛盾冲突。既有核心人物之间的斗争，又有核心人物与对方从属人物之间的斗争，也有双方从属人物之间的对抗，还有一人与群体、群体与群体、人与环境之间的冲突等。

（2）冲突结构分为"开端"、"中段"、"结尾"三段。"开端"用来建立冲突，即让冲突的双方第一次交火；"中段"用来展开冲突，让冲突的双方进行多个回合的较量，这些较量要一次比一次激烈，直到推向最后的高潮，在高潮部分展开全剧的最后一次决定鹿死谁手、谁胜谁负的总较量；"结尾"的段落用来向观众交代冲突的结局，即人物最终的命运是什么样的。

（3）冲突展开要早，开门见山；冲突发展要绕，出人意料；冲突高潮要饱和，扣人心弦；结束冲突要巧。根据电视剧的艺术本体特征和电视剧观众的接受心理，导演王扶林总结得好，他说在安排电视剧的情节冲突时，要做到每集都有小"霹雳"、每三四集要出现一个大"霹雳"。一集电视剧的时长按照规定是50分钟，掐头去尾只有45分钟左右，根据观众的接受心理，希望能在每15分钟就出现一个小高潮，这样一集需要两三个高潮，25集电视剧就需要五六十个，大高潮也需要十多个。在进行电视剧具体创作的时候，这虽不是铁打的定律，但如果要把一部中篇小说改编成电视剧，不增加剧本的冲突容量是不可能的。

（4）每一次冲突较量就是一个情节段落（在剧本中就称作"一场戏"），而每一个段落的内部又有着各自的启、承、转、合。即多条情节线索除了能增加戏剧冲突外，还能形成一种对照效果。在电视连续剧《中国式离婚》中，父辈的婚姻体现了宽容和谅解，母亲明明知道丈夫的背叛，但不仅原谅了他，还替他抚养着他们的孩子林小凤；林小凤对于丈夫莫须有的背叛耿耿于怀，以至于互相折磨，婚姻破灭；年轻人娟子因为丈夫的不忠毅然离开了家。这三条线索形成了一个关于宽容或关于爱的对照，在对照中，我们发现了时代的变化对人的价值观念的影响，也看到了不同的观念做法导致了不同的结果。在对照中，观念的冲突更加凸显，观众也可以在对照中作出是与非的判断。

综上所述，戏剧冲突对于电视剧创作来说是非常重要的，其表现形态和布局往往取决于剧情的发展、整体节奏以及电视剧类型的需要。写实型电视剧往往采用渐变的方式，而警匪剧则多采用激变的方式。

三、电视剧改编的条件

所谓改编，是指剧作家按照影视艺术的根本特性，从影视文学的规律和原则出发对现存的艺术文本，尤其是小说、戏剧、散文等语言艺术进行艺术重构与再创造，从而形成影视剧作的创作过程。影视改编已构成影视创作中极为重要的组成部分。据统计，世界各国每年生产的影片，50%以上来自改编。

任何艺术创造过程的发生，都是在特定的主客体关系中进行的。电视剧改编的主体就是作为创作者的剧作家或改编者，客体就是主体所面对的小说、戏剧等其他艺术体裁和种类的艺术文本。

（一）文本条件

（1）画面造型的直观性。即尽量避免心理派小说、感觉派小说、意识流小说以及抒情性的诗歌、散文等。

（2）情节的曲折性。

（3）人物的鲜明独特性。

（4）题材的大众商业性。即对受众市场有一个确凿的分析，能够预测哪类题材投拍后具有市场吸引力。

（二）创作主体的条件

（1）熟悉电视剧的特点和生产过程。

（2）深厚的生活底蕴和各类知识储备。

（3）全面的艺术素养和敏锐的审美判断力。

（4）积极的人生观。

四、电视剧改编的原则

1. 创造性原则

所谓改编，就是将一种艺术形式转化为另一种艺术形式，但又"绝不是一种简单的移植、翻译或用镜头去图解原著，而是在忠实和深刻理解原著基础上进行的一种从内容到形式的再创造过程"①。即改编者需要根据原作所提供的生活、故事、思想，按照影视艺术的特殊要求和表达方式，重新整理、构思，重新创作，且允许改编者从不同的立场与角度加以阐释。它是一种创造性的艺术劳动。用苏联剧作家瓦西里耶夫的话说："要知道，导演毕竟不是把一部作品本身搬上银幕，而是把他自己对这部作品的理解搬上银幕，即使是一种不自觉的理解也罢。"

当然，每一种艺术形式都有自己独特的表现手法和规律，并非简单地将思想套到另一种形式之中。陀思妥耶夫斯基曾经说过："我甚至相信，对于各种不同的艺术形式来说，都存在着与它们相适应的富有诗意的思想的因素。所以，一种思想任何时候都不可能在另一种与它不相应的形式中表现出来。当然，如果您能把小说改写或再创作为戏剧作品，仅只保留它的某一段插曲，或仅只采用原著的思想，却全然变更它的情节，那就是另一回事了。"②

换言之，改编是两种艺术形式的转换，而不是依葫芦画瓢。正如美国电影剧作理论家悉德·菲尔德所说："把一本书改编成电影剧本，意味着把这一个（书）改变为另一个（电影剧本），而不是把这一个附加在另一个之上。它不是拍成电影的小说，或者拍成电影的舞台剧。它们是两种截然不同的形式。一个是苹果，另一个是橘子。"即改编是对原著及其所描绘的生活的再次发现。如电视剧《家·春·秋》的改编，就改动了小说的结尾，没有让觉新和翠环团圆，而是令他服毒自杀。因为全剧是以觉新的命运为贯穿线索：《家》写他与梅、瑞珏的感情纠葛；《春》写他与惠的同病相怜；《秋》中则有意安排他自杀身亡，目的是意欲表明——旧制度不仅迫害了妇女、丫鬟，连最有地位的长子长孙也被迫害以致失去青春、爱情和理想，最终不得不走上绝路。这样，就在某种程度上强化了原著的主题，是成功的再创作。

2. 典型化原则

即根据新的艺术形式的需要，根据改编者对原著的独特理解来重新进行典

---

①　刘树林. 电视文学概论. 长春：东北师范大学出版社，1985. 165.

②　陀思妥耶夫斯基选集·书信选（第3卷）. 冯增义，徐振亚译. 北京：人民文学出版社，1998.

型塑造，并通过典型化的方法塑造出全新的屏幕形象。即在尊重原著的基础上，可以进行必要的加工和取舍。如电视剧《诸葛亮》就是一部成功的改编剧，其最主要的成就是把诸葛亮还原为一个真实的历史人物——知识渊博、足智多谋的政治家和军事家。而原著由于时代、作者思想观念的局限，把孔明神化到"多智而近妖"的地步，且不乏一些迷信的色彩。如对周瑜的死，原著这样写道：却说孔明在荆州，夜观天文，见将星坠地，乃笑曰："周瑜死矣!"在电视剧中改为由情报得知；再如"草船借箭"，原著写他算定三天之内必有大雾，电视剧则明确交代他通晓天文地理，从而抹去了神秘色彩，宣扬了智慧与科学。

3. 电视化原则

该原则强调"从纪录传播型向电子创造型转化（手段电视化）；从单一语言型向多元语言型转化（语言电视化）；从时空束缚型向时空自由型转化（时空电视化）；从线性思维向场性思维的转化（思维电视化）"①。注重快节奏和大信息量；摄像机逼真模拟和再现外部世界；家庭型的特殊传播渠道等，即是指用电视艺术的特点来审视原著，用电视的手段来处理原著，使之成为符合电视艺术规律的崭新形式。用普多夫金的话说："编剧必须经常记住这一事实：即他所写的每一句话将来都要以某种形式出现在银幕上。因此，他所写的字句并不重要，重要的是他的这些描写必须能在外形上表现出来，成为造型的形象。"②

第一，由于电视是以小屏幕为传播媒介，改编者应从"小"出发，扬长避短，化短为长，使矛盾更集中。尤其要充分发挥中近景和特写的优势，深入发掘人物的内心世界。同时，还可以利用电视艺术容量和篇幅自由灵活的特点——既可以截取又可以连续的充分自由，把长篇小说、多幕剧等录制成多集的电视连续剧或系列片。

第二，必须将文字的东西视觉化，将静止的东西运动化，将抽象的东西造型化。即将易于转化的语言文字转化为生动可感的视觉形象；舍弃不具备视觉因素、无法转化为可见的屏幕形象的文字，或者借助于旁白来交代。如鲁迅的《故乡》中对其内心悲凉心境的描写"我所记得的故乡全不如此。我的故乡好得多了……"以及第一段"我冒了严寒，回到相隔二千余里，别了二十余年的故乡去"等描写，只好用旁白予以交代。

---

① 钟艺兵. 中国电视艺术发展史. 杭州：浙江人民出版社，1994. 612.

② [苏]普多夫金. 论电影的编剧、导演和演员. 何力译. 北京：中国电影出版社，1980. 32.

再如，根据同名小说改编的电视剧《高山下的花环》，其结尾是韩玉秀扶老携幼告别连队的战士们，沿着通往家乡的崎岖小路走去。这时，随着赵蒙生的心声，在激昂的音乐声中接连闪回以下几个画面：

赵蒙生初到九连时，梁三喜和战士们热烈地欢迎。

雷军长勃然大怒，痛斥"贵夫人"。

靳开来冒险砍伐甘蔗，献出了宝贵的生命。

战士"北京"因为两发臭弹未响，被敌击中。

梁三喜为掩护战友血洒疆场。

这些连续闪回的镜头，就足以说明电视剧把人物的心理活动完全视觉化了。即屏幕上映现的一系列画面，正是赵蒙生由梁家老少三代远去的身影所激起的思潮奔涌，也给观众留下了无穷的思索和回味。

第三，充分发挥电视时空自由转换的优势，可以把发生在不同时间、不同地点的事件自由地组接在一起，特别是平行蒙太奇手法的运用可以使小说中"花开两朵，各表一枝"的事件在同一时间内交叉出现，从而突出某一事件，强化某种情绪。狄德罗曾说过："我们只能表现一个场面，然而在现实中，各个场面几乎总是同时发生的。假如能够把它们同时表现出来，使之相互加强，那么就会给我们以动人心魄的印象。"

五、电视剧改编的方法

1. 移植法

移植法是基本上把原著直接再现于电视屏幕的一种方法。原著的主题思想、基本情节、主要人物都没有较大的改动。例如，当年根据同名小说改编的电视连续剧《夜幕下的哈尔滨》，完全是把原著的基本情节、人物和事件搬上荧屏的。其间由说书人承前启后，既构成了情节推进的纽带，也将小说中大量的抽象议论借说书人之口表现出来。

2. 截取法

这种改编方法主要是针对长篇小说而言的。由于长篇小说在人物、情节等方面具有相对集中而完整的若干场面与片断，改编者可以选择其中性格鲜明、事件集中而又富有戏剧表现力的部分进行改编。即可以以其中的一个或几个人物性格的发展为线索分段截取。如根据我国古典文学名著《水浒传》改编的电视剧，就有《武松》、《鲁智深》、《林冲》、《顾大嫂》、《宋江》等；也有根据

《红楼梦》改编的《红楼二尤》等。即截取法特别需要大胆地增删情节，突出人物个性，以便使其真正成为某个人物的性格发展史。

3. 增补法

它通常适用于情节比较单纯、生活信息含量较小的短篇小说、独幕剧的改编。改编者常常抓住一个主要人物或事件生发开去，且增补了大量的事件或细节。即为了突出人物性格，加强某种氛围，或为某一人物的行为打好铺垫，往往在对原著独特理解的基础上增补某些情节和人物。如电视剧《武松》，在描写他到"快活林"之前，就增加了一段蒋门神仗势欺人的戏。即让武松亲眼看到了蒋门神强抢民女的飞扬跋扈，而当一位路见不平的游侠拔刀相助时又被蒋门神毒打致伤。这样，就为武松后来醉打蒋门神作了很好的铺垫。

再如，夏衍在改编《祝福》时，由于对祥林嫂"反抗性格"的深刻理解，在影片中就增加了一段祥林嫂"砍门槛"的情节。即从表面上看，她是安分的、懦弱的、相信鬼神的，但事实上她是一个有反抗性格的人物。特别是她与贺老六结婚的场面，她曾头撞香案，以死相拼。因此，后来她"砍门槛"的细节是她在痛苦、失望之极而必然爆发的一种感情上的激动。换言之，因她在捐了"门槛"之后仍然受到歧视，她便对神灵的存在产生了怀疑——"砍掉门槛，又能把我怎样？"这是在沉重打击下自然而然形成的怀疑心理，是一种变形的反抗，乃至到结尾发出"灵魂有无"的问号，这些都是人物心理合乎逻辑的发展。

4. 删减法

这种改编方法也多用于长篇小说。由于长篇小说规模庞大、人物众多、情节结构都很复杂，不可能在电视剧中都毫无遗漏地表现出来。即便是在一部长篇的电视连续剧中，原著的好多细枝末节也必将被大量删减。尤其是其中某些消极的、迷信的东西，改编者会有意地进行删除。但是，在删减过程中还要慎重，"要兼顾到艺术作品的整体性。删削往往是为了丰富和强化主要的东西，拓展作品的概括力和表现力"①。

例如电视剧《武松》，就将原著中的"一进十字坡"的故事删掉了。改编者的理由是：武松被押解到十字坡，与孙二娘的一场厮打完全是误会，没有什么教育意义；再有是孙二娘、张青在十字坡开黑店，劫杀过路行商，卖人肉包子，有损梁山好汉的英雄形象与尊严。其实，改编者的这种考虑完全是多虑了。因为梁山好汉的一百零八将本来就不是纯而又纯的，其中不少人难免带有种种

---

① 刘树林. 电视文学概论. 长春：东北师范大学出版社，1985. 176.

消极意识和不轨行为，且孙二娘的这个黑店毕竟是好汉们造反的一个地下联络点，所以，我们应该遵循现实主义的艺术原则，把当时社会中各色人等的生活如实地展示给观众，还其历史的本来面目。

5. 改动法

即是指在基本不增不减的情况下，把一个人物换成另一个人物，把一个事件换成另一个事件。例如，在原著《水浒传》中描写武松，为了突出其武艺高强、勇猛过人，蒋门神的两个徒弟，被武松一脚踢一个下水，再一脚又踢一个下水。而在电视剧《武松》中，则换成两名高手，武艺比较高强，这就更加突出了武松的武艺超群。

当然，其中也有改动不妥之处。如武松杀嫂，一方面是出于维护封建道德，另一方面主要是因为潘金莲害死了他的哥哥。原著对潘金莲的人物处理，更是从封建道德出发，根本谈不上她是什么罪恶制度的受害者。但在电视剧中，虽然不能说是替潘金莲翻案，却让她诉说了一番自己的委屈，甚至把她同西门庆的通奸也说成是受西门庆、王婆的欺骗而上当的。这就违反了这个人物的性格逻辑。因为像她这样颇有姿色的人屈嫁了武大，尽管是个不幸，但在当时来讲，她只能埋怨自己的命不好，不可能想到这是封建社会的制度造成的。与此相应的是，她的偷情卖俏、行为不端，乃至达到奸情暴露、杀人灭口的地步，也属必然。因此，对原著情节的改动，又不能随心所欲，一定要从人物的性格逻辑出发，从原著的主题出发，从当时的社会背景出发，即改编者的心目中要时刻兼顾到艺术作品的整体性。

六、作品分析

以84集电视连续剧《三国演义》为例，谈谈其改编的成功之处和不足之处。

该剧拍摄用时四年多，动用40万人次，于1994年播映。它之所以能引起如此巨大的反响，除了在于它真实地再现了当时那段历史之外，还在于它采取了某些艺术再创作的表现手法，以浩大的场面和规模、众多的人物，将巨著完整地呈现出来。

1. 在整体上忠实于原著，充分体现原著的精神风貌

比如，"官渡之战"那两集，从袁绍兴兵、曹操迎战、袁军构筑土山高橹、曹军造霹雳车以破之，到许攸问粮、夜袭乌巢、张郃高览降曹、袁绍溃败等，比较真实地再现了整个战争的过程。而在袁曹两军行军布阵、杀伐攻取时，又着眼于人物的刻画。如写袁绍貌宽而内忌、好谋而无断、不知兵要、不体恤将士、任人多疑、短于从善，导致内部不和、人心涣散。而曹操多谋善断、从善

如流，如跣足相迎投奔的许攸；当机立断亲率五千精兵夜袭乌巢；下令烧毁曹营里的人暗中写给袁绍的密信等。

2. 不只是对原著的单纯再现，而是进行一种艺术的再创造，即进行了浓缩、拓展、组接等创造性的加工

用蒋子龙的话说："如果非要谈忠实，改编者恐怕首先应该忠实于自己，忠实于自己的创作个性、创作风格，忠实于自己的艺术生命、艺术品格，忠实于作为进行创造性劳动的尊严。"即越是吃透了原作，就越敢于放开手脚，并往往使原作的主题、风格更深刻、更新颖。

（1）去除枝蔓，剪去可有可无的人物和情节，使故事更加集中。如曹操的"横槊赋诗"中，删去扬州刺史刘馥，代之以乐师师勖；在"卧龙吊孝"中写庞统投奔刘备，只保留了孔明推荐庞统的情节，而减去了鲁肃推荐庞统的情节。

（2）改造原有的情节和细节。如"官渡之战"中，小说写淳于琼失乌巢后，被曹操割去耳、鼻、手、足放回袁营，在电视剧中改为面部刺字，避免了血淋淋的可怖场景。

（3）剔除糟粕。删除原著中一些宣扬天命、迷信的描写，如赵子龙单骑救主中，"赵云连人和马，颠入土坑。张郃挺枪来刺，忽然一道红光，从土坑中滚起，那匹马跳出坑外"；"绝路问津"中孔明救治哑泉中毒的将士得到山神的指点等。

3. 将原著的叙事视角、结构等加以转化、变换，充分发挥视听艺术的综合性优势，如画面、光线、色彩、声音、镜头的运用和蒙太奇的组接等，增强了屏幕效果，较之原著更富有形象感、视觉感、空间感，逼真生动

例如，"卧龙吊孝"一集，原著的描写很简单：

却说孔明在荆州，夜观天文，见将星坠地，乃笑曰："周瑜死矣！"孔明径至柴桑，鲁肃以礼迎接。周瑜部将皆欲杀孔明，因见赵云带剑相随，不敢下手。孔明跪于地下，亲自奠酒，读祭文曰："呜呼公瑾，不幸天亡！修短故天，人岂不伤？……想君当年，雄姿英发；哭君早逝，俯地流血。忠义之心，英灵之气；命终三纪，名垂百世。哀君情切，愁肠千结；惟为肝胆，悲无断绝。……呜呼公瑾！生死永别！……魂若有灵，以鉴我心：从此天下，更无知音！"孔明祭毕，伏地大哭，泪如涌泉，哀恸不已。众将相谓曰："人尽道公瑾与孔明不睦，今观其祭奠之情，人皆虚言也。"鲁肃见孔明如此悲切，自思曰："孔明自是多情，乃公瑾量窄，自取死耳！"

而在电视剧中，却铺张扬厉，大加渲染，特别是孔明撕心裂肺的哭喊："公瑾慢走！亮来见你了！"真可谓字字血、声声泪，"从此天下，知音何方"？孔

明头撞灵柩，悲痛欲绝，以至于手持利剑拟杀孔明的程普、甘宁也都被一一感化，加之祭文改写得雅俗共赏以及体现特定时代特征的丧礼场面布置、招魂习俗及道具等，都充分显示了巨大的冲击力、感染力。

4. 视觉形象既阔大又精细

大至官渡、赤壁大战千军万马的战场厮杀，小到一个人物的眼角留情，都展示得淋漓尽致。如黄盖施"苦肉计"一节，有一个镜头对准了周瑜：眼神含有不忍之情，持剑的手在微微颤抖。一手一眼，一招一式，将周瑜"痛之于心"的隐秘揭示无遗。

5. 运用反衬手法来渲染场面

如曹操败走时，在乌林、葫芦口、华容道曾有三次大笑，但笑声未止，此三处便依次杀出了赵云、张飞和关羽。原著是这样描写的——

及至乌林，曹操见树木丛杂，山川险峻，乃于马上仰面大笑不止。操曰："吾不笑别人，单笑周瑜无谋，诸葛亮少智。若是吾用兵之时，预先在这里伏下一军，如之奈何？"说犹未了，两边鼓声震响，一彪军杀出，大叫："我赵子龙奉军师将令，在此等候多时了！"

行至葫芦口，军皆饥馁，马亦困乏。操叫前面暂歇。操坐于疏林之下，仰面大笑。操曰："吾笑诸葛亮、周瑜毕竟智谋不足。若是我用兵时，就这个去处，也埋伏一彪军马，以逸待劳。我等纵然脱得性命，也不免重伤矣！彼见不到此，我是以笑之。"正说间，前军后军一齐发喊。山口一军摆开，为首乃燕人张翼德，横矛立马，大叫："操贼走哪里去！"

正行间，军士禀曰："前面有两条路，请问丞相从哪条路去？"操令人上山观望，回报："小路山边有数处烟起；大路并无动静。"操叫前军便走华容道小路。操曰："岂不闻兵书有云'虚则实之，实则虚之'。诸葛亮多谋，故使人于山僻烧烟，使我军不敢从这条山路走，他却伏兵于大路等着。吾料已定，偏不叫中他计！"又行不到数里，操在马上扬鞭大笑。操曰："人皆言周瑜、诸葛亮足智多谋，以吾观之，到底是无能之辈。若使此处伏一旅之师，吾等皆束手受缚矣。"言未毕，一声炮响，两边五百校刀手摆开，为首大将关云长，提青龙刀，跨赤兔马，截住去路。

后人有诗曰：

曹瞒兵败走华容，正与关公狭路逢。

只为当初恩义重，放开金锁走蛟龙。

孔明曰："亮夜观乾象，操贼未合身亡。留这人情，叫云长做了，亦是美事。"

这段描写从表面上看，是写诸葛亮、周瑜足智多谋，言外之意也是说曹操同样是深有计谋的军事家。

再如，"空城计"一节，司马懿15万大军兵临城下，诸葛亮城中只有2 500名老弱残兵，死守、弃城都已来不及。于是，诸葛亮索性大开城门。司马懿初闻报"笑而不信"，直至亲见"大疑"，终于"令军后退"。当然，若换了别人，或许这出戏就唱不成。正因为他们都足智多谋，都懂兵法，才有这经典的细节描写。

6. 注重人物的心理刻画

如许攸问粮一节：

时操方解衣歇息，闻说许攸私奔到寨，大喜，不及穿履，跣足出迎。攸曰："公今军粮尚有几何？"操曰："可支一年。"攸笑："恐未必。"操曰："有半年耳。"攸拂袖而起，趋步出帐曰："吾以诚相投，而公见欺如是，岂吾所望哉！"操挽留曰："子远勿嗔，尚容实诉。军中粮实可支三月耳。"攸笑曰："世人皆言孟德奸雄，今果然也。"操亦笑曰："岂不闻'兵不厌诈'！"遂附耳低言曰："军中只有此月之粮。"攸大声曰："休瞒我！粮已尽矣！"操愕然曰："何以知之？"

通过这段对话，就把曹操诡诈、多疑的复杂心理和许攸急于邀功的内心隐秘，都暴露无遗。

再如，曹操败走华容道时，关羽路上拦截。曹操在马上欠身曰："将军别来无恙！"操曰："曹操兵败势危，到此无路，望将军以昔日之情为重。"云长是个义重如山之人，想起当日曹操许多恩义与后来五关斩将之事，如何不动心？也就是说，当曹操低声下气地求他放行时，他已经动心，眼睑下垂，不自觉地把青龙偃月刀的刀尖指向下方。再加上张辽连呼几声"云长、云长兄"，他更动了故旧之情，终于勒转马头，喝令"散开"，放走了曹操。即他知恩图报的义气最终战胜了军令状。用鲁迅的话说："写关云长斩华雄一节，真是有声有色；写华容道上放曹操一节，则义勇之气可掬，如见其人。"因此，电视剧对关羽心理及情绪变化的刻画，极富层次感和说服力。

7. 人物形象的塑造

虽然对于原著中的主要人物，鲁迅先生曾有言："欲显刘备之长厚而似伪，状诸葛之多智而近妖。"但在电视剧中，由于演员的出色表演，使得每个人物都个性鲜明，各有特色。如董卓的飞扬跋扈，吕布的见利忘义，关羽的忠义，张飞的耿直鲁莽，诸葛亮的足智多谋、鞠躬尽瘁等。这里，仅以曹操为例。原著中他是"托名汉相，实为汉贼"的奸雄形象。但在电视剧中表现他奸诈、残暴的同时，更多的还是突出了他的雄才大略和爱惜贤才。

（1）对待关羽。当关羽死守下邳，身陷绝地时，曹操接受了关羽的屯土山约三事，并厚待关羽。三天一小宴，五天一大宴，上马金，下马银，后关羽不为所动，得知刘备去向后，终于弃曹而去。众将皆要追而杀之，曹操阻止。虽无可奈何，但仍显出他的爱将、惜才、韬略和大度，这也为他日后兵败赤壁，关羽在华容道义释曹操埋下了伏笔。

（2）对待陈琳。陈琳曾为袁绍写讨操檄文："盖闻明主图危以制变，忠臣虑难以立权。是以有非常之人，然后有非常之事；有非常之事，然后立非常之功。夫非常者，固非常人所拟也。……司空曹操：祖父中常侍腾，并作妖孽，饕餮放横，伤化虐民；父嵩，因赃假位，输货权门，窃盗鼎司，倾覆重器。操赘阉遗丑，本无懿德……"后陈琳被俘，曹操问其："汝前为本初作檄，但罪状孤，可也，何乃辱及祖父耶？"陈琳答："箭在弦上，不得不发耳。"曹操不仅没有杀他，而是任其作从事，令其跟随左右。

（3）对待张辽。当吕布下邳兵败后，张辽被擒不屈，当面辱骂曹操说："当初濮阳一战，只可惜火不大，若火大，烧死你这国贼！"曹操立刻大怒曰："败将安敢辱吾！"拔剑在手，亲自来杀张辽。刘备、关羽为其求情，曹操掷剑，大笑说："我亦知文远为忠义之士，故戏之耳！"

当然，他的所作所为都是本着维护自己的利益，反之，违背他意愿的，也没有什么亲情可言。如曹操杀吕伯奢一家时，曾说"宁愿我负天下人，不叫天下人负我"；在兵多粮少时，他令仓官王垕"可将小斛散之，权且救一时之急"。当各寨嗟怨，皆言丞相欺众时，操乃密召王垕入曰："欲借汝头以示众耳。"刀斧手一刀将王垕斩讫，出榜曰："王垕故行小斛，盗窃官粮，谨按军法。"还有他乱杀近侍（所谓"梦中杀人"）等，都反映了其残暴的一面。

再如，他对待陈宫，也曾感念当年陈宫的救命之恩，也曾在陈宫拒不投降时表现出恋恋不舍、不忍杀之。操起身泣而送之，宫并不回顾。操谓从者曰："即送公台老母妻子回许都养老。怠慢者斩。"宫闻言，亦不开口，伸颈就刑。而对待吕布，因吕布有万夫不当之勇，出于爱惜勇将，意欲留之，但刘备的一句："公不见丁原（建阳）、董卓之事乎？"曹操一考虑吕布的反复无常（"三姓家奴"），恐怕也会威胁自身的利益和安全，还是把吕布杀掉了。尤其对待许攸，当许攸被大将许褚杀之，曹操只有一句："我与子远老友常戏言耳，何故杀之，厚葬。"这里并没有多少怜惜之情，毕竟许攸的使命已经完成。特别是曹操的挟天子以令诸侯，许田射猎，敢于与天子并马而行，只争一马头，甚至抢先代天子受群臣祝贺等，都表现了曹操的另一面。再加之演员鲍国安的出色表演，都给电视观众留下了难忘的印象。

至于不足，有人认为描写战争的场面和攻打杀伐的笔墨不多，看后感觉不过瘾。其实，俗话说："老不看《三国》，少不看《水浒传》。"即原著就是着重于智谋运筹，巧施战术，写尽了中华民族的大智大勇、大谋大略。若侧重打斗，实际上有悖原著。

当然，有的地方删减不当。原著中曹操兵败逃窜途中，曾有"三笑一哭"，即他宜哭反笑，宜笑反哭。而电视剧中将"一哭"割弃，有损于曹操性格的完整表现。曹操既脱华容之难，回顾所随军兵，只有二十七骑。已近南郡，曹仁军马引众人入南郡安歇。曹仁置酒与操解闷。众谋士俱在座。操忽仰天大恸。操曰："吾哭郭奉孝耳！若奉孝在，决不使吾有此大失也！"遂捶胸大哭曰："哀哉，奉孝！痛哉，奉孝！惜哉，奉孝！"众谋士皆默然自惭。

再如，张飞大闹长坂桥，原作中从三个侧面来表现：命令少数士兵在桥东树林中，马尾系上树枝，纵马扬起尘头，以为有伏兵，说明他粗中有细。长坂桥上，"燕人张翼德在此！谁敢来决死战"？又喝曰："战又不战，退又不退，却是何故！"喊声未绝，曹操身边夏侯杰惊得肝胆碎裂，倒撞于马下。张飞喝退曹兵，突出了他的雄壮威猛；张飞喝退曹兵后，令将士拆断桥梁，又说明张飞细中有粗。（刘备曰："今拆断了桥，彼料我无军而怯，必来追赶。"）可以说极富情趣，但在电视剧中删去"拆断桥梁"一节，实在是一个缺憾。

再有，个别细节处理不当。如赵子龙单骑救主后，玄德接过阿斗，掷之于地曰："为汝这孺子，几损我一员大将！"赵云忙向地下抱起阿斗，泣拜曰："云虽肝脑涂地，不能报也！"俗话说："刘备摔孩子，收买人心。"但在电视剧中，改为刘备摔阿斗时，被赵云双手接住，不如按原著为宜。（因为刘备身长八尺，两耳垂肩，双手过膝，目能自顾其耳）

综上所述，从整部电视剧来看，还是瑕不掩瑜的。编导使电视观众透过全剧五大部分——群雄逐鹿、赤壁鏖战、三足鼎立、南征北战、三分归一，比较清晰地了解了那段历史。即这部84集电视连续剧《三国演义》是比较成功的改编。

七、电视剧编剧的素养

既然电视文学剧本被公认为是电视剧创作的基础和关键，那么，电视剧编剧的素养也就被摆在了突出的地位。

1. 电视剧编剧要熟悉生活，尤其是要熟悉原著所描写的生活

大凡优秀的艺术家总是在自己熟悉的生活领域中，选取自己感受最深的、

最有价值的生活材料作为创作的题材。俄国作家冈察洛夫就讲过："我只能写我体验过的东西，我思考过和我感觉过的东西，我爱过的东西，我清楚地看见过和知道过的东西，总而言之，我写我自己的生活和与之长在一起的东西。"鲁迅先生在谈到自己创作选材时也说过："在创作上，则因为我不在革命的旋涡中心，而且久不能到各处去考察，所以我大约自然只能暴露旧社会的坏处。"

对此，可能有人会说，写《林则徐》的叶元未曾生活在百年以前；拿破仑入侵俄国时，托尔斯泰还没有出生，为什么《战争与和平》却写得如此逼真？道理很简单，这里有一个直接生活体验和间接经验的问题。鲁迅曾说过："作者写出创作来，对于其中的事情，虽然不必亲历过，最好是亲历过。诘难者问：那么写杀人，最好是自己杀过人，写妓女还得去卖淫么？答曰：不然。我所谓经历，是所遇、所见、所闻，并不一定是所做，但所做自然也可以包含在里面。"[①]

也就是说，描写某些题材尤其是历史题材，作家虽不能去亲身经历，但可以靠占有大量的间接材料来弥补生活之不足。郭沫若写历史剧《屈原》的时候，就根据史料分析了屈原一生三十多年的悲惨身世。在谈到剧中的其他人物时，作者说他把宋玉写成一个没有骨气的文人，"也并不是任何污蔑，是以司马迁的记叙和宋玉本人的作品为依据的；南后郑袖，则多是根据《战国策》的材料"。而某种相应的、相近的生活经验和情感体验，也有助于把握所选取的题材。如托尔斯泰，虽然没有直接参加波罗金诺会战，但他有过俄土战争的生活体验。他还亲临波罗金诺战役的战场，拿着总司令部的地图骑马巡视考察。

而夏衍在改编《林家铺子》时，由于已记不清"一·二八"那天旧历是哪一天，便特意查了"公农历对照"。用他的话说："这个日子不搞清楚，自然情景、气候、人物的服装、室内陈设等等，就不能作出准确的描写。"这就要求改编者对原著中所反映的社会、历史、经济、政治、法律、道德乃至地理环境、风土人情等多方面的知识有着深入的了解，才能正确了解作品中所反映社会生活的真正含义，从而为改编工作提供必要的前提。

2. 电视剧编剧应该熟悉文艺创作的一般规律，不断地提高自己的文艺素养

因为电视文学首先是文学，它同一般的文学创作有着许多的共同之处。它的主要使命也在于刻画人物，创造典型环境中的典型性格，其情节构成、结构形式、表现手段等，也都是在文学创作的一般规律中演化出来的。即便是电视文艺的各种社会功能，也是通过一个个鲜明生动、呼之欲出的艺术形象来实现

---

① 鲁迅. 鲁迅全集（第 6 卷）. 北京：人民文学出版社，1981. 225.

的。基于此，一切文艺爱好者都具有这样的基础条件，只要再进一步学习电视艺术的基本理论，不断丰富电视文学的知识，就能够创作出成功的电视文艺作品。

3. 电视剧编剧必须掌握电视艺术的特殊规律

有些初学电视文学写作的人，往往以小说、戏剧的表现手法来创作，而忽视电视艺术的特殊规律，常常写出不伦不类的败笔之作。虽然电视编剧不必亲自去操作、实践，但倘若能够大致熟悉电视的录制过程，略为懂得导演、表演、美工、摄像乃至剪辑等技术过程，就可能在写作的构思中充分考虑到电视艺术的相关特点，为以后的实际制作过程提供更加切实可用的蓝图。恰如法国电影编剧罗勃—格里叶所言："构思一个电影故事，实际上就是构思这个故事的各种形象，包括与形象有关的各种细节，其中不仅包括人物的动作和环境，同时还包括摄影机的位置和运动以及场景的剪辑。"即剧作者在写作过程中已经考虑到景别和构图的变化。例如，美国影片《金色池塘》的片断：

诺曼在林间穿行。他撞着一根树枝，抬头看看，慌慌张张地后退了几步，站在那里打量着四周。（摇）

然后，他又继续寻找草莓。（俯）

诺曼来到一棵大榆树前，气喘吁吁。

摄影机仰拍树林。画外传来诺曼喘息的声音。

诺曼气喘吁吁地在树林里奔跑。（跟拍）

诺曼从左边入画，跑到右边一根倒下的木头跟前。（画面构图的处理）

也就是说，只有从摄影机的角度进行思考，才是最具体和最准确的，也能够最清楚地表达剧作家的意图。所谓"造型是导演的事"，这是一个极为陈旧的论调，不懂造型思维的编剧是没有前途的。

尽管剧作家是通过文字来创作的，但在设计每个场景、每个画面甚或每句台词的时候，都要有画面感、时空感，必须保证文字所描述的内容能够用画面表现出来。用普多夫金的话说："必须锻炼自己的想象力，必须养成这样一种习惯，使他所想到的任何东西都能像表现在银幕上的那一系列形象那样地浮现在他的脑海。"[①] 即创作影视剧本首要考虑的就是视觉造型性，所写的东西必须是

---

① [苏]普多夫金. 论电影的编剧、导演和演员. 何力译. 北京：中国电影出版社，1980. 32.

看得见的、能够在银幕上表现出来的。如下类似的写法则是大忌："不平凡的道路上走着一个不平凡的人"、"他到处都遭到冷遇和歧视"、"他是一个从小被母亲的溺爱所宠坏的怯懦的人"。因为这样的语句根本没有办法转化成具体的形象，"他们所写的字句并不重要，重要的是他的这些描写必须能在外形上表现出来，成为造型的形象"①。于是，高明的编剧不仅要懂得构成影视语言的各种因素，还要能够充分调动画面语言的视觉造型性。例如，杜拉所写的电影剧本《广岛之恋》其中的一个片断：

影片一开始，两副赤裸的肩膀一点一点地显现出来。（对摄影技巧处理的要求）

我们能看到的只有这两对肩膀拥抱在一起——头部和臀部都在画外。（对画面构图的要求）

上面好像布满了灰尘、雨水或汗水，随便什么都可以。（对画面造型的要求）

两对肩膀肤色不同，一对黝黑，一对白皙。（对色彩的要求）

弗斯科的音乐伴随着这种几乎令人窒息的拥抱。（对音乐的要求）

两个人的手也截然不同。女人的手放在肤色较黑的肩膀上。"放"这个字也许不大恰当，"抓"可能更确切些。（对演员的要求）

虽然还处在文字阶段，但我们似乎已经能看到和听到她所需要的画面与声音。即她是用"画面"写的，以至于导演甚至一字不改地把其搬上银幕。由于她把"反战"和"情欲"结合在一起，影片开端二人做爱的镜头又可以理解为在遭受原子弹灼伤后的临终挣扎。毕竟导演利用表现手段的可能范围都要取决于编剧所提供的形象。反之，如果编剧缺乏对影视语言各种表现元素的综合思维，必然使写出的东西模糊不清，导演也就无所适从。

此外，一个剧本变成电视剧，中间还需要很多环节，剧本要不断地被修改，编剧需要向导演妥协，还要考虑演员的特点。《中国式离婚》中宋建平的角色本是一个公务员，但因为陈道明刚刚饰演了一个公务员，陈道明不想重复，提议能不能换成医生。于是，王海鸰又重新设计了宋建平这一角色。《新结婚时代》中刘若英也对编剧提出很多建议，比如增加钢琴细节和一些体现温馨对话

---

① ［苏］普多夫金. 论电影的编剧、导演和演员. 何力译. 北京：中国电影出版社，1980. 32.

的细节，编剧也作出相应的调整。电视剧是一个集体的艺术，编剧只是提供了一个蓝本，要把它变为现实，还需要很多人的打磨。

【思考题】

1. 试论电视连续剧与电视系列剧的主要差别。

2. 策划一部情景喜剧，只需写出大体的框架纲要即可。（平时作业之一）

需要考虑到：情节、环境、人物、音乐，还包含演员的选择、大致成本、广告策略和其他制作方面需要的提示。同时，伴有节目的脚本（略）、片花或预告片。

3. 电视剧应该如何进行题材的选择？

4. 电视剧应该如何来组织情节？

5. 电视剧应该如何进行人物性格的刻画？

6. 电视剧确立主题需要把握哪些主要方面？

7. 简述电视剧情境设置的主要原则。

8. 电视剧剧情片断速写：假如一家人（爸爸、妈妈、女儿、儿子）正在吃晚饭，儿子突然提出明天启程去美国，且已经买好机票。请你尽量详尽地续写其他三个人对此事的不同态度和各自的反应。（字数不少于800字）

9. 剧作者设置剧本结构时主要考虑哪些因素？

10. 影视剧本中的文字语言主要包括哪些类型？

11. 简述电视剧戏剧冲突的布局原则。

12. 简述电视剧改编的基本条件。

13. 电视剧编剧应该具备哪些基本素养？

14. 简述电视剧改编的主要原则。

15. 以你熟悉的一部电视剧作品为例，谈谈其改编的成功之处。

【附录】

《克莱默夫妇》剧作要素分析
（激励事件幕）

第一序列
场景（一）：1′38″—4′58″（5′20″）

事件	价值风险	变化方向、强度
乔安娜内心挣扎（不明），与儿子道晚安。——2′56″	母子间非同寻常的晚安！母子情！	发生了什么事？（晚安→我爱你→拿出行李箱）
乔安娜在衣帽间拿出行李箱。——3′03″	乔安娜要出门？她怎么了？	第一个变化。
克莱默跟总经理哥们倾吐衷肠。——3′44″ 克莱默获得提拔大礼包。——4′03″	克莱默和总经理是哥们，两人无话不谈。	工作狂克莱默在公司处于上升期。
乔安娜整理行李箱，最后收好孩子的衣服。——4′22″	乔安娜冷静地做好了出门的准备。	乔安娜要出门，延续第一个变化，稍强。方向明朗。
克莱默与总经理在街上边走边说——4′48″	克莱默很快将成为公司股东之一。	
乔安娜行李箱已收拾好，在客厅等待着什么。——4′58″	焦灼不安的等待！	第一个变化的力度达到顶点，很牢固。 乔安娜等谁一起走？还是要和谁告别？

动作：哀伤优柔（与儿子道晚安）/决绝果断（衣帽间拿出行李箱）
果断行动（乔安娜在衣帽间拽出行李箱）/悠闲享受（克莱默、总经理）
果断行动/无所事事
成功的愉悦（克莱默、总经理）/焦灼不安（乔安娜等待）
乔安娜的等待是个休止符！
*这一场景从晚安开始，到衣帽间就预示着生活有麻烦，虽说暧昧但直指家庭生活。
*这一场景中的克莱默地位稳固，将要和哥们一起挣大钱了。

*乔安娜出门的意图明朗以后，再一次回到内心冲突，烦躁不安，用乔安娜煎熬式的等待作为这个场景的终点，下一场景的起点，有力度的场景转化，精确的转折点，直指丈夫！

场景（二）：4′58″—7′38″

事件	价值风险	变化方向、强度
克莱默进门，例行亲吻，像吻一棵树，打电话。乔安娜三次向丈夫发出交流的信息，但挨三记闷拳。	克莱默带回家的不仅是办公室好心情，还有继续办公的习惯。夫妻交流有障碍，女人的尊严瞬间凸现。	乔安娜对例行亲吻了无兴趣，早已厌倦！此时，克莱默对妻子的不在乎加速了妻子行动的节奏。这一段夫妻交流障碍打通了上一场景乔安娜的内心冲突，冲突由内而外，有力度，直线铺垫5分钟。
乔安娜交代她离家后的琐事。	乔安娜冷静奥揍克莱默。夫妇关系平衡打破。克莱默身上那种雄性的傲慢凸现。	摊牌后，雄性家长的傲慢和女性家长的尊严博弈。
克莱默夺下乔安娜的行李箱。	克莱默打出赚钱养家牌。乔安娜厌倦了克莱默的"借口"，决绝出门。	乔安娜的行动迫使毫无准备的克莱默只能死缠烂打。
乔安娜决绝走出家门。克莱默追到走廊里，纠缠挽留乔安娜。——7′09″	克莱默打出"我哪里错了"的无赖牌。乔安娜回应"你娶错人了"的无赖牌。	克莱默的死缠烂打为乔安娜的出走火上浇油。
乔安娜摆脱纠缠走进电梯。——7′38″	克莱默打出孩子牌，乔安娜只能对应"我不爱你了"，夫妇之间的鸿沟轰然裂开。	乔安娜走进电梯，克莱默用孩子迫使其就范，把摊牌情势推到顶点。

动作：一、冷漠相对；二、摊牌；三、纠缠；四、决绝了断

*克莱默对乔安娜的前三个动作的反应，妙！

*乔安娜宣布离家动作，对应前三拍的三拍，绝妙！决然离家→走廊夫妻

纠缠→电梯摊牌，一拍比一拍强。

　　*这一场景对激励事件的处理了无新意，但异常精确！电梯摊牌，形成这一场景的高潮，一个精妙的不归点。

　　场景（三）：7′38″—10′57″

事件	价值风险	变化方向、强度
克莱默无奈，懊丧，转身回家。——7′48″ 克莱默收拾他从乔安娜手中夺下的行李箱。	雄性家长如何收拾女性家长离家的残局？	克莱默的压力达到顶点。
克莱默给乔安娜的闺中"密友"玛格丽特打电话，寻找乔安娜。——8′38″	乔安娜哪儿去了？	克莱默原来知道乔安娜不快乐，可怜的女人！
克莱默冲玛格丽特发泄乔安娜出走的窝囊气，玛格丽特冷静解释。——10′57″	玛格丽特是乔安娜的同情者。 克莱默雄性的傲慢依旧，试图自欺！	乔安娜回来的希望破灭，克莱默这个兔崽子麻烦大了！ 啊，可怜的孩子怎么办？

　　动作：情绪激烈/客观理性

　　*这一场景的第一场戏，是压力达到顶点的一场戏，克莱默必须选择！

　　*打电话一场戏，力道恰到好处。

　　*在这一场景中，玛格丽特首先是克莱默探究乔安娜出走的桥梁，克莱默试图通过这座桥梁找到问题的症结，他得到了乔安娜出走的合理解释，技巧上作了一个力度绝佳的转折点，从这里转折到第一幕。精确甚至唯一指向孩子怎么办的方向，无论转折点的力度还是转折的方向，都是典型的好莱坞原则。

　　*玛格丽特这道桥梁无懈可击！观众（情感、理性）和克莱默一起回到过去，即以这场戏为后支撑点，以吻别孩子那场戏为前支撑点，相互对应，完美地回答了这幕戏的戏剧重大问题：乔安娜为啥出走？

　　*激活了观众的见解，乔安娜和克莱默，没人是婊子养的，生活本身出了问题，可怜的女人！可怜的男人！——故事深度、力度臻于完美。

第一幕

　　第一序列

　　场景（一）：10′57″—15′45″

事件	价值风险	变化方向、强度
垃圾清理车工作。		
孩子被吵醒，起床撒尿。——12′00″		
孩子向爸爸要妈妈，爸爸解释妈妈不在的原因。	克莱默彻夜工作，和衣而睡，兔崽子内外交困！雄性家长的尊严摆上台面。	克莱默需要孩子叫醒，天哪！
克莱默带着孩子进厨房做早餐——法式烤面包。儿子告诉爸爸煎锅在哪儿→儿子提醒：法式烤面包要放牛奶→儿子提醒：妈妈不放那么多咖啡→儿子大叫：糊了！——15′45″	天哪，居然拿杯子打鸡蛋！克莱默既不熟悉厨房也没有做过早餐！克莱默在和厨房的决斗中败北。	克莱默够自信，依旧雄性傲慢！公狗的自信感染了小狗。小崽子对公狗的信任荡然无存！克莱默麻烦大了！

动作：自信/无能；雄性尊严/失败尴尬

*厨房戏，克莱默一问铺垫儿子后来的提醒，儿子两次提醒铺垫，最后大叫。

*这一场面经典！克莱默的内心冲突：在儿子面前装大尾巴鹰；个人冲突：和儿子；外界冲突：和厨房。三个层面的冲突在一个场景里，冲突技巧使用的最高境界！

*从儿子睡醒开始，干净利落推出这一幕的主角，儿子向爸爸要妈妈，一语揭开没有妈妈的生活咋办？和观众的理性见解同步，好莱坞！

*克莱默扔煎锅，一个不归点。兔崽子死缓判决。

场景（二）：15′45″—16′58″

事件	价值风险	变化方向、强度
克莱默送孩子上幼儿园。——16′10″	小狗对公狗彻底绝望：谁接我？你迟到了呢？你被车撞死了呢？	克莱默输掉裤子！接下来怎么办？

（续上表）

事件	价值风险	变化方向、强度
克莱默在办公室给家里打电话，希望乔安娜已经回家。 ——16′58″	乔安娜铁了心不回头！	

动作：自信/尊严扫地；希望/绝望

场景（三）：16′58″—20′15″

事件	价值风险	变化方向、强度
克莱默跟总经理哥们倒苦水，总经理不接招，反击，明确表示私事不能影响公事。	总经理在商言商，哥们情谊在利益面前雪融冰消，克莱默混在江湖，打掉牙往肚里咽！	外界冲突，克莱默处于劣势！ 克莱默脚下是水沟还是深渊？

动作：情谊/利益

*披着羊皮（谈感情）→撕下羊皮（说利益）→亮出利爪（保利益）。两只披着羊皮的狼为了各自的利益争斗，利爪耀眼。

*总经理利益至上，克莱默被咬，瞬间由狗变狼，亮出利爪，但伤口撒盐。表面上看各自为了自己的利益，这场戏妙在克莱默在压力面前似乎是为了自己的利益，但重要的是克莱默作出了选择，决不放弃孩子！这才是这场戏的重心，作者高明就高明在作了情谊→利益→孩子三个层次的设计！——这就是故事，运用价值求变化的技巧，故事离开价值寸步难行。

*克莱默试图从总经理那里夺回自己交出的主动权，重新掌控局面，但总经理始终牢牢握着主动权，所以，这才有冲突，才是戏，并且提出了一个戏剧问题：克莱默的饭碗保得住吗？

第七章　电视文学节目

随着电视事业的飞速发展，电视文化的逐步确立，电视文学已日渐成为一个令人瞩目的专业领域。它不仅在电视屏幕上鲜明地亮起了自己"文学"的旗帜，而且初步形成了屏幕上的电视文学家族。这是文学的电视化，也是电视对文学领域的深度介入。

电视文学是一个十分宽泛的概念。在外延上，它不仅包括电视屏幕上的一切文学形式，甚至应该包括电视专题片、电视纪录片、电视艺术片内部构成中的文学部分，也包括电视文学剧本；从内涵上，它主要包括依据文学的创作规律、文学的审美特征所创作的电视作品，诸如电视小说、电视散文、电视诗歌、电视报告文学等。简言之，所谓电视文学主要是指通过特殊的屏幕造型手段，运用文学创作的一般规律，形象地反映生活、塑造人物、抒发感情，给观众以文学审美情趣的电视艺术作品。作家丛维熙说过："电影和电视都需要文学血液的支持，如果影视没有和文学联姻，导演和摄影就是拿出浑身解数，也难越巍峨艺术殿堂半步。"

一、电视小说

早在 20 世纪 50 年代，苏联就创作了"电视小说"《契诃夫人物系列》；日本放送协会（NHK）从建台开始，就设立了"电视小说"的栏目，著名的电视连续剧《阿信》，在日本就是作为"清晨电视小说"播出的；墨西哥的电视连续剧《父女之间》、《诽谤》、《卞卡》等，在其国内也都被称为"电视小说"。

我国早在 1964 年，中央电视台少儿部就将管桦的同名小说搬上了电视屏幕，制作了"电视小说"《小英雄雨来》，当时也称其为"带图像的小说"。从1978 年开始，中央电视台又专门开设了《文学宝库》栏目，制作并播出了大量的中外文学名著，并先后播出了安徒生的《卖火柴的小女孩》、格林兄弟的《白雪公主》、莫里兹·日格蒙德的《七个铜板》、鲁迅的《故乡》和《孔乙己》等。而北京电视台的《伊甸园》栏目，每期都有一篇"电视小说"。

然而，正式在电视屏幕上提出"电视小说"这一明确概念的是江苏电视台。特别值得一提的是景国真——江苏电视台主任编辑。他长期从事电视文学作品的摄制和研究。作为主创人员之一，1984 年他在我国电视荧屏上首先正式提出"电视小说"、"电视散文"及"电视诗"等新的电视样式。1992年，他负责创办的电视文学栏目《文学与欣赏》，成为我国开办最早的纯文学电视栏目。该栏目在第九届、第十一届电视文艺"星光奖"上均被评为优秀电视文艺栏目。换言之，江苏电视台于1984年左右率先制作并播出了欧·亨利的《最后一片叶子》、斯蒂芬·茨威格的《看不见的珍藏》，以及当代题材的《小巷通向大街》和《零点归来》等，并在电视屏幕上鲜明地举起了"电视小说"的旗帜。

至此，电视小说已经提供了更多值得认真总结的经验。首先，它的取材进一步扩大，不仅选取文学史上有地位的文学名著，而且开始以文学家的眼光将当代小说搬上屏幕，使得电视小说具有了鲜明的当代意识；其次，在将小说搬上屏幕的时候，更加注重它的"屏幕化"，即努力将"文学小说"移植为具有鲜明"声画艺术"特征的、独立的电视文学样式——电视小说；再次，除中央电视台、江苏电视台之外，其他电视台也开始制作电视小说，诸如《故土》、《命若琴弦》、《遗落在湖畔》、《破命》等，如雨后春笋，破土而出，使得电视小说开始初具规模。即电视小说"是将以文字为传播手段的小说，通过电视化的处理，将文字小说转化为声画结合的电视作品。其声音部分均为小说原作文字的叙述，具有浓厚的文学氛围"①。电视小说保留了小说的创作风貌，是一种新的具有电视与小说审美特点的电视文学类型。

1. 追求文学的审美价值

电视小说具有强烈的文学性，它是一种小说的电视化，或者是电视化了的小说。它努力保持原有的文学风貌，带有鲜明的文学审美特征：要求体现原作的内部构成因素，忠实于原作所提供的社会环境、自然氛围、结构布局、情节处理、人物性格及语言表达方式；这种文学性必须渗透在电视小说的声画艺术构成之中；通过象征、比喻、双关、含蓄等文学修辞方法及综合艺术处理，将观众带入文学的、诗化的意境和氛围中，感受文学的艺术魅力。

诸如电视小说《孔乙己》，自始至终保持了鲁迅小说的创作风格，努力体现其坚实的文学性。电视小说一开始，便通过一位"文学老人"的叙述，将作家、作品的光辉成就和艺术特征介绍给观众，创造了浓厚的文学意境，将观众带进了文学的氛围之中。又如，电视小说《最后一片叶子》，自始至终由"画外音"朗读小说的原文，只是根据小说的内容，配上恰当的、适宜的画面。作品中的人物语言，也全部运用小说中的文学语言，从头到尾带有浓烈的文学气

---

① 何丹. 电视文艺. 北京：中国广播电视出版社，2001. 145.

味，体现了文学的审美特征。

2. 文学语言的屏幕再现

电视小说是将文学语言直接搬上屏幕。如电视小说《故乡》，它所运用的叙述语言，就是原作中的文学语言——"我冒了严寒，回到相隔二千余里，别了二十年的故乡去"；"这正如地上的路，其实地上本没有路，走的人多了，也就成了路"。正是这种浓厚的文学语言，将观众带入了文学的世界，给予观众一种浓厚的文学享受。再如电视小说《零点归来》，更是一部以文学为主、画面构图为辅的独特作品。全文采用"文学札记"的方式叙述人物，四节"札记"的开端，都是一篇充满了文学韵味的人物内心独白，如"你从这条路走向远方，又从远方走这条路回来。你寻找花朵，谁知找到了果实；你寻找源泉，谁知找到了大海；你寻找遗忘，谁知找到了记忆，那么顽强地萦绕着你的心怀"。这种语言纯粹是"文学性"和"诗化"的语言。

3. 环境场景的"假定性"

电视小说要求反映的是"文学真实"，它可以运用"画外音"，运用文学语言去描写，通过想象在观众的脑海里形成环境场景的景象。即它允许创造环境场景时的某种假定性。如电视小说《七个铜板》、《最后一片叶子》，都不刻意在环境场景的真实性上下功夫，而是采用了类似戏剧的"舞台布景"及电影的"内景拍摄"的表现方式。至于电视小说《零点归来》更是将全部环境场景"虚拟"起来，只是象征性地展现战场、丛林和家园。总之，这种"假定性"环境场景的处理方式，既可以节省拍摄资金，又可缩短拍摄周期。同时，更有利于创造诗化的环境、文学的氛围，加强作品的文学性。

4. 具有电视屏幕的具象性

电视小说要选择那些适合于屏幕表现，能够构成鲜明屏幕形象的作品搬上屏幕，且应调动一切电视艺术手段，充分发挥声音和画面的表现力。如电视小说《最后一片叶子》就是屏幕具象化的范例。画面上那支行将熄灭的蜡烛，就具有强烈的可读性：观众通过这支蜡烛，可以读出一个美好的生命即将熄灭，读出贫苦的青年画家命运的悲哀，读出社会给人们带来的灾难和苦痛。而画面上那波涛汹涌的大海，也具有鲜明的象征性：它象征着女主人公对青春的热爱、对事业的不停息的追求，象征着难以战胜的生命的力量。特别是那独具特色的音响效果，也带有浓重的意境性：那时时传出的飒飒风声，那记忆沉重的祈祷晚钟，那悠扬深沉的安魂曲，将观众带入一种诗的意境。文学已化作了具有鲜明电视特征的声画艺术，而这些看起来不太连贯的画面已最大限度地调动、激发起观众的联想和想象，给观众以极强烈的视觉冲击力。从这个意义上讲，电视小说既是对小说原著的传播，又是对编导者主观感受的一种别样的传播。

二、电视散文

电视散文是电视屏幕上特有的一种以抒情写意为主的电视文学新样式。它是一种文学散文的电视化，或者说是被电视化了的文学散文。即以电视屏幕来表现散文的抒情、写意及意境的电视文学样式。一般说来，电视散文可分为两大类：一是文学散文的电视化表现。它把文学形式的格调、品性和意境用电视所特有的艺术手段加以反映，形成动人的艺术魅力。诸如中央电视台《电视诗歌散文》栏目播出的《名家名作》、《中外抒情诗歌》、《中国古诗词欣赏》系列等。二是指电视表现内容采用散文的方式，形式比较灵活，追求意境营造，画面优美动人，或者说散文本身就是为电视而创的。诸如《皖风·皖韵系列》、《诗意的新疆系列》等，这一类虽有时可归为艺术片的某种类型，但也可归总为电视散文系列。

由于电视散文在反映社会生活时，形式自由灵活，不拘一格，故而艺术形态丰富多彩：有以情节贯穿的《荷花淀》；有以抒情为主的《雾失楼台》；有以意境取胜的《雪梦》；有以理念见长的《朝阳与夕阳的对话》；有以意象性为形式的《夏天里的羡慕》等。一经播出，就给人以耳目一新的艺术感受，增添了电视屏幕的文学氛围，开拓了电视屏幕诗的意境，提高了电视屏幕的文化品位。恰如孟建在《论电视散文》一文中所言："电视散文应当属于电视艺术的范畴，而电视艺术本身发展的多变性、复杂性，又溢出了电视散文这一艺术'新类'。"[①] 即电视散文的本体应当是电视，是受文学散文影响而转化成的电视艺术新样式。

当然，电视散文又不是散文文本的简单电视化，不是电视的附属品，恰好是由于电视特性的加入，才使得电视散文"青出于蓝"，并具有作为电视散文自身的审美特性和艺术价值。如果说我们读到的散文文本是单一文本的话，那么我们看到的电视散文则是超文本或复合文本。王墨非在《漫谈电视诗歌散文》一文中曾提出，电视散文是各种艺术表现手段的多轨组合，它几乎调动了所有的艺术手法共同完成这种组合：字幕——作者的文稿；解说词——诗歌散文的朗诵；画面——自然景观、作者的行动、生活场景；同期声——使观众身临其境；音乐——抒发更深层次的情感。这种表现手法的多轨组合，构成了电视散文的丰富多彩、意蕴深沉。换言之，电视散文的"文采"，主要体现为画面语言、有声语言、造型语言，甚至光效语言、色彩语言、影调语言，特别是

---

① 孟建. 论电视散文. 中国广播电视学刊，1997（10）：18.

电子特技手段的有机组合。这种屏幕造型语言，不仅要准确、形象、精练、生动，更需要潇洒、自然、活脱，富有节奏感，正是这种优美抒情的"文采"，构成了电视散文的魅力。

1. 电视散文的创作流程

散文通常有叙事性、议论性、抒情性三种，叙事和抒情散文比较适合于进行电视散文创作。编导要在对原作反复阅读、深刻理解的基础上，形成完整的创作思路，撰写分镜头脚本和编导阐述；要组建摄制组、准备设备、筹措资金、挑选演员、选择场地、搭建场景等。

若准备工作就绪，就可以按照分镜头脚本进行拍摄了。编导必须亲临现场，对演员的表演、拍摄、灯光、化妆、道具、录音等提出具体的要求，并进行现场的指挥与场面调度，随时发现和解决拍摄中出现的问题，以确保拍摄工作能按要求顺利进行。

之后，对拍摄素材进行场记或记镜头等的整理工作，并根据素材对脚本进行修改、完善，随后进入对素材的剪辑阶段。剪辑时要根据作品内容的快慢缓急把握好剪辑的外部节奏，画面剪辑要力求流畅和衔接自然，通常多使用叠化、淡出淡入的手法，以保证情绪情感的延续，避免产生中断感。旁白、解说、音乐音响的剪辑，要与内容的表达和情绪的起伏相吻合。特技的使用要符合内容的表达，还要考虑观众的视觉心理。另外，字幕、影调、色调等也要统筹考虑，使作品的内容与形式达到完美的融合。

2. 电视散文创作中编导需要注意的问题

关于电视散文创作中需要注意的问题，详见魏珑《电视编导》（浙江大学出版社 2007 年版）第八章的第一节：

（1）节奏和构图。电视散文因其抒情、写意的特点，它的拍摄节奏一般以平缓为主。舒缓平稳的镜头有利于情感的流露和延续，也能够逐步地激发观众的情感。构图要讲究均衡、稳定，富有美感，使其镜像具有铺陈、叙事、写意的功能，尽可能充分诠释散文的内涵，表现其意境。节奏要有起有伏，舒缓而富有韵律，注意画面的内部节奏与镜头组接形成的外部节奏的吻合一致。例如，在制作宋朝周敦颐的著名散文《爱莲说》时，电脑动画营造出三维水墨画的意境：水影倒映着几株疏落的荷花枝芽，简洁疏朗的构图，墨与白的淡雅色调，一枝开放的粉荷。随着立体三维的移动画面，观众看到了花瓣中心的蕊头，一只蜻蜓张开翅膀停驻在那里，"早有蜻蜓立上头"的意境扑面而至。

（2）色彩和音乐音响。电视散文在剪辑上以内容为依据，重在情绪情感的自如流动。在色彩上一般倾向于自然性色彩，追求在淡雅自然中见真情，很少使用夸张性色彩。它常常使用朦胧的效果，虚中有实，实中透虚，便于情绪的渲染。有时为了表达情感的需要，编导也会作一些色彩的变异处理。如电视散文《背影》，全片使用黑白灰以表现作者在回忆、思念父亲时饱含愧疚、歉意和担忧的心绪，而对橘子使用了淡至隐约的橙色，淡淡的橙色作为全片最让人动容的感情色彩，承载的却是父爱的主题，让人不易觉察却真切实在。

音乐可以丰富画面的表现，配合情感的流动，烘托和营造气氛，刻画人物的心理活动，使散文的意境更具立体感和韵味。即在音乐选择上要细致周密，充分考虑主题、人物、氛围和预期效果，运用音乐阐释和提升电视散文的内涵。在配音上，要求解说员在充分理解散文内涵的前提下进行再创造，将声音作为散文的表现手段之一，寓情于声，贯穿整个作品。

（3）演员的表演。电视散文偏重于表现真情的自然流露，演员一般会选用外形、气质与作品中角色相近的本色演员，要求表演自然真切，不露痕迹。因为太过的表演往往会过犹不及，使表演喧宾夺主，降低观众对散文内容的关注。

电视散文的独特性在于表现形式上的"散"、内质意蕴上的"聚"。周星在《诗与画的交响》一文中曾将电视散文作品概括为三种类型："一是对文学触点的电视发挥（重情）；二是对文学内涵的电视挖掘（造型）；三是对文学意境的渲染点化（移情）。"[1] 电视散文具有形式灵活、画面见长、抒情为本、意境取胜、善于立意、巧于构思等诸多特点。即电视散文是通过特定的屏幕声画形象，散点式地反映创作者所见、所闻、所思、所感、所忆的生活情景和刹那间的思维活动，运用独特的电子制作手段，将散漫的思维碎片组合在一起，营造散文意境，具有浓郁的抒情氛围的电视文学样式。

当下，电视散文处于低谷。一是工作生活的快节奏使人们偏爱快餐式的文化享乐，不愿意慢慢品读一篇好文章，自然影响文学作品的整体创作。二是电视散文要求受众具有一定的文化水平。有些散文文学性很强，所用的词句生涩难懂，不易理解，也缺乏美感，不适合制作成电视散文。三是电视文学节目把自己定位在阳春白雪的高雅艺术上，也限制了自己的发展。电视散文对文本的选择应该看重其中的口语化和形象化。

其实，电视文学的天地还是极为广阔的。如一些电视散文走叙事体的路子，将一段故事表现得摇曳多姿、韵味悠长。编导也要拓展视野，还可以关注一些带有散文味道的杂文体、野史体、随笔体、书信体散文，还有一些带有新闻色彩的评论体、访谈体、对话体散文，尝试让它们走进电视，丰富电视荧屏。电视散文通过屏幕传递的已不仅仅是一份交流，更是一种过滤、共享和渗透。它

---

① 周星. 诗与画的交响. 中国电视，1999（1）：25.

以其清新、淡雅的风格，满足了较高文化层次观众对电视文学的需求，让热爱文学的观众，获得了一种心灵的净化、精神的启迪和审美的愉悦。恰如央视《电视诗歌散文》栏目的编导高洁所言："希望能通过她为那些愿意静下心来倾听的人们展示些什么：被洗净的天空、被过滤的大地、碧绿的植物和芳香四溢的花、生动的风及具有灵性的雨以及生活的本质和生命的感悟。希望通过电视散文，能使我们脑海清澈、心绪平和。"

三、电视诗

电视诗与文学范畴下的诗歌样式有许多类似之处，但最大的不同在于：它将作为时间艺术的诗歌化作了视听艺术，特别是化作了看得见的"诗"，具有了视听艺术的本体特征。即电视诗在画面的体现上不大注重情节的联系，它具有联想的最大自由性，较多地运用隐喻、象征、烘托等艺术手法，以便更形象地反映社会生活和抒发真挚的情感。它要求情感奔放、色调鲜明以及浓烈的浪漫主义色彩。诸如《无名无姓的不朽碑铭》、《父亲》、《双桅船》、《海的向往》、《雪梦》、《李清照》、《狂雪》等。

目前，屏幕上电视诗的样式很多：将叙事古诗搬上屏幕的《古诗三首》；将古诗的意境编配上舞蹈在屏幕上表现的《李清照》；将现代诗歌在屏幕上直接体现的《海的向往》；将散文诗称作"音乐散文诗风情艺术片"的《雪梦》；将歌、舞、诗融为一体的《西部畅想诗》；将抒情长诗搬上屏幕的《狂雪》等，这些作品创造了诗的意境，给观众以诗的审美情趣。① 特别是《中国古诗词欣赏》系列，以欣赏中国古典诗词为主，选择观众耳熟能详的诗词，采取诗词和国画相结合的方式，充分利用电视高科技制作手段，通过奇妙的三维画面设计，既保留了名诗凝练简约的文字美，又渲染了无尽遐想的意境美，将传统文学赋予现代色彩，以"诗中有画，画中有诗"的艺术效果给观众营造出一种古朴、淡雅的意境。即电视诗是通过特定的屏幕造型语言，集中凝练地反映社会生活，抒发创作者的主观思想感情，画面清新，诗句凝练，富于想象，强调节奏，具有诗的空灵意境和朦胧美的电视文学样式。

1. 丰富的想象和诗化的镜头

电视诗的镜头和画面处理，要求彻底放弃纪实性的手法，尽量少用"新闻镜头"。它作为屏幕艺术品，往往较多地采用抽象的、表现性的、油画式的拍摄方法，注重空间造型；较多地运用逆光，增强图像的反差和力度，以达到在更

---

① 高鑫. 电视艺术学. 北京：北京师范大学出版社，1998. 154.

深层次意义上表现时代的精神，抒发创造者的情感。例如，电视诗《春日》（来自宋代朱熹的七言绝句《春日》：胜日寻芳泗水滨/无边光景一时新/等闲识得春风面/万紫千红总是春）的创作，首先呈现的是一枚镌刻着"春日"题签的中国印章，随着诗句的朗诵，丝竹音乐和潺潺的流水声不绝于耳，画面的色彩是偏暖的黄色调。作品运用电脑技术，采用灵活移动的视点，将镜头转移到柳树的枝丫间，透过新绿，观看辽阔水面及远山近花。而在丝竹音乐和小鸟的鸣叫声中，诗歌《春日》被再次朗诵一遍，最后的场景是垂钓的老者和在水中自由游动的鱼儿。因采用电脑合成的视听手段，整个段落其实只是一个镜头，这就充分保证了古典诗意缠绵连续、融情入景的艺术特点。

2. 意境的创造

所谓意境，是指屏幕情景交融所产生的一种艺术境界。电视诗应该努力创造诗的意境，做到景中有情，情中有景，情景交融，才能产生诗意盎然的艺术境界。如根据舒婷的同名诗作创作的电视诗《双桅船》，就非常讲究画面的空间造型，有意追求视觉美与画面力度的和谐统一。创作者没有正面去表现即将远航的船，而是着力表现岸上的人，将女人置身于一个充满离别情调的小码头上。通过她满眼的忧郁和不停地摆弄手中的丝巾，加之大全景和特写镜头的交替剪接，就很好地表现了她内心的极度不安和幽幽思念之情。

再如，东晋田园诗人陶渊明的《饮酒》中的"采菊东篱下，悠然见南山"、"此中有真意，欲辨已忘言"等诗句，体现出淡泊孤傲的诗人形象，但这个诗人主人公是"隐形"的，只是存在于人们由诗而引发的想象中，并不是每个读者都能够准确地把握陶渊明诗歌的"真意"。电视诗《饮酒》便制作了一幅电脑三维画面，整体风格模拟中国古典山水田园绘画的简约写意，色调是淡雅的灰色，远景是烟雾笼罩、线条柔和的山峦，画面上有大面积的留白，近景是一个普通的农家柴扉，并非写实地描绘家居细节，而是在疏落的灰色篱栅前以灿烂的明黄色描绘出菊花盛开的景象，在灰色和白色的素雅底子上，菊花的黄色显得非常醒目，使画面充满生机与活力。最重要的是立在柴扉前的诗人身形以粗犷写意的线条勾勒出来，诗人向前昂首，似是眺望涵咏，似是凝目深思，也似邀宾入室。而在诗歌朗诵的时候，镜头流动地展示了由远及近、由外及内的整幅画面，在菊花和主人公的脸部采用了局部特写，中国传统乐器丝竹笛箫也营造着怡然自得、恬淡深远的意境。

3. 多种表现手法的组合

电视诗是各种艺术表现手段的多轨组合，几乎调动了所有的艺术手法，诸如声音、画面、解说、音乐、字幕等，构成自成一体的多轨组合形式。就思想感情的表述来说，画面、声音、字幕是实的，它给予观众的感觉是真实而不容置疑的；而音乐、诗化镜头是虚的，意在表现一种诗的意境。这种虚实结合，在不统一中求统一，在强烈的反差中求平衡的多轨组合，既增强了作品的信息量和时代感，又较好地表现了诗歌的意念性、抒情性。如电视诗《雪梦》，就是多轨制组合的典范作品：有字幕，有解说词，有自然景观，有生活场景，有音乐，有歌曲。正是这多种表现手法的组合，构成了这部丰富多彩、意蕴深沉的电视文学作品。

四、电视报告文学

电视报告文学是指在电视屏幕上运用文学的艺术手段处理新闻题材的一种文学样式，兼有文学和新闻的双重特性。电视报告文学是"新闻"和"文学"联姻的产物，既需要新闻所要求的真人真事，又需要运用文学形象化的手段进行创作。它在"新闻"和"文学"相互渗透的边缘上自成一体，显现出独特的文学魅力，是"电视创作者运用电视化思维与手段，运用文学的艺术表现形式，用纪实性或报道性处理新闻题材的一种电视文学样式"①。

但是，电视报告文学不同于一般的"电视新闻"，它具有较强的文学感染力，通过细节与人物抒发创作者的情感，表达爱憎，给作品以独特的艺术感染力；也不同于一般的"电视文学"作品，它要求必须是真人真事。电视报告文学需要具有"新闻价值"，迅速反映社会生活，满足电视观众及时了解当前社会动态的需要；又需要具有"文学价值"，以生动的艺术形象，给电视观众以艺术的感染力。② 代表性的电视报告文学作品有：《大路岁月》、《雕塑家李焕章》、《半个世纪的爱》、《无极之路》、《绿旋风》、《长征日记》、《智慧风暴》、《英雄一家人》、《映山红现象》、《大巴山的呼唤》、《东京国际大审判》、《人间正道》、《水上话九江》等。

1. 鲜明的新闻性

电视报告文学虽然可以根据其文学属性，采用多种文学表现手段，但绝不能脱离新闻属性的轨道。新闻性是电视报告文学最基本的特征，主要体现为：

（1）真实性——要求以真人真事为依据进行创作；现实性——电视报告文学应该关注社会心理，站在人民的立场，想人民之所想，表达人民的意愿，反映人民的呼声；时效性——要及时地报道现实生活中的人物与事件。

（2）记叙过程和情状。即要运用镜头语言的叙事和描写功能，形象地展现

---

① 何丹. 电视文艺. 北京：中国广播电视出版社，2001. 162.

② 高鑫. 电视艺术学. 北京：北京师范大学出版社，1998. 157～158.

人物的生存过程和具体情状。尤其是题材应该是人们普遍关注的社会问题，体现时代精神的人物和事件，要能及时传达人民群众的意志、愿望和要求。

（3）长镜头的运用。它可以将生活的来龙去脉真实地体现在屏幕之上。即电视报告文学要求对现实生活中值得报道的人物和事件作出及时、迅速的反映。例如，电视报告文学《半个世纪的爱》，就以新闻跟踪采访的方式，非常真实地记叙了14对金婚夫妇的生活：上至著名的将军，下至北京普通的市民；上至著名的专家、学者，下至北京郊区的农民。即便有些夫妻年轻时没有过如胶似漆的热恋，靠的是父母之命、媒妁之言的安排而结婚，但他们依然走过了风风雨雨的50年，在平凡中品尝着生活的苦辣酸甜。于是，他们的一切生活显得那样自然、平和、真实，看不到丝毫矫揉造作的人工痕迹。并且片中大量地运用了长镜头，真实地记录了风雨同舟50年的老夫老妻们的生活过程和具体的生活情景，以及他们生活情状背后所蕴含着的伦理道德、价值观念等，确保了作品的新闻属性。

2. 浓郁的文学性

电视观众之所以在电视新闻和电视纪录片之外，还需要鉴赏电视报告文学，就是因为它具有浓郁的文学色彩，从中可以获得文学的审美享受。

（1）塑造屏幕形象。电视报告文学需要调动诸多的电视艺术手段，将生活中的真人真事塑造为更加鲜明突出、富有典型意义的屏幕形象，以便给观众留下更深刻的印象。

（2）镜头描写。电视报告文学必须调动镜头语言的描写功能，对屏幕形象进行肖像描写、动作描写、行为描写，以使人物形象更加鲜活、生动。

（3）捕捉细节。电视报告文学对人物形象的塑造，需要善于发现、捕捉和选择细节，才能更好地表现出生活中"独一无二、不可替代"的"这一个"，才能更好地塑造出有血有肉、有思想有灵魂的屏幕形象。

例如，电视报告文学《大路岁月》，在开始部分就用充满感情的画外音朗诵出了"作者题记"：

岁月是一条极长的路，有歌，有泪，有人生一样丰富的昨天和今天；大路是古老而悠长的岁月，有风，有雨，有阳光般壮美的绵延和拓展。岁月悠悠，道路漫漫，在岁月和道路的延伸中，有着无数平凡而动人的故事。

还以《半个世纪的爱》为例，这部作品是在西方"婚姻观"广泛渗入我国的时候制作的。作品向人们展现了14对金婚夫妇的幸福生活，并大量地运用了"镜头描写"：那老妇人白发苍苍、那老头儿满额头的皱纹以及那些对"吃西瓜"、"翻日历" 等细节的刻画,既表现了他们人生的沧桑感,也很形象地展现了他们对生命的珍惜、对生活的热爱。同样,观众就在这种文学的审美氛围中与他们一道去品味人生的苦辣酸甜,并在潜移默化中使自身得到了心灵的陶冶和净化。

3. 深刻的论辩性

电视报告文学需要创作者对他所报道的现实生活、人物事件或社会现象作出直接的评判。这种评判或是思想的,或是哲理的,或是社会的,或是美学的。正是这种评判性使得其具有了深刻的论辩性。电视报告文学不仅叙述事实,以事实教育观众,同时更采用形象化的语言,阐明自己的观点、看法和主张。

例如,电视报告文学《大路岁月》的评论,就极富哲理性:

他们将人生交给了这条高原之路,深深的车辙里镌刻着他们的艰辛,埋藏着他们的孤寂与思念。长长的黄土路上,流传着他们非凡而又平凡的故事,记载着他们默默无闻的奉献。十九个春夏秋冬,他们削平了一个个山头,每一片沙粒和泥土中都倾注着他们深情的爱。他们没有惊天动地的伟绩,却把自己一生中最好的年华,全部奉献给了这九十八道弯公路上。

正是创作者的这种直接品评人物或事件,真切地表露出个人的感情,才使得电视报告文学构成了倾向性十分鲜明的电视文学品种。

五、电视文学的创作特征

电视文学是文学作品的电视化,将纯粹的静态阅读转化为对流动的画面和声音的"动态阅读",使阅读更为直观、轻松,具有多维的审美享受。即电视文学是以电视手段表现文学作品中所描绘的形象、情境、情绪情感以及所表达的意境的电视节目形态。它是文学作品与电视化思维及其表现手段的结合,是文学艺术向声画艺术的一种转化。既具有文学性,又具有视听语言的特性。

(1) 文学作品是电视文学的创作前提。并不是所有的散文、诗歌、小说都适合进行电视创作,即需要精心选择那些有人物形象、具体场景或者具有事件过程的文学作品。除了内容、主题等因素外,编导还要重点考虑是否适合运用电视手段对之加以表现,是否具有可视性。在整体构思、场景设置、演员挑选、现场拍摄、后期剪辑、特技运用、配乐配音、最终合成等各个环节,编导都要以对原作品的表现为出发点。

(2) 电视文学的声音部分是对原作文字语言的表述,画面则侧重对文学作品内容的演绎和表现。即画面是按照文学作品所创造的人物形象、故事情节、时代背景、社会环境以及作者所抒发的情怀而设置、拍摄、结构和呈现的，与声音一起联合表达编导对文学作品的理解和诠释。

（3）电视文学的创作不是文学作品和电视画面的简单组合，也不是文字的图解，需要充分调动各种电视手段——画面的构图、运动、用光、角度、景别、空镜头、色彩、音乐、音响、旁白、解说、剪辑、转场、慢动作、特效等。例如电视散文的创作，重在营造文章中力求表现的氛围、意境，需要精巧的构思和对画面的精心设置与选择，还应寻找独特的表现角度，通过富有表现力的画面感染观众，调动观众的想象力，进而使观众能够充分领会原作中所蕴含的深意。

这就要求编导必须具有足够的原作意识，充分尊重、深刻理解原作。通过对原作的反复阅读，得出自己对作品的正确判断与理解，并阐释原作的主题思想，定位人物形象，确立风格样式、事件安排、细节设置等。同时，编导又必须具有二度创作意识，在尊重原作的前提下，充分发挥自己的主观能动性，对原作进行创造性处理、加工。毕竟电视文学是两种艺术语言的转换，是不同质的艺术形式的转化。它既保留文学创作的一般规律，又通过画面、音乐、解说、表演等多种手段介绍文学作品，拓展和延伸了文学的艺术表现空间。

综上所述，电视文学是运用电视的造型手段和视听语言来塑造人物形象、抒发思想感情的一种独立的新文艺样式。假如"电视文学"只是移植它的现有成果，就很难建立起自己独立的美学体系。恰如何晓兵在《电视诗文三要素批评》一文中所言："其良好前景，有待其风格特质的继续发扬与不断整合。倘满足于现状，停滞其艺术风格化发育过程，则只能如电影《铁皮鼓》中之侏儒，成为半似成人半似童子的怪物。"[①] 只有当它根据自身独立的艺术规律创作艺术作品，并使之在屏幕上占有不可或缺的一席之地时，这种新兴的艺术样式才能真正被观众普遍认可。

【思考题】

1. 简述电视小说的创作特点。

2. 以你熟悉的电视散文作品为例，谈谈电视散文的创作特点。

3. 请以你熟悉的散文为例，为其配置相应的音乐与画面，制作成电视散文。（或制作音乐电视，二者择其一，作为平时作业之一）

---

① 何晓兵. 电视诗文三要素批评. 中国电视，1999（2）：42.

4. 简述电视文学的创作特征。

【附录】

（散文）四十九朵玫瑰

人生如梦，四十九年后的今天我又来到了这里。

那是 1934 年的日本横滨，我在一所教会中学读书。

"大岛一滨，等我。"

"最好还是叫我郑陆吧，那是我父亲给我取的名字。""嗨！"

就这样我结识了我的同学，一位日本女孩，小林加代。打那以后，我俩每天上学放学时都是一前一后地结伴回家，当然了，走在前面的总是我。要过那道桥的时候，我会站定扶她一把，然后下了桥，再次一前一后地走。

街角，有一株很大的树，每天清晨当我走到巷口，远远地就会看见加代在树下等我，见了我，微微一笑，弯一弯腰，就跟在我的后面走，日久便成了习惯。而放学时，每当走到树下，我会等着加代赶上来，然后是不约而同客气地道一声："沙扬娜拉（再见）！"分手后，我向左拐，进入一条小巷回家，加代则继续向前走，不远处就是她家的米店，女佣人会在门口迎接她，而家里迎接我的却只有母亲。

我的父亲是在中国和日本两地经商的广东人，他在横滨开了一家食条店，专卖中国货，生意很好，于是就在横滨取了外室，她就是我的母亲。当我四岁的时候，广东老家催着父亲回家去，他这一走便再也没有回来。生意破败，我和母亲相依为命，不管我们母子怎么艰难，我还是倔犟地长到十七岁，在教会中学读书时，虽然我是一贯优秀的学生，但因为我是个支那人，还因为没有父亲，没少受同学欺侮，可加代从来没有看不起我。

那时候加代是情窦初开的少女，而我仍是未谙世事的少年。我最盼望的就是下雨天了，下雨天加代穿着木履，噼噼啪啪地在身后响着，有板有眼，有韵律，雨大了，加代还会半踮着脚，在侧后方牵着伞给我遮一下，我喜欢加代那半羞半喜的样子。

那年的圣诞节，学校组织晚会，允许大家不穿校服，我一出巷子眼前竟是一亮，我第一次意识到加代有多美，不知怎的，我心慌意乱起来，有一种马上想逃掉的冲动，少年的心啊，真是理不清楚。

1936 年，大批华人开始返国，我告别了泣不成声的母亲。这时加代突然呜呜咽咽地出现了，她筋疲力尽地扑跪在我面前，只会说一句"可是郑君，我喜欢你"！一时间我一片茫然，好像雨中加代的木屐一下下踏进了我的心里，每一下都无限悲凄地重复着。"可是郑君，我喜欢你呀！我喜欢你！我喜欢你！"

　　一直到多年以后，我才意识到，加代说出这句话要有何等的勇气。无望中的坚持，不奢望结果的表白，在最后时刻不顾一切清清楚楚地说："我喜欢你啊！"日本——在我的记忆中便是两个女人，头发凌乱悲痛欲绝地站在雨中，她们互相搀扶呼喊，可是一切都是无声的。

　　这以后，便是 49 个春秋。我在中国和同时代的人们一样，经历着差不多的悲欢，中日建交后我通过红十字会知道了母亲已死于疾病，也没什么出乎意料的。倒是时常我的记忆中会出现一种声音，但是想不起是什么声音了，我老了。

　　1985 年，我因产权问题回了趟日本，中学时代的老同学送给我一张名片和一个返老还童式的鬼脸，名片是加代的。于是，我终于记起来了，多少年来萦绕在脑海里的，原来是加代那无限凄绝，无限热烈的声音——"可是郑君，我喜欢你呀！我喜欢你呀！我喜欢你呀！"

　　凭着已经多年不见的冲动，我拨动了加代家的电话号码，没有惊叫，没有眼泪、叹息、懊悔和掩饰，我约她出来喝茶。她说："不必喝茶了吧，我实在不愿毁去在你心中的那些形象。你在那棵树下等我吧，我会从你身边走过，请别认出我。"我们两个年近古稀的老人，在电话中平静地相约"再见"。

　　来生再相认，来生吧！记忆的磁带在消磨耗损，岁月的流逝在荡涤良辰。时间冲走了许多东西，但是最纯净的留了下来，那是因为缺憾造就的纯净。

　　我如期赴约，穿着租来的黑色结婚礼服，怀抱四十九朵如血的玫瑰，四十九朵，距那铭心刻骨的时刻，已有四十九年。

　　四十九朵，总有一朵是属于加代的吧，不管她现在儿孙成行还是独守寂寞，不管她是泪眼婆娑还是笑意盈盈，此生此地，总会有一朵花儿是属于她的吧！我遵守诺言，不去辨认。有的老妇人坦然地接受了，客气地道谢；有的老妇人满怀疑虑，可还是接下了。我信心十足地向每一位老妇人递过红玫瑰，因为我相信，加代会从我身边走过，她会认出我，她会取走一朵迟到了半个世纪的花儿。而来生，我们会凭此相认，一定！

第八章　电视戏曲

电视戏曲，也称戏曲电视，是中国传统戏曲艺术与现代化电视技术相结合所产生的一种新兴电视艺术品种。它是中国电视文艺当中的一种节目类型，也是最具民族文化特色的一种形式。"它是指运用电视的技术手段，突破戏曲舞台的时空局限，适当采用实景及电视视听语言来表现戏曲艺术、反映戏曲文化现象的一种电视文艺形式。"[①]

一、电视戏曲的发展概况

戏曲，是我国传统的戏剧形式。它是包容文学、音乐、舞蹈、美术、武术、杂技等多种因素而形成的综合艺术样式。戏曲发源于秦汉之际的乐舞、俳优和百戏。唐代有参军戏；北宋形成宋杂剧；南宋时温州一带产生了我国戏曲最早的成熟形式——戏文；金末元初在北方产生了元杂剧，戏曲创作和演出空前繁荣，涌现了著名的戏曲作家、作品和艺人，在中国戏曲史上占有重要地位；明清两代，又在戏文和杂剧的基础上形成了传奇剧，各地方剧种广泛产生，以昆腔、评剧为代表，创造了丰富的戏剧文学和完整的舞台艺术体系。

戏曲，还包括流行于一定地区、具有地方特色的地方戏。诸如秦腔、川剧、越剧、沪剧、湘剧、徽剧、滇剧、豫剧、歌仔戏等。而戏曲剧本一般都兼用韵文和散文写成，分"折"或"出"。现代戏曲则分为"幕"和"场"。剧中人物分别由生、旦、净、丑等角色行当扮演。中国戏曲之特点，一言以蔽之，"谓以歌舞演故事也"（清末学者王国维语）。戏曲与话剧，均为戏剧之属，都要通过演员扮演人物，运用对话和动作去表现一定长度的故事情节。所不同者，戏曲是运用音乐化的对话和舞蹈化的动作，即歌舞的手段，也即用人们所熟知的"唱、念、做、打"去表现现实生活的。

其实，中国戏曲与电视的结合早在电视诞生之初就开始了。由当时的直播、转播舞台戏曲到录像播出以及后来电视综艺戏曲、电视戏曲栏目、戏曲电视剧的出现等，电视戏曲逐渐成为电视文艺的一种表现样式。特别是 1979 年戏曲电

---

① 张凤铸，胡妙德，关玲. 中国当代广播电视文艺学. 北京：北京广播学院出版社，2004. 125.

视剧《孟丽君》、《桃子风波》的拍摄，真正使电视戏曲进入了一个崭新的发展阶段。电视戏曲主要是指运用电视的技术手段，突破戏剧舞台的时空局限，适当采用实景及镜头组接的艺术表现力，将优秀的戏曲表演搬上电视屏幕。

1980 年春，湖南电视台创办了第一个文艺专栏节目《戏剧与欣赏》。1985 年，在上海举办了首届戏曲电视剧"鹰像奖"的评选活动，此后基本每年一届，共举办了 12 届，之后并入中国电视"金鹰奖"。而设有电视戏曲奖项的还有"电视文艺星光奖"和"全国优秀电视剧飞天奖"。

1996 年 1 月 1 日，中央电视台又开办了"戏曲·音乐"频道。戏曲栏目增加到了九个：除了欣赏性的《戏曲大舞台》、《名段欣赏》、《戏苑百家》、《戏曲直播》等栏目外，还有关于戏曲的新闻报道、研究专题、人物专访及戏曲知识介绍的《梨园群英》、《戏曲采风》、《九州戏苑》、《知识库》和专为戏迷观众设置的《戏迷园地》。此外，还有国际频道的《神州戏曲》和中国教育台的《京剧知识与欣赏》栏目等。

2001 年 7 月 9 日，中央电视台开设了戏曲频道（CCTV - 11）。其增设的《影视剧场》栏目是戏曲电视剧第一个专门的栏目，使得戏曲电视剧有了一展风采的电视舞台和空间。

中国电视戏曲"兰花奖"是由中国广播电视学会主办的代表中国电视戏曲最高级别的专家奖，旨在表彰在创作电视戏曲节目上有一定贡献的优秀节目和优秀人才，每两年一届。但是，自从电视与戏曲结合以来，理论界就一直存在一个争议。即这两个门类的艺术相结合是以谁为主体的？形象地说，究竟是"电视嫁给戏曲"还是"戏曲嫁给电视"？

一种观点认为，戏曲是富有民族特色的传统艺术，并且自成东方演剧体系，在世界艺术剧坛上占有独特的位置，应该尽量保持戏曲艺术的特征和表演精华，作为表现手段的电视应该运用现代化的科技和电视手法为戏曲服务，应称之为"电视戏曲"，即"戏曲主体论"，也就是说应该是"电视嫁给戏曲"；另一种观点认为，时代在前进，应该以电视手段为主，在吸收戏曲的某些优势的基础上突破舞台和程式，用电视手段满足现代观众的审美要求，同时推广戏曲，应称之为"戏曲电视"，即"电视主体论"，也就是说"戏曲嫁给了电视"。

然而，电视与戏曲的有机嫁接毕竟构成了电视文艺的一种新兴的品种，且业已成为电视文艺重要的生力军，具有无限的生机和广阔的发展前景。加之戏曲自身凝聚的深厚的民族文化基因、古老典雅的艺术情韵，使得电视戏曲也具备了一种独特的魅力，拥有着一批具相当数量的稳定的观众群。电视戏曲要继续发展，必须打破惯有的思维方式，突破现有的局限，从电视和戏曲双方来进行改进，电视要适应戏曲，戏曲也要通过创新来适应电视，发展戏曲本身，同时运用电视来改革、促进戏曲。电视戏曲只有打破现有的来自戏曲或电视方面的形式的束缚，在这样的大涅槃中，才能获得发展、求得新生。

二、电视戏曲的表现形态

纵观当下电视戏曲存在的各种形态和样式，主要可以划分为四大类：电视戏曲栏目、电视戏曲专题片、电视戏曲综艺节目、戏曲电视剧。

（一）电视戏曲栏目

第一类是原生态型，是原汁原味的，未经过电视改造的，基本保持舞台表演原始面貌的栏目。原生态型的电视戏曲栏目，至今依然受到广大戏迷观众的喜爱。如《名段欣赏》、《戏苑百家》、《戏曲大舞台》、《戏曲直播》等戏曲栏目，它们承担着录制播出各种戏曲名家的代表剧目和现场转播戏曲舞台最新演出的任务。相当数量的新戏、新编历史剧、现代戏，像《膏药章》、《潘金莲》、《李清照》、《曹操与杨修》、《忠烈碑》、《骆驼祥子》、《孔乙己》等，各栏目都及时地安排了转播。另外，全国各地排演的重点剧目，如上海昆剧团的新版《牡丹亭》、北方昆剧院的昆剧《大钟楼》、上海越剧院的新版《红楼梦》、川剧《金子》、京剧《范仲淹》、评剧《淀上人家》、黄梅戏《徽州女人》等，观众都能通过电视荧屏及时地收看到。它还包括音配像京剧、音配像评剧等，用艺术家的学生传人后配录像的方法，弥补一些著名艺术家的表演资料不完整的缺憾，已录制完成200多部作品，开始陆续在一些电视戏曲栏目中播出。

第二类是栏目化型，经过了电视栏目化改造，在节目原素材的基础上经过了技术处理，或加评说，或加快、放慢，或有画面切割镶拼，或经过动画处理。近年来，已经涌现出许多优秀的名牌栏目，如中央电视台的《九州戏苑》、上海有线电视台戏剧频道的《上海大剧院》、北京电视台的《说演弹唱》、安徽电视台的《相约花戏楼》、河南电视台的《梨园春》、河北电视台的《戏苑乡音》、广东电视台的《缤纷梨园》等。这些栏目不仅成为各省的一个品牌，而且在全国的电视观众中也有了极大的受众群和知名度。

第三类是新新型，是对节目的内容和形态都大加改动的类型，将戏曲改制、包装成时尚的各种形式。如北京电视台1999年4月开办的《同乐园》，就是一个为适应青年观众对戏曲的需求而创立的新型栏目，定位于为喜爱戏曲又不大懂戏曲的观众提供戏曲文化套餐。而中央电视台的海外中心，在戏曲专题栏目的制作上也有一些成功的例子。如《诗词与戏曲》、《神话与戏曲》、《民间传说与戏曲》和《成语故事与戏曲》等专题。在《诗词与戏曲》中，编导将唐诗、宋词与戏曲、电视进行深层次的结合，运用戏曲舞台的虚拟性、电视空间的写意性，在戏曲唱腔中表现诗词之中美丽的意境和丰富的想象。这些专题作品，将中国戏曲与现代电视手段在浓郁的文化气息中相结合，打破惯有的思维方式，从民族文化的角度审视戏曲，表现戏曲电视，从而折射出整个中华文明之光。

（二）电视戏曲专题片

电视戏曲专题片是指按照专题片创作规律专门拍摄的，表现戏曲艺术、文化、艺术家艺术生涯等内容的电视专题艺术片。在电视戏曲的几种节目形态中，电视戏曲专题片是最方便表达戏曲观念的，可戏曲专题片的数量在电视戏曲中又是最少的。

由于戏曲专题片的拍摄不拘一格，可以做成各种各样的类型，但主要分为以下三类：知识报道型；文化思考型；赏析型。知识报道型是指对戏曲艺术和戏曲文化的有关知识作普及报道性的专题片，又分为写人与记事两类；文化思考型是指运用戏曲艺术的素材，对戏曲文化和中外文化的有关侧面作较为深入探讨的一类，是最能体现专题片特性的样式；赏析型是指对戏曲艺术的优秀作品作评论、鉴赏性加工的一种。①

目前戏曲专题片中数量最多的还是知识报道型，且人物专题报道占有很大的比例。如1998年中国电视戏曲展播和评奖活动，评出的22部专题片，几乎都是关于戏曲工作人员和各剧种方面的报道反映。即刻画戏曲表演艺术家们，是戏曲专题片中很重要的内容。如《一代宗师梅兰芳》、《周信芳》、《方荣翔》、《水中的芦苇》等就是较为优秀的戏曲专题片获奖作品。

文化思考型的戏曲专题片，则从新的角度来反映艺术家们的艺术追求、个性特征、生活环境及社会文化土壤，特别是将视点对准地域文化，追寻艺术的民族文化底蕴。代表作品有：唐山电视台的《醉人的老呔影》和《箭杆王》；河南电视台的《戏迷的乐园》等。

赏析型的戏曲专题片侧重的是普及戏曲知识，为戏曲观众服务。如抚顺电视台拍摄的《京剧锣鼓艺术》、《京剧脸谱艺术》、《京剧服饰艺术》、《京剧曲牌艺术》等，片子配合表演采用对比手法，加以示范解说并打出字幕，发挥了电视艺术的优势，给观众以深刻的印象。

（三）电视戏曲综艺节目

综艺类电视戏曲，是最活跃、最无定型的一类，也是最能为年轻的观众所

---

① 　杨燕. 中国电视戏曲研究概览. 北京：北京广播学院出版社，2002. 152.

接受的形式。如戏曲 MTV、戏歌、戏曲小品、戏曲歌舞及其他晚会杂交型的戏曲电视节目等。在电视戏曲综艺节目中，戏曲艺术因子与其他艺术因子（如歌舞、小品、MV 等）相结合，充分运用电视手段对戏曲进行了二度创作，既突出发挥了戏曲的艺术价值与魅力，又充分体现了电视技术的创作功能。如戏曲小品《孙二娘开店》；戏曲歌舞《孔雀东南飞·惜别离》、《何文秀·桑园访妻》；京剧芭蕾《红云岗》；交响乐《霸王别姬》；黑鸭子组合的伴唱《钟馗嫁妹》；戏曲 MTV《红楼梦越剧选曲》、京剧 MTV《蝶恋花》等。在这些节目中，大都只保留了戏曲诸多艺术元素中的一个部分，或"声腔"，或"曲牌"，或"身段"，或"神韵"，吸取了戏曲艺术的一部分精华，再通过电视手段表现出来，成为活跃而无定式，也最能为年轻观众所接受的艺术形式。

这些形式就戏曲本身来说，不能不说是一种突破，戏曲可以结合其他艺术形式来发展自己。对电视而言，不仅丰富了荧屏，也更突出了电视节目的民族特性。下面，着重来谈谈戏曲 MTV、戏歌：

（1）戏曲 MTV，是将优秀的戏曲唱段与不断变化的电视画面结合成视听一体的形式。即运用电视特殊的拍摄技巧，以多变的景别、光线、色彩以及三维动画特技等，来渲染戏曲唱段自身的魅力，诠释唱段的内涵，强化演唱效果的冲击力。例如戏曲 MTV《心曲》中，6 个越剧 MTV 就拍得清丽典雅，充满了浓郁的浪漫色彩。如《心曲》中"葬花"、"焚稿"、"见画像"、"紫玉钗"、"追鱼"等唱段，尽管内在的情感色调各不相同，有的悲凉，有的激越，有的抒情等，但由于电视化手法的艺术运用，给了观众以美的享受；《白蛇传·断桥》则将神话、舞台演出、西湖外景三个时空交相叠用，戏迷可以欣赏到原腔原调过足戏瘾，青年观众也在现代化音乐配器伴奏下，看懂了一个传统故事。再如豫剧《抬花轿》是花旦戏中的保留节目，周凤莲坐轿，四轿夫抬轿，文武状元送亲压轿，靠演员优美的舞蹈身段，表演抬、坐、颠轿，爬坡上下，耍盖头，玩扇子，撅轿，拜轿夫等出嫁路上情景，十分扣人心弦。而制作成戏曲 MTV时，又增加了舞台表演不可能表现出来的时空场景，增添了真轿真景、新娘化妆时的心理状态、周家嫁女的喜庆等，将几种时空、几种情景用快速剪辑的节奏，把剧情压缩到 5 分钟，给观众以全新的欣赏视角，既丰富了观众的情感体验，又加大了原剧的理性内涵。换言之，戏曲唱段与电视化处理的完美结合，不仅向观众提供了直观可感的画面，而且加深了戏曲唱段本身的情感意蕴，也为争取年轻的戏曲观众尽了自己的一份力量。

1995 年，中央电视台曾举办过包括京剧、越剧、评剧、昆曲、豫剧、锡剧、黄梅戏等 8 个剧种、46 部戏曲 MTV 的评比活动。快速变化的画面和现代化的声光技术，加上高调的摄影方法，再配合演员自身的形象魅力，为诠释戏曲唱段的情感内涵和文化意蕴等提供了直观可感的艺术效果。它是电视戏曲的一种绝好的表现形式，也在争取青年观众方面有着独特的艺术优势。

（2）戏歌，是指采用戏曲的曲牌、曲调，填上反映当代人生活情感的歌词，用歌唱的发声和具有现代感的配器创作出来的一种曲艺形式，是"戏"与"歌"化合而成的。即戏歌是采用歌词的结构、戏曲的旋律，借助流行歌的传播优势来弘扬戏曲音乐的神韵。它是近年来出现的一种新的艺术形式，它直接讴歌时代、讴歌人民，尤其为广大的青年观众所接受，如《故乡是北京》、《唱脸谱》、《前门情思》等。

戏歌主要有两种形式：一种是改造脍炙人口的历史歌曲、流行歌曲及美声歌曲；一种是进行新创。

经改造而成的戏歌有：京剧戏歌《没有共产党就没有新中国》、《大中国》、《十五的月亮》、《军港之夜》、《年轻的朋友来相会》、《我最爱北京》、《我是中国人》、《路灯下的小姑娘》、《我热恋的故乡》；越剧戏歌《唱支山歌给党听》、《涛声依旧》；扬剧戏歌《天不下雨天不刮风天上有太阳》、《人说山西好风光》、《敢问路在何方》、《纤夫的爱》、《清凌凌的水蓝盈盈的天》等。这些戏歌既保留了原创歌曲主要的旋律和内涵，又增添了传统戏曲的声韵，比起一般的通俗歌曲更有地方色彩和民族韵味。

而新创的戏歌以《前门情思大碗茶》（原唱李谷一）、《北京 OPERA》（原唱杭天棋）为代表作品。民族与传统、时尚与现代的巧妙结合，不仅赢得了老年观众，还征服了一大批青年观众和海外观众。其他的还有：昆曲戏歌《明月几时有》和《黄鹤楼》、黄梅戏歌《浣纱女》、山东琴书歌曲《花衣裳》和评弹歌曲《雾苏州》、越剧戏歌《深园的故事》和《断桥的传说》等，都各具风采，韵味十足。因此，戏歌已经堂而皇之地登上了音乐厅堂，以它的韵味、它的时代感、它丰富的音色，得到了承认、赞赏和流行。①

戏歌的歌词有多种形式：一类是由词作家重新写词；一类是采用广为流传的古典或现代诗词，如于魁智演唱的京歌《沁园春·雪》，刘长瑜演唱的京歌《咏梅》，还有的把唐诗、宋词谱成了戏歌；还有一类是由流行歌曲改编的戏歌，如京歌《十五的月亮》、《党啊，亲爱的妈妈》和《没有共产党就没有新中国》等，均采用原有的歌词，在保留歌曲的部分旋律的基础上，经过变奏、演绎、揉进一些戏曲音乐的要素，使观众既感到熟悉，又觉得新颖，且由于歌词

① 杨燕. 中国电视戏曲研究概览. 北京：北京广播学院出版社，2002.172.

的流行和时尚，增强了作品的时代感。①

（四）戏曲电视剧

戏曲电视剧是戏曲与电视在深层次上结合得最紧密的、电视化程度最深的形式之一。在希凡主编的《中国艺术》中曾有相关的阐述："由于电视和戏曲结合程度不同，使戏曲电视剧产生不同的类型：一种是基本上按照戏曲舞台的演出拍摄下来，较好地保留了舞台演出的原貌，于是有人称它为戏曲艺术片，如《膏药章》即是。一种是在较大的程度上将戏曲加以电视化，其主要特点是力求把戏曲从舞台上解放出来，在景物设置上采取实景和虚景的结合；在时空处理上按照电视剧时空加以转换；在表演上则摆脱戏曲程式化的动作等，如越剧电视剧《九斤姑娘》等就属此类。再一种则完全按照电视剧的思路创作，也可以说是电视化了的戏剧，如胡连翠导演的一些戏曲电视剧大抵属于此种类型。"

1979 年，浙江电视台首开戏曲电视剧风气之先。他们将越剧现代戏《桃子风波》改编为戏曲电视剧。几乎与此同时，上海电视台用舞台置景的形式，录制了越剧电视剧《祥林嫂》，随后又在实景中用分镜头的摄录方法，制作了越剧电视剧《孟丽君》。1980 年，四川电视台录制了川剧电视剧《三百三》。自此，戏曲电视剧这一新形式便在各地电视台逐步推广开。到 1985 年，已经创作出了一大批形式各异的戏曲与电视剧相结合的新作品。此时的电视戏曲，除了将在演播室进行的专场录像继续扩展深化以外，其最显著的标志是——"突破了传统戏曲舞台剧的格局，开始通过实景或搭景拍摄，向电视剧的时空过渡；剧中人物的语言、动作（唱腔除外），也有意抛开舞台虚拟化表演的程式，力求生活化的动作；在创作的总体风格上，不再遵循传统戏曲的写意性原则，而是与电视的写实性特点紧密结合起来。"换言之，戏曲舞台剧的表演程式、节奏、韵律，甚至包括某些情节内容，已按照电视艺术的审美要求与特点作了改造。因此，一种崭新的、与电视真正联姻的戏曲电视剧开始在电视荧屏上展露身手。导演胡连翠认为，戏曲电视剧既不是舞台演出的戏曲，又不是一般意义上的电视剧，在现阶段戏曲和电视的结合基本上有三种形式：第一种是用摄像机将戏曲舞台演出录制下来（有局部加工），通过电视播放；第二种是将戏曲电视化，采用实景拍摄，唱腔、语音、动作基本保持剧种特色，注意了镜头组接所产生的艺术效果；第三种是遵循电视剧的美学原则，人物造型、语言和行

---

① 刘守义. 办好电视戏曲节目　弘扬优秀民族艺术. 电视研究，2001（9）.

动基本按照电视剧的要求，而仅保留原剧种的本质因素唱腔，并加以发展。

至今，我国已拍摄300多部、2 000多集戏曲电视剧，且不乏一些深受观众欢迎的好作品。如京剧电视剧《膏药章》、《曹雪芹》；川剧电视剧《芙蓉花仙》；评剧电视剧《情醉老龙沟》；黄梅戏电视剧《朱熹与丽娘》、《家》、《春》、《秋》；越剧电视剧《秋瑾》、《孔雀东南飞》；昆剧电视剧《司马相如》；淮剧电视剧《金龙与蜉蝣》等，五彩缤纷，各具特色。① 大体说来，戏曲电视剧又分为三种样式：

第一类以写意为主，舞台表演痕迹较重，向戏曲靠拢。这是早期戏曲电视剧创作的主要特点，它与戏曲电影很类似。即以戏曲为主，虽介入了电视化的手法，却依然保留了戏曲艺术不可替代的艺术魅力和韵味，戏曲原有的表演风格基本不变。人们通常称之为"电视戏曲艺术片"。

从传统戏曲的表现方式上看，戏曲是以歌舞性的动作来展开冲突的。歌，是指地域性的唱腔；舞，即程式化的舞蹈。此歌舞性，兼容"唱、念、做、打"的全部内容，唱中有做，念中有舞。传统戏曲由于讲究手眼身步法，一招一式都有其固定的程式美。所谓程式，就是在戏曲舞台上建立的一整套艺术的秩序，是把生活中的动作变成节奏化或舞蹈化动作的手法。无论行当、服饰，还是唱念做打，乃至音乐、锣鼓等，传统戏曲都有其固定的程式。同时，为了使剧场每个角落的观众都能看清楚舞台的表演，情节的进展也有意慢慢道来。比如人物伴随着锣鼓慢悠悠地上下场、将士出征前整理盔甲的"起霸"动作等，在舞台剧中就呈现出一种身段美，尤其是同一段唱词在不同场景里反复演唱，像传统戏曲《蝴蝶杯》、《玉堂春》等就有类似情况，戏迷观众并不觉得拖沓、冗长。

在戏曲电视剧中，这显然已不合乎大多数电视观众的审美要求。他们更注重的还是剧情的跌宕起伏。因此，戏曲电视剧在极力发挥戏曲演唱的优美唱腔的同时，舞的成分逐渐减少，而吸收了电视以话白为主的特点，该唱的地方唱，能用语言表达的就用话白，不仅使得剧情相对集中，而且避免了大段唱词的过于琐碎的交代。如黄梅戏音乐电视连续剧《西厢记》，对白采用的就是普通话，且多为通俗易懂的口语，"我这是费力，你们读书人才费心呢"、"我们的性命都捏在你手里了"、"天下有钱有势的，有几个是说话算数的"等。甚至个别和尚的唱词也接近日常生活的语言，如"肉不能吃，酒不能喝，和尚我注定没老婆，本想下山讨一个，又怕佛爷不饶我"，再配之人物活泼、生动的画面形象，

---

① 杨燕. 中国电视戏曲研究概览. 北京：北京广播学院出版社，2002. 159～160.

这样就于无形中拉近了观众对剧情理解的距离，给人以贴近生活的真实感与亲切感。

当然，此种样式又与在剧场的实况转播有着本质上的区别。即摄像机已不再固定在剧场的某一位置上，而是创造性地选择最能表达导演意图、最能表现演员演技的画面；而灯光、化妆、色彩等也与舞台演出大不相同；采用多机拍摄和切换手段，使得演出的节奏大大加快，压缩了舞台表演中演员换装时的垫戏、程式中的重复表演及演员随心所欲增唱的段落、上下场的等候等；尤其是打破了舞台表演的空间局限，进入摄影棚乃至到实景中进行拍摄，增强了画面的真实感。诸如《膏药章》、《喜脉案》、《南唐遗事》、《四川好人》、《曹操与杨修》、《盘丝洞》、《朱买臣休妻》、《牡丹亭》等。这里仅以武汉电视台和湖北京剧团拍摄的《膏药章》为例，它已开始注重镜头语言的介入和画面的表现力，通过60幅精心设计的漫画来切换场景、交代情节、转换时空、烘托气氛，使全剧浑然一体，特别是利用摄像机的各种角度和机位，表现多变的构图和造型，创造了不同的意境。

第二类以写实为主，更接近生活，向电视剧靠拢。即电视化程度明显提高，电视剧的特性增强了，电视的手法和技巧更加娴熟。

从演员的舞台表演上看，传统戏曲是以活生生的实体人物的动作模拟角色的。演员面对的也是具体、实在的观众。而由于舞台时空的局限，戏曲只能借助假定性和虚拟性的手法来写意一个个剧情的瞬间。小小的舞台，容纳的却是大千世界，可以"仰观宇宙之大，俯察品类之盛"。这种戏曲时空的"无限性"，自然需要演员用心灵的"妙悟"来传达某种特定的舞台艺术美。

相形之下，电视更强调的是写实性的原则，主张用生活化的手法来反映自己身边的人和事，让观众相信这一切都是真实的。于是，戏曲电视剧在人物表演适当写意的同时，又尽量做到人物与环境描写的写实。如黄梅戏电视剧《西厢记》，在表现张生等待崔莺莺前来的兴奋和焦急时，画面是他急速旋转的小碎步，这本是戏曲舞台的表演身段，但辅之电视的处理技法，既逼真又形象。再如崔莺莺走进佛堂一场，因其美貌，和尚们都回头观看，"道场乱了套，脑袋当磬敲"，这里活灵活现的群像百态，就是一种生活化的动作与写实。

虽然大部分作品脱胎于舞台剧，但已根据戏曲电视剧的需要重新进行了创作。比如《九斤姑娘》、《琼花飘香》、《秦淮梦》、《胯下将军》、《情醉老龙沟》、《芙蓉花仙》、《狸猫换太子》等，甚至剧情、人物和主题都已发生了不同程度的改变。但有时为了保持传统戏曲的某些精华，就必须以最合适的形式来表达，尽量找寻戏曲与电视的交叉点。如古装戏《吕布与貂蝉》中吕布用"翎子功"调戏貂蝉的身段，是任何写实手法都无法替代的，就只能予以保留。再如《芙蓉花仙》，也保留了很多优美的富有表现力的舞蹈身段和表演程式。为了表现陈秋林似见芙蓉仙子含羞微笑的惊喜之情，就采用了小生踢衫身段，前后衣裙被踢平，并通过电视的慢镜头处理，淋漓尽致地展现了陈秋林欣喜若狂的动作和心理。

第三类介于前述两者之间，基本体现电视剧的遗传基因，是向电视化方向走得最远、戏曲特性保留最少的一类，也是探索性最强、引起争议最多的一类。诸如《孟丽君》、《家》、《春》、《秋》、《西厢记》、《玉堂春》、《桃花扇》、《啼笑因缘》、《二月》、《遥指杏花村》、《半把剪刀》、《朱熹与丽娘》、《原野上的马车》、《风流父子》等。这类戏曲电视剧在创作上基本遵循电视剧写实的原则，只保留戏曲的音乐和唱腔；在表演上已放弃程式化和虚拟化，追求生活的逼真；语言力求口语化，避免地方方言而采用普通话；削减叙事性唱腔，根据人物性格重新设计抒情唱段，自行设计音乐和唱腔；甚至采用电声音乐、地方乐调来丰富戏曲音乐等。① 这些做法使得这类作品已不再是原来意义上的戏曲和电视剧，而是具有了戏曲电视剧自身独特的风貌。例如《桃花扇》的结尾处，李香君在"你看家何在，国何在，还有什么儿女浓情醉不醒"的断喝声中遁入空门，侯朝宗在半醒悟、半无奈的狂笑中撕碎了血染的桃花扇。这一撕碎桃花扇的细节，不仅撕碎了两颗善良的心，也撕碎了对荒唐旧世界的愚忠之心。当扇子的碎纸片从空中纷纷飘落时，接下来是满山红叶飞舞的画面，给人以"花谢花飞飞满天"的氛围，展示出了震撼人心的悲剧美。这种以再现生活为基础的景物造型原则对戏曲电视剧的创作产生了深刻的影响，尤其是对表演艺术提出了新的要求，使其进一步脱离戏曲的影响而向电视剧的写实的表演原则靠拢。

三、戏曲电视剧的审美特征

既然戏曲电视剧已成为电视艺术当中的一个新品种，那么它何以具备荧屏魅力？或者说它具有哪些美学特征呢？

（1）景物造型的写实性。

传统戏曲的一个重要美学原则就是舞台时空的流动性——舞台的时间和空间一般不借助景物造型来体现，而是由演员或角色的表演来实现，即所说的"景随人走"和"景在人身上"，通过演员的唱词和动作来交代景物、环境。

戏曲电视剧则有意在景物造型上加以变化，并经历了最初的模仿舞台剧的

---

① 张凤铸. 中国电视文艺学. 北京：北京广播学院出版社，1999.299.

"简单景片—中性布景向实景的过渡—实景拍摄"的三个发展阶段。尤其是目前大多数戏曲电视剧都采用实景拍摄方式，可以说是戏曲电视剧创作的一种趋势。如越剧电视剧《九斤姑娘》和《田螺姑娘》、黄梅戏电视剧《朱熹与丽娘》、二人转电视剧《原野上的马车》、太谷秧歌电视剧《山杏》和《魁星楼》等，就开了风气之先。因此，实景拍摄（包括搭景），不仅大大丰富了戏曲电视剧的表现内容，而且也为充分发挥镜头和画面的表现力开辟了广阔的前景，真正实现了写实的时空观，并成为区别于传统戏曲艺术的重要标志之一。

（2）表演艺术的生活化。

传统戏曲的舞台艺术有两个重要的特点：程式化和虚拟化。即传统戏曲的表演语汇都是经过规范化的，且已具有普遍的意义。同一动作既可以在同一出戏中重复使用，也可以在不同的演出乃至不同的剧种中重复使用。

而现代戏曲除了保留传统的唱腔之外，基本不再以程式化和虚拟性的方式进行表演，往往从生活中重新提炼舞台动作和个性化的表演。戏曲电视剧直接脱胎于现代戏曲，自然也深受其影响，并集中表现为表演语汇的生活化。比如传统戏曲里的韵白，在戏曲电视剧中就已很少使用。虽然部分新编历史剧仍采用口白，且带有舞台化的痕迹，但在一些反映现实生活题材的作品中，则基本上使用生活中的口语。如《原野上的马车》、《遥指杏花村》、《风流父子》、《雾中人》等，其语言的口语化已与一般的电视剧毫无区别。甚至一些武打场面，也已很少再走舞台武戏和开打的表现性的路子，而是真刀真枪的对打，趋于写实。也就是说，戏曲电视剧表演语汇的生活化，不但已成定局，而且成为一种必然的存在方式。

（3）戏曲唱腔是灵魂。

清末民初的著名学者王国维曾经讲过，戏曲是"以歌舞演故事"，他认定戏曲的本质是歌舞剧。即构成戏曲艺术的三大要素——歌、舞、剧，其中处于核心地位的显然是歌（戏曲唱腔）。戏曲唱腔是戏曲艺术的灵魂，是戏曲区别于其他艺术样式的最主要的标志，且最能体现戏曲艺术自身的特征和审美价值。[①]

戏曲电视剧之所以有别于一般的电视剧，最主要的特征也恰恰在于戏曲唱腔。如果这最后的一条界线也不复存在，就无所谓戏曲电视剧的样式和称谓了。于是，在戏曲电视剧中基本保持戏曲艺术的旋律、节奏和音乐构成的方式，才会有不同剧种、不同唱腔的戏曲电视剧类型。

---

① 孟繁树. 戏曲电视剧艺术论. 北京：北京广播学院出版社，1999. 57～69.

当然，随着时代的发展和人们审美趣味的不断变化，戏曲电视剧也出现了多样化的趋势。一是在戏曲音乐的基础上加以歌唱化。即采用现代歌曲或歌剧的方法来演唱。胡莲翠的几部黄梅戏音乐电视剧最有代表性，很多唱段的唱法都受到现代歌曲的影响，更像是"黄梅戏歌"。再如李希茂的太谷秧歌电视剧《风流父子》，其曲调虽然是太谷秧歌，但唱出来却颇有民歌的韵味。二是出现新的综合化趋势。即将两种以上的戏曲剧种的唱腔糅杂在一部作品中，成为多种戏曲唱腔的组合。其中最典型的是多剧种戏曲电视剧《楚女择婿》，它至少采用了楚剧、花鼓戏、京剧三种唱腔；《戏审记》也将黄梅戏、楚剧、京剧三个剧种有机地融合在一起，别有一番味道。归根结底，无论戏曲电视剧如何花样翻新，其戏曲唱腔永远是不可或缺的灵魂之所在。

四、戏曲电视剧的拍摄

戏曲电视剧的拍摄应以分镜头剧本为依据，真正实现从以演员为中心转变为以摄像机为中心。不是摄像机服从演员，而是表演服从摄像机。摄像机所摄取的单个镜头，经过蒙太奇剪辑组合，创造了影视艺术的时空。其间虽有跳脱和空白，但观众习惯、承认了这种影视的假定性。如果摄像机依然摆脱不了依附的记录，跟在演员后面去完整地记录一个个场景，那么展现在荧屏上的就不是真正的荧屏艺术，因它所记录的是舞台艺术所创造的时空。当前许多戏曲电视剧仍然摆脱不了以演员表演为中心创造时空，不去充分开发电视语言功能，这使得相当多的作品时空变化不大，长时间停留在一两个场景，尽管也有镜头的推拉摇跟、角度的切换，但并没有改变时空关系，观众的心理时间并未延伸，心理空间也没有得到拓展。

（1）镜头切换。京剧电视剧《狸猫换太子》第2集"劫后余生"中，太监陈琳将刘娘娘用剥皮狸猫偷换太子一事告诉八贤王时，用快镜头在若干关于狸猫偷换太子的画面和八贤王表情变化的画面之间切换，关闭人物对话的声道，用紧张而急促的音乐做背景，既交代了前段内容，显示了事态的严重，又快速流畅地进入情节。另外，镜头的切换还用在处理画面节奏上。观看电视和在剧院看演出不同，在剧院观众可以长时间欣赏演员的大段精彩演唱甚至还觉得不过瘾，但电视观众绝不能忍受屏幕上演员大段的演唱而画面不变。针对这种情况，可以借助镜头的切换来处理画面节奏。比如演员演唱大段的唱腔时，可以用表示唱词意义的画面和演员的演唱画面交替出现。《狸猫换太子》第3集"咫尺天涯"中，刘娘娘之子摔死后要从皇嗣中挑一人做新太子，选中的新太子刚好是寇珠十年前送出宫去的真太子。此刻寇珠百感交集，有大段的演唱。

加之拍摄角度的变化和画面构图、色彩的和谐，使得观众在欣赏唱段时得到赏心悦目的享受。

（2）叠影。《狸猫换太子》第11集"碧血青天"中，太监郭槐酒醉后被包兴扶入暗房，心生恐惧，在喝水的杯子中叠出狸猫的影子，导演让郭槐看到钟馗画像时再在画面叠上骷髅的影子。两个叠影的使用，将郭槐的恐惧心理和他的命运巧妙地暗示出来。

（3）闪回。越剧电视剧《九斤姑娘》中，石宝宝回到家乡，在桥上遇到儿时的伙伴九斤姑娘，二人百感交集，大段的唱段中也采用闪回的手法穿插二人小时候的情景：石宝宝的皮球掉到河里，正当他焦急万分时，九斤姑娘用竹篮从桥上把皮球捞上来了，石宝宝喜出望外，也记住了九斤姑娘。这一段闪回不仅丰富了画面，而且为二人相互之间产生好感作了必要的交代，可谓一举两得。

（4）传统的戏曲演出，观众只能从一个角度观赏全景式的表演，演员之间的关系一目了然，演员的舞台活动无须交代。一方面，绝大多数观众只能远距离地观赏，演员的动作往往是高度夸张的，这些特点都是由舞台演出特点所决定的。而屏幕中，这些特点都发生了变化。现在的戏剧电视节目都是多机拍摄、自由切换，观众在屏幕上看到的是多角度多侧面的演员表演，这无疑扩大了观众的视角，尤其是俯仰拍摄，给观众不同于剧场的视觉感受，增加了表演的表现力。另一方面，它又限制了观众，观众只能随着镜头的推、拉、跟、摇、移去观赏，看到的只是摄像者看到的画面，再加上近景镜头的频繁运用，容易造成演员关系的混乱，缺乏彼此的呼应，尤其是戏剧电视剧中的搭景使空间显得有限，人物活动易乱。

而电视的小屏幕决定了观众与电视的距离一般在二至三米之间，在镜头运用上也多用中、近、特写镜头，由此使得舞台的远距离观赏变成了近距离的审视，这就增加了演员表演的难度，表演上哪怕出了一点问题都会清晰地呈现在观众面前。在戏曲舞台上能产生效应的"明星"的容貌、体态处于次要位置，但在电视屏幕上可能上升到主要地位。这些艺术家可能因为年龄、容貌、体态等原因，对他们使用中近镜头，往往使观众觉得美感尽失。这就要求在这一问题上多用全景镜头，或者由年轻演员表演，艺术家退居幕后配音。即电视近距离的家庭观赏方式和摄像机全方位变换角度，极大地缩短了观众和演员的距离，打破了剧场才有的僵硬不变的观赏角度，使观众仿佛走进了剧中。演员如果还像在舞台上对着"第四堵墙"（观众）那样对着摄像机（代表观众的眼睛）做出种种眉飞色舞的大动作的夸张表演，只会令人感到滑稽可笑。

关键是演员在表演上要坚决抛弃舞台上夸张、虚拟、程式化那一套语汇，采用适合于荧屏艺术的语汇。例如《窦娥冤》的创作人员熟悉戏曲艺术的时空转换关系、充分利用镜头切换，贴切地保持与剧情、人物内心情绪、唱词时空关系的一致。剧中高潮处，窦娥行刑后，白练瞬间变成红练渐渐消失于漫漫大雪中，紧接着连续几个空镜头，如被雪覆盖的台桌以及柱子等，这一组空镜头将窦娥的冤屈形象地告诉了观众，画面的构思胜过了很多言语唱白的表达，实乃妙不可言，而窦娥在临死之前舍性命含冤情的大段唱腔，丰富的面部表情，戏曲化的技巧身段，又保留并发展了戏曲的精华。既有影视的写实，又丰富了戏曲的写意；既有影视的叙事特点，又有戏曲写意的意境；既保留了戏曲大段唱腔，又具备民族歌剧咏叹调的意蕴，堪称电视戏曲的精品。

五、电视戏曲普及的途径

当下，我们又必须正视和意识到电视戏曲的缺陷，电视上观众与演员有屏幕相隔，观演双方共同营造、相互激励的剧场效果（又称"场气"）缺失；电视的画面构图、景别、分切、角度选择等，使舞台效果支离不全，戏曲舞台的整体美感被破坏；最重要的是戏曲这一舞台艺术的写意、虚拟特性与电视表现直观、具象的特质相冲突，把握不好则导致或者呈现"话剧加唱"状态，或者对戏曲本体造成伤害。加之戏曲观众的大量老化和流失，已经直接影响了电视台的广告效益和承办戏曲节目的积极性，这也是影响电视戏曲进一步发展的重要原因之一。电视戏曲应在继续为老观众和戏迷服务的同时，努力争取一批新的观众。

（一）将电视戏曲通俗化

传统戏曲原本就是一种雅俗共赏的艺术。它最初起源于民间，而后进入宫廷。即在戏曲艺术中，既有俗的一面，也有雅的一面。电视戏曲编导完全可以把通俗易懂的戏曲作为吸引新观众戏曲入门的前导，特别是在制作戏曲欣赏节目时，对曲高和寡、雅化了的传统戏曲，应进行通俗易懂的阐释工作。

（1）为唱词和念白附加字幕。

传统戏曲以表演为主，唱腔集中体现戏曲声乐艺术的神韵和精华，但戏曲以方言演绎较多，往往使一些不常接触戏曲的观众听不清、看不懂，电视戏曲编导有必要为唱词和念白附加字幕，从而使观众能够加深对剧情的理解，或引起欣赏戏曲艺术的情趣。

（2）增办戏曲知识讲座节目。

中央电视台在《九州戏苑》和《中华文艺》等栏目中所设立的戏曲知识讲座，对戏曲的唱腔、表演、武打、技巧、化妆、服饰等进行专题介绍，这对普及传统戏曲、争取新观众都是非常有益的。

（3）鲜活的节目串联，引导观众入戏。

即电视戏曲栏目的主持人，应该懂得一些戏曲专业知识，才能得心应手地串联节目。如评书表演艺术家田连元广学多才，他在辽宁电视台主持《听书看戏》栏目时，就把剧情改编成评书小段，穿插在戏曲片段中演讲，他用娓娓动听的评书讲解剧情，不仅为戏曲欣赏锦上添花，也能够引导新观众很快进入戏曲欣赏之中。

（二）增加电视戏曲节目的趣味性

电视戏曲若想赢得新观众的喜爱，首先要加强节目的趣味性。中央电视台的《过把瘾》、北京电视台的《同乐园》、辽宁电视台的《学一招》和安徽电视台的《擂台赛》等栏目都积极鼓励观众踊跃参与到节目中，借以诱发他们对戏曲的兴趣。同时，观众也在学习或模仿戏曲的表演动作中领略戏曲艺术的魅力。中国的戏曲观众不仅爱听戏、爱看戏，还有"票戏"的传统，即嗓音条件好的观众还要学唱几段戏，或登场演上几出戏。如中央电视台举办的《京剧教唱》、《戏曲教唱》等栏目，对观众学唱戏曲和了解戏曲知识，都起到了很好的传播与推动作用。而"反串"也是戏曲界喜闻乐见的一种表演方式。每逢年节，戏曲界名家常在戏中饰演非本行当（专业）的角色，使观众感到别有一番风趣。许多电视戏曲晚会也承袭了"反串"这种表演方式，给晚会增添了新意和乐趣。如著名电视节目主持人周涛、鞠萍、孙晓梅、刘璐在2001年春节文艺晚会上与著名豫剧演员小香玉联袂演出豫剧《百岁挂帅》，就给观众留下了深刻的印象。

由于传统戏曲是一种"形式大于内容的艺术"，戏曲电视剧若不在故事性上下功夫，就很难吸引到观众。也许有人会认为这是牺牲传统戏曲的精髓去迎合大众，但电视文化本质上是大众文化，戏曲电视化本身是将传统戏曲中某些因素"移植"到电视中去，使它成为大众文化的一部分，成为受群众欢迎的一个艺术品种，以延续它某种"基因"。如《智取威虎山》杨子荣打虎上山一段，与其让杨子荣骑在马上大段地唱，倒不如画外伴唱，剪辑组合与其长度一致的杨子荣策马驰骋雪原的一组镜头来得生动活泼，同时还解决了唱和做的矛盾。

（三）将传统戏曲现代化

传统戏曲所反映的生活内容和固有的程式化表演形式，已难以适应当代观众的审美习惯。传统戏曲艺术若要求得发展就必须进行改革。而电视戏曲具有大众传播媒体的优势，应努力创作出一些适应于时代、可视性强的电视戏曲节目，使电视戏曲在众多艺术的挑战中，赢得一席之地。为此，就要拓宽电视戏曲的节目内容和形式。电视戏曲不仅可演传统戏，也要有反映现代生活题材的节目，现代京剧的成功实践可以借鉴。

　　大部分观众趋向于分屏观看多个机位的画面，观众用自己的眼睛在分屏画面中选择要看的画面。这种影视审美方式打破了蒙太奇在时间顺序上的组合，同一时间多个画面的格局形成了空间上的蒙太奇。这种类似于监视器的观看模式给人以极强的空间审美真实感。同一拍摄对象在多个机位画面中同时出现，满足了观众全面观看事物的欲望。通过不同角度、不同景别、不同镜头运动的平面化并置，比导播制作的方式给人更强的控制感和驾驭感。而且不必通过导播的切换，这样就不会因为导播的疏忽或对现场不熟悉而没有选到重要画面。这种对现场的空间的把握为观众审美提供了新的自由度。

　　这种模式的不足：镜头过渡技巧带来的技术美不再存在，比如"叠化"营造的温柔缠绵、"淡入淡出"塑造的结束感、数字特技带来的炫目感和惊奇感都无法在空间画面并置中体现出来。并且这种模式，其声音的表现十分单一。传统的导播切换模式，声音可以很好地配合画面，比如全景画面的声音有空旷感和长混响时间，特写画面的声音有喘息声和较少的反射声。在分屏观看时，声音不可能将各个画面的声音特征反映出来，只能用某一个画面的声音，或者另配声音，很容易出现声画不统一的现象，声音和画面的组合感官审美被削弱了。如何将传统多信道导播的模式和新技术提供的多机位并置观看的优点结合起来，值得技术研发者和影视制作者共同研究。

（四）戏曲艺术电视化

　　传统戏曲与电视，前者为艺术，后者为媒体。两者既对立又统一。过去曾有人抱怨电视夺走了舞台戏曲的观众，今天又有人讲是电视促进了戏曲艺术的繁荣。电视戏曲（亦称戏曲电视）是传统戏曲艺术与现代电视媒体相结合的产物。戏曲电视化是电视文艺工作者运用电视的科技手段，对戏曲艺术的原始素材进行再创作，使戏曲虚拟、程式化的舞台表演与电视（蒙太奇）镜头实现完美的结合，从而使戏曲艺术得到升华或派生出一些新的电视艺术形式。如电视戏曲艺术片、戏曲电视剧、电视戏曲晚会、由戏曲唱段或戏歌制作的戏曲电视等。

　　此外，频道的专业化也拓宽了电视戏曲节目的传播空间。如20世纪90年代中期开办的戏曲频道，大幅度地增加了戏曲节目的播出时段，也强化了节目的民族特色。戏迷观众可从戏曲频道观赏到自己喜爱的各类戏曲节目。即频道专业化解决了电视节目雷同和缺乏特色的问题，也满足了当代观众审美取向个性化的需求。

综上所述，电视与戏曲的结合是一种必然的趋势。虽然戏曲依旧是灵魂，但电视化手法的运用，不仅拓宽了传统戏曲舞台的表演空间，而且电视的写实特点和实景拍摄等技巧，都在不同程度上丰富了电视戏曲的表现内涵。恰如中国传媒大学周华斌教授所言："荧屏上的戏曲，可以是原创，可以是继创，也可以是再创——它既可是舞台艺术的记录；又可把握电视的艺术特性，对戏曲进行不同程度的声像化处理；也可进行荧屏戏曲的再创作和再创造。电视艺术品位的高下，不在于形式的新旧，也不在于琢磨什么新样式和开发什么新品种。关键在两点：艺术本体的把握和载体功能的发挥。抓住这两个关键，手段的运用和样式的变化自在其中。"①

【思考题】

1. 电视戏曲是如何定义的？
2. 简述电视戏曲的主要表现形态。
3. 简述戏曲电视剧的荧屏魅力。
4. 简述电视戏曲普及和发展的途径。

---

① 杨燕. 中国电视戏曲研究概览·序言. 北京：北京广播学院出版社，2002.10.

第九章　电视纪录片

纪录片创作通常有两种模式：一是开拍之前制订一个比较详细的拍摄方案，包括拍摄的风格与样式、线索的安排、结构的设计；一是没有具体的拍摄大纲和实施计划，边拍边想，在拍摄中寻找线索、安排结构、确立主题。即常见的纪录片写作大体分为三个步骤：选题确定之后，写一个拍摄方案；声像素材摄制和收集之后，写一个编辑提纲；声（现场声）、画初编成片后，配写解说词。

一、纪录片中的解说词

纪录片是声画结合的艺术，不仅为视觉提供直观形象，也为听觉提供借助于想象、联想、情感等手段而形成的内心视像。解说词作为纪录片构成中的一个成分，并不是一种独立的文体，而是对画面进行解释、说明、强化的言语形式。即解说词必须与画面配合才能真正地实现其本体价值。[①] 而就纪录片的文字写作部分而言，虽然分量相对较轻，一般不需要详细的脚本，也不需要过多的解说词，但并不意味着写作难度小，相反，解说词写作是非常需要功力的。

在纪录片创作中，要不要使用解说词是一个重要的抉择。许多优秀的纪录片无须添加解说依然可以完成叙事，但在现实素材故事性不强的情况下，就必须依靠外力。解说词能够精练故事，推进故事发展，传递多重信息。但有时，由于解说的干扰性太强、主观性太强、独立性太强，也会被观众视为作者的主观评判，应该谨慎使用。

在各种风格流派中，格里尔逊所倡导的英国纪录电影就非常依赖解说，"我以电影为讲台"。在纪录片《煤矿工人》、《夜邮》中，对于社会政治生活的理解和观点往往就是通过画外音解说得以阐发的。与之相反，"直接电影"基本上不使用解说词。"根据我以往的经验表明，要是一部电影有效应，必须把观众当成成年人，必须设想他们作为成年人，应该有自己独立思考的能力。如果你在电影中放旁白的话，观众会觉得他们没有被当成成年人看待。我想，纪录片不应该把所有发生的事件简单化，因为如果你加了旁白的话，你好像就向观众

---

① 宋家玲，张宗伟. 电视片写作. 北京：中国广播电视出版社，2003.126.

在作解释，但是你拍摄的整个事情是很复杂的，不可能用一个解释来完成。"①德国的里芬斯塔尔也视解说为纪录片的大敌，在《意志的胜利》中完全以希特勒及纳粹党羽的演说来结构全片。多年以后，一位大学的电影教授在《意志的胜利》解说版里，俨然以上帝的视点对《意志的胜利》中的每一个镜头进行了解释说明。其中，固然交代了纳粹党代会的一些背景知识，可大多数的说明只是对画面内容的简单复述。这位教授的目的是帮助人们认识纳粹的反动本质，事实上他却大大低估了观众的理解能力和智力水平。

这样看来，不使用解说词的好处在于，能够提供一个相对客观、公允的视角，让观众自己去作判断，而不至于形成话语强权；而不使用解说词的麻烦在于，缺乏对事件发生背景、人物性格形成脉络的交代。一些重要的段落会形成叙事的断点，如果不通过字幕来弥补的话，可能会引起观众的失望和不满。于是，在一些为电视制作的纪录片中，为了扩大信息密度，加快叙事节奏，时刻抓住观众的注意力，采用解说几乎是不可或缺的。美国《60分钟》的编辑就谈到了解说的重要性："你可能了解到什么地方还要插入解说词，如果你不想写些什么，那你就入错行了，写作是非常重要的一环。纪录片哪怕没有解说词，也有许多写作的事情要做。也就是你构思时，就要写在纸上。电视写作要简洁明了。我们写作是为了观众听的，不是为了供人阅读的。片子总会有一个理解的沟坎，需要解说词去填平。"

（1）优秀的解说词是将观众的注意力引向事物的某些段落，而不是引导观众倾向于任何一方。解说的目的在于帮助观众对于片子所呈现的素材产生自己的判断。

（2）解说词应该是简单而直接的口头语言，而不是只适合阅读的文字。即解说词需要去除夸张、空洞、装饰性、深奥的文学词语，拒绝重复画面中已经传递的信息内容，力求言简意赅地说明事态的发展，提醒观众去注意后续情况的发展方向及随之浮现的重要意义。

（3）根据画面写解说词。画面是决定性的结构因素，解说主要是起到补充画面信息和升华主题的作用。

（4）根据解说剪辑画面。大多数的文献纪录片是依靠文字来组织结构的，解说统率画面，画面只是为解说作注脚。即先找到专人撰稿，再严格按照声画对位的方式剪辑。当然，解说词不要太满，应该为画面、音效留有空间。

在录制全部的解说之后，导演还要录配音室里的2分钟左右的无声空音。

① 单万里. 纪录电影文献. 北京：中国广播电视出版社，2001. 481.

即在后期剪辑时，万一导演想使解说与解说之间的停顿加长，或在每段解说开始之前有一段空音的效果，这段无声的空音就显得非常重要。

二、纪录片中解说词的功能

由于画面影像难以完整地再现过去的事情，难以表现抽象的概念，也无法直接揭示人物复杂的内心情感世界，便为解说词提供了巨大的生存空间。解说词正是以画面为基础，在与画面的相互配合、依存、加强的关系中形成了自身的特点，发挥着独特的功能。

1. 叙事功能，表现画面难以表述的意念

纪录片是叙事的艺术。为了使观众迅速了解事件的起因、发展状况，就要对事件发生的地点、时间、所涉及的人物等基本要素进行交代。例如，纪录片《远在北京的家》开头的一段：

画面	解说
村庄全景。 张菊芳的祖母走向镜头。 农村田野。	1992 年 2 月 19 日，是农历正月十六。新年的气氛仍笼罩着农村的每一个角落，喜庆的鞭炮硝烟仍然没有散尽。 这天清晨，当许多人还在睡梦里的时候，在安徽无为县赫店乡岗埠村，有一户人家起得特别早。全家人要为第一次离家去北京当保姆的张菊芳送行。

这段解说词没有一句多余的话，完整地体现了事件叙述的几大要素：when、where、who、what、why。如果没有解说词，单靠画面是很难传递出这些信息的。

再如，纪录片《话说运河》中的"前前后后"的一段解说词："运河是一条人工开凿的河流，当然它不能跟黄河、长江同日而语、相提并论。但是，它已经在人世间生存了一千年、两千年，推敲起来，世间万物的存在总有它存在的必然性。那么，运河存在的必然性是什么呢？"在这段解说词中，有些意思是画面无法表达的，就需要解说词来辅助。

2. 补充和强化功能

摄像机拍下的画面永远只能是生活的局部，可能会造成叙事的断裂。虽然通过一些特殊手法可以使某些内容得到强化，如运用长镜头强调过程，运用特写镜头使要表现的事物得以突出，但有时观众可能意识不到画面的"良苦用心"。这就需要解说词结合画面内容进行补充、提示甚至强化。如纪录片《藏

北人家》，片中出现一个长约一尺的灰白色皮袋子，解说词说道："这种皮口袋叫'唐瓶'，它是藏北牧人特有的饭盒，里面装着一天放牧所需的干粮。"解说与画面配合相得益彰，让观众对少数民族的生活习俗有了充分的了解。

3. 抒情表意和提炼升华功能

解说词赋予画面以确定的含义，使其叙事更加集中、精练，深化主题的内涵。如纪录片《藏北人家》结尾的解说词："新的一天开始了，昨天、明天的太阳都是一样的。他们的生活就像纺线锤循环往复，就这样往复循环。"再如纪录片《寻找他乡的故事》，其开头"如果说婚姻是一场赌博，赢得的是一次出国机会，那么输的却是终生的幸福"，就是把电视画面没法传达的深层内涵，通过字幕和解说加以诠释，让观众明白了该片的主题。而在《让历史告诉未来》中也有一段对抽象主题的概括，画面上是导弹发射基地总控室的一颗红色按钮，解说词是这样的："这是一颗非同寻常的按钮，任何人都无权随意按动的按钮。但当人民的和平需要用武力维护的时候，一个军人的手指会按照统帅部的指令伸向按钮，准确、果断、轻轻地一按，巨龙就会带着震撼人心的呼啸腾空而起。"

也就是说，解说词具有情理拓展的作用。情理是指被解说对象的深层思想文化底蕴。如大型纪录片《敬爱的周恩来总理永垂不朽》的解说词，除了有群众为总理送葬画面的解说外，还有着大量的情理拓展。即在画面的深层蕴含着人们对总理的沉痛哀悼和深切怀念。诸如解说词："周总理啊，周总理，全国人民都在哀悼您，都在呼唤您，都在想念您。八亿双眼睛都想看一看您，八亿颗心哪，都在为您哭泣。人们手捧讣告热泪流，千言万语涌心头，哀思无限，难以诉说。"这几句解说词既是创作者主观意图的直接表达，也以高度的抽象与概括力对全片的主题予以了进一步的提炼和升华。

当然，近年来，随着纪实主义的兴起，利用解说词直抒胸臆的情况少了，创作者往往将自己的感情隐藏起来。即使抒情，也不动声色，显得外冷内热。如专题片《共产党宣言》中的一个片断：

画面	解说词
马克思逝世。 瞻仰墓地。	1883 年 3 月 14 日，马克思坐在安乐椅上，安静地睡着了，他已经是永远地睡着了。人类失去了当代最重要的一个头脑。
墓前献花。 墓碑。	马克思去世后葬在伦敦郊外海格特公墓一个偏僻的角落。直到 1956 年，马克思墓才被迁到新址，并竖起一尊巨大的马克思铜像。

这段解说词没有一句直白的抒情，而是引用了恩格斯《在马克思墓前的讲话》一文中的话，并不动声色地叙述了马克思去世后，迁移墓葬和竖立铜像的经过，看似冷静的解说之中，包含了后人对一代伟人的深切缅怀之情。

4. 结构功能

由于纪录片只能从现实生活中选取最具代表意义的片断进行组接式表现，画面往往是跳跃、无序和散乱的。这就需要解说词将散乱的画面有机地串联起来，组成简洁明了的叙述结构。

例如，纪录片《沙与海》中的一个片段，就是通过解说词来完成画面衔接的功能的：

画面	解说
刘丕成在手压井边压水。 燕子窝。 刘泽远妻子烧火，女儿切菜、炒菜。	无论是大海还是沙漠，对于刘丕成和刘泽远来说，都是无法与之抗拒的大怪物。无论是生存还是发展，他们似乎都走在同一条道路上，就是顺应。在这个基础上，天长日久，当他们和周围的环境逐渐协调起来的时候，无论面对什么情况，他们都会镇静而有序地加以对待。除了天气预报，外部世界的其他消息对他们都无关紧要。

在这个片段中，画面由远在海岛一家人的生活转到了沙漠中的另一家人的生活。如此之大的时空跨度，观众的思维很难一下子跟上。虽然中间加进了燕子窝这一空镜头作为过渡，但仍觉得突兀。于是，解说词起到了对画面进行串联的作用，指出两家人共同面对的是大自然的巨大威胁，使得两家人的生活有了可比性，两组生活画面的衔接也就有了合理的依据。

5. 转场作用

解说词具有协调场面过渡、画面转场的作用，使电视画面连贯、流畅。在观众短暂的听觉注意中，巧妙地引入下一个画面，使场面过渡自然，节省了不必要的画面时间。如纪录片《藏北人家》，在介绍男主人公一天的放牧生活之后，便以"丈夫在外放牧，妻子在家干家务活"的解说，很自然地进行了环境场景的转换，开始将镜头对准其居家的生活。

再如，纪录片《南极，我们来了》，在介绍南极考察站的各种设施时，插了一个过渡性画面：一只站在礁石上东瞧西望的企鹅。当解说"这只企鹅似乎看到了什么"时——画面转到气象站；"它似乎又听到了什么"——画面再转到邮电通信设施；"它似乎又闻到了什么"——画面又转到食堂。即解说词说它干什么都可以，在这时切入相关的画面，不同的空间就被巧妙地连在一起了。

同时，电视解说词还以其口语化的提示，调动观众联想和细节注意力，完成场面过渡。如纪录片《绿色长城》第7集"成吉思汗陵前"，其解说词为："倘不是地沃宜耕种，草长便畜牧；倘不是粮丰草肥，人骠马壮；倘不是大草原大风雪中炼就的筋骨和胆略，成吉思汗，你能够所向披靡称雄天下吗？没有兴安岭，没有呼伦贝尔，哪有成吉思汗？"总之，解说词的语言要具体、形象、准确，要与画面有内在的联系，给观众提供更多的联想和信息，达到一种既在情理之中，又在意料之外的效果。解说词不能离开电视画面而存在，它是对画面内容的丰富和深化。我们既不能夸大，又不能小视解说词的功效，它与画面共同实现着荧屏形象的塑造，使得声画和谐统一。

三、纪录片中解说词的写作要求

解说词既不是看图说话，对着画面作死板的注释和讲解，忽视观众的图像接受能力；也不是脱离画面的漫无目的、不着边际的"胡吹乱侃"。解说词主要对画面进行引申，它追求多种符号的有机融合和整体效果的完整，使人在"听"的同时，也在"看"，它要达到的是"耳闻目睹"的双重功效。因题材、内容、风格的不同，不同类型纪录片对解说词写作也有不同的要求。诸如纪实式、议论式、抒情式、访谈式、自述式等，各有不同的写作特点。但大体上，所有类型的纪录片都必须遵守如下写作要求：

1. 为"看"而写

解说词有别于一般的文章，不是为了供读者阅读，而是促使观众观看画面。即解说词要能引起观众"看"的注意力，设法把观众的目光集中到画面上，使观众由无意注意转向有意注意。解说词要立足于观众的视觉感受，注意画面形象的呈现方式，把画面作为解说的出发点和归宿点，使观众通过解说自觉地将听觉信息与眼前的视觉信息相联系，对处于无序状态的画面信息进行必要的整合，充分领悟画面之间的逻辑关系。于是，解说词要尽量创作适当的指示关系，多用指示代词，使观众读解多义性画面时得到必要的引导，从而顺利进入电视画面，充分理解画面的内涵，加深对画面直观形象的感受。即解说的文字中包含着这样一定量的潜台词——"请看画面"。例如，纪录片《南极，我们来了》当中的解说词："过去，南极只在我们的心中，在我们的梦中。如今，南极来到了我们的眼中。"那么，我们眼中的南极又是什么样的呢？观众会很自然地抬起头来看电视画面。而纪录片《藏北人家》，在介绍当地一种食物的吃法时解说道："这是牧人们普遍食用的一种食品。它是用青稞炒熟后，磨成粉，加上一点酥油和热茶做成的。这种吃法很特别，老年人喜欢干吃。"这就使得观众不得不抬头看画面，想知道究竟是如何"特别"、"怎么干吃"。

再如，纪录片《新中国》第五集"在动乱中"，就找到了十几处使用指示代词来引导观众关注画面含义的解说词："历史时代的沧桑巨变，今天，我们只能从不多的文字记载和戏剧艺术中去了解和感受这位传奇人物（"这位"指代吴晗）。正是在这种历史大背景下，吴晗执笔写就了这部京剧（"这部"指代《海瑞罢官》）。这里是上海市委机关所在地——康平路。那是一段不堪回首的动乱岁月。"也就是说，解说并不具体描述画面形象的存在方式和运动方式，也不用详细交代画面的内容，只是给一个提示，引出一些普通观众不一定一眼就能看出味道的东西。即解说词的任务就在于把这些东西揭示出来，指给观众看，至于具体的内容让观众自己去看画面就好了。

2. 为"听"而写

解说词不是对画面的简单说明，而是要使观众看清楚画面，且帮助观众准确地理解画面的内容。同时，纪录片的解说词又是通过播音读给观众"听"的，在写稿时还要考虑听觉因素，使解说词符合听觉习惯。

（1）解说词用语口语化、生活化、通俗化。

由于纪录片的传播不可重复，必须使观众一听就懂。即解说词的用语不要过多地使用复杂句式，尽量避免晦涩的词句，少用华丽的形容词，要尽量口语化、生活化、通俗化，并尽量使用短句。比如，诞辰—生日、相貌—模样、降雨—下雨、身躯—个子、蓄意—存心等，前者是书面语，后者是口语。

（2）解说词要有一定的节奏感。

解说词不仅要让观众听得懂，还要让观众愿意听。这就需要解说词在听觉上具备一定的美感。如汉语中的四声、平仄、韵律等以及一些修辞手法，如对比、对偶、排比、重叠、反复等，若使用合理，就会产生抑扬顿挫、起伏有致的语言节奏，也会产生不同的气势和韵味。一般说来，说话时嘴张得大（开口度大）的字，音波振动幅度大，也就比较响亮、明朗。写解说词时，应尽量把不够响亮的字换成比较响亮的字。比如，与—和、及—跟、始—起、至—到等，意思一样，但后者发音更响亮、更生活化。

与此同时，还要多用双音节词。单音节词只有一个音节，声音短促，不容易听清，也不符合我们日常的口语习惯。双音节词有两个音节，音波存在的时间长一些，给人留下的印象要强一些。比如，曾—曾经、虽—虽然、因—因为、但—但是、自—自从、前—以前、应—应该、望—希望、到—到达等。

（3）口语化的解说词多用短句。

一个长句子包含的三个或四个信息点可以换成四个包含一个信息点的短句子来表达。比如"今年快60岁的王云庆老汉和他的两个大学毕业的儿子合伙办了一家养鸡场"，可以改写成"王云庆老汉快60岁了，两个儿子也都大学毕业了，他们三个合伙办了一家养鸡场"。

3. 配合性

纪录片是由声音和画面两大系统组成的。声音系统包括解说、同期声、音乐、音响等；画面系统包括构图、光效、色彩、影调等。所有这些因素并不是互不相干、独立地发挥作用，而是相互作用、配合，共同构成一个有机的艺术整体。画面和声音这两个主要的构成因素，是一种相互补充的互补关系，两者共同创造着屏幕形象。

画面和声音是"若即若离"的关系，它们各自有着不可替代的功能。画面上能看到的，是有声语言没有表达出来的信息，其直观的、具体的可视性就减少了不必要的解说；而要揭示画面更深层次的东西，突破画面时空的限制，扩大传播的容量，又需要解说词的介入。即画面擅长表现直接信息，不擅长表现间接信息，解说则擅长表现间接信息，表现过去和未来、抽象的数字或内心体验。两者都必须扬长避短，充分挖掘每种手段独特的表现力，以达到声画结合的最佳效果。而解说词就是在与其他因素相互配合的过程中，显示出它与一般文字相异的特征。纪录片的解说词不应该是画面内容的简单重复，不是"看图说话"。但解说又不能与画面内容完全脱节，导致"声画两张皮"。即解说词依据画面而存在，却又不是画面的附庸。一般情况下，每段画面都要长于解说词。由于很多信息可以通过画面本身或同期声、效果声来表现，解说词要少而精，一般每分钟在120～160字为宜。若访谈内容较多，解说更要减少。

例如，纪录片《沙与海》中"打沙枣"的经典段落，共有17个镜头，采用了推、拉、摇、移等多种拍摄手法。在声画方面不仅有解说，还运用了音响、音乐等要素，比较典型地体现了纪录片诸要素之间的配合，其解说词的长度就短于对应这组画面的长度：

镜号	景别、摄法	画面内容	音乐、音响	解说词
1	中景、跟拍	刘泽远父子去打枣		
2	远景	父子来到枣树下		离刘泽远家门不远的地方，长着几棵沙枣树，是种植的还是自生的，谁也搞不清楚。从来没有人为它浇水，然而这几棵树每年都开花结果。沙枣树耐干旱和寒冷，结出的果实就叫沙枣。果实是甜的，又非常涩。
3	全景	父子展开毛毯		
4	全景	儿子爬上沙枣树		
5	全景	扔给儿子打枣棍		
6	中景	儿子打枣		
7	中景	儿子打枣	音响：风声	
8	中景	刘蹲在沙地拾枣	音响：打枣声	
9	刘面部特写拉至近景	刘拾沙枣	音响：风声	
	近景	刘拾沙枣		
10	特写	刘手部拾枣特写	音乐渐起，音响渐弱至无音乐渐强	刘泽远每年都要去打枣，并告诉他的孩子们，沙子里长东西太难，不收回来，落在地上，再刮一场风，就什么都没了。
11	特写	刘面部特写		
12	近景	刘拾枣		
13	特写	刘手部拾枣特写		
14	近景，由毛毯上沙枣摇至沙地上	沙枣，刘拾枣		
15	近景	父子拾枣		
16	全景拉至远景	父子拾枣		
17				

这一组镜头一气呵成，表现了刘泽远父子打枣的完整过程。单从画面上看，以第8个镜头为界，分为前后两个部分：之前多用中景、全景镜头记录过程，之后多用特写和近景表现情感。在这一段落中，所要表现的重点并不在于他们如何打枣，而在于以沙枣树衬托刘泽远与恶劣的生存环境相抗争的精神。由于画面的表现作用已经发挥得淋漓尽致，故在后半部就不再进行解说，以免重复。再从解说与音乐的关系来看，在第二段解说的后半部加入了现场声，而在解说结束之后，音乐渐起，音乐与现场声并行，然后现场声渐弱，音乐渐强。即音乐已经具有强烈的抒情性，不需要解说词画蛇添足。解说词的适时退出，把声音的空间留给音乐去表现，较好地体现了解说与画面、音乐的有机配合。

4. 不完整性

对于纪录片来说，解说词要与其他要素相配合，就不太可能独立成章。只有当画面对某些内容无法表现时，解说词才有必要"挺身而出"。即解说词往往是断断续续的，如若离开画面，可能会让人觉得莫名其妙。正是这种不成篇章的解说与其他要素相互配合，才构成了纪录片完整的艺术整体。

施拉姆认为，画面是一种"模糊语言"，具有含混性和多释性。即解说词要有明确的主题指向和说明重点，以挖掘画面内涵，提升画面的表现力。任何一个解说对象的说明存在着不同的方向和重点，这个方向和重点是由解说词的主题所决定和制约的。解说不能面面俱到，要突出事物的精粹和关键，提纲挈领，要言不烦。它是要针对被解说对象的缺失信息，进行必要的补充和增加，从而使读者接受到画面和实物本身无法传递和难以表达的含义。它或是被解说对象的背景材料，或是其潜在的深层思想文化内涵。如纪录片《庐山——别墅春秋》中的一段解说词："1949 年 9 月 30 日，蒋介石站起来，走了。1949 年 10 月 1 日，毛泽东走进来，坐下了。当年蒋介石得到美庐正好是 8 月 8 日，但他弃庐而去。外国有句谚语说，每个人都是自己命运的建筑师。蒋介石、毛泽东在同一所房子里建筑了他们完全不同的命运。"即"解说词固然是解说画面的，但它更重要的任务是起补充作用，补充画面没有的信息。它与画面的关系，有两点最为重要：一是相互弥补，二是相互深化"①。

尤其是电视画面难以表达的东西，如对人物心理状态的刻画、对于抽象概念的揭示、对未来可能发生事件的展望以及重现已经发生或时过境迁的历史事件等，都可以用解说词来交代，调动观众的联想和想象力。画面在空间上是有限的，解说词创造的想象空间却是无限的。解说词不像画面具有造型功能，但解说词能够间接造型，启发人的联想和想象力。如纪录片《话说运河》在表现航拍的一组画面中的解说："好，现在让我们设想一下，假如在 20 层楼晾台外面，非常牢靠地挂着一把椅子，请你坐在这把椅子里面，什么事儿也不要干，只要你眼睛往下看，你可能会有什么感觉呢？"虽然拍摄了女记者坐在飞机舱外掌机航拍的画面，但从画面里无法了解女记者的心境。这时，又一段解说道出了她的心态："你说她心里一点儿不嘀咕？那不是事实。一旦想起在人寿保险书上所签的字，心里难免有点寒丝丝啊！"

5. 启发性

有些纪录片编导常常说，我做片子就是为了客观展示，不表达自己的倾向和看法。事实上这是不可能的，选择本身就是一种倾向。即解说词还要有一定的启发性、诱导性，特别是要抓住观众的期待心理。例如，纪录片《世纪行》中的一段解说词："马克思有许多次忽然离开我们，去抚摸那衣衫褴褛的孩子，并且把一个半个便士塞在他们小手里，他还经常像骑士一样解救被醉鬼殴打的

---

① 高峰. 对电视解说词的解说. 北京：中国广播电视出版社，2002.327.

妇女。"又如，纪录片《中国龙》第 10 集中的一段解说词："每一个中国人，或许他说不清故乡的老屋，或许他认不出儿时的家园，但他无论何时何地，一定能记得这天安门，认得出天安门前的华表。华表的作用有两个：一是皇帝听取臣民们进谏的地方，另一个是为人指路。"这些解说词升华了画面意味，表达了人生哲理，深化了片子的主题。恰如马尔丹所言："在纪录片的创作中，不是将思想处理成画面，而是通过画面去思考。"

当然，就画面本身来说，也要增强自身的主体意识，努力实现"语言化"，多用"镜头说话"，发挥视觉形象的特点。一切视觉语言（如形象、表情、色彩、构图、字幕以及现场音响、气氛等）可以看到、听到或感觉到的内容，都不必在解说词上重复。纪录片能用画面表现的，尽量用画面表现，以提高画面自身的叙事能力。画面本身就是信息，能够自己"说话"，画面的准确性、客观性是解说词无能为力的，因此要避免不必要的解说。

四、纪录片中的"真实再现"手法

"真实再现"（情景再现）最初是历史文献纪录片中偶尔采用的一种表现方法。随着纪录片的栏目化生存和发展，"真实再现"开始被越来越广泛地应用于电视纪录片、电视专题片乃至电视纪实类节目或栏目中。据不完全统计，仅中央电视台，其几乎所有的纪实类栏目，如《科技博览》、《探索·发现》、《人与自然》、《走近科学》、《科学历程》、《见证》、《讲述》、《记忆》等，都存在或不同程度地运用过"真实再现"。[1] 而中央新闻纪录电影制片厂的《纪录片之窗》、《亲历·见证》、《走遍中国》、《华夏文明》、《地图上的故事》等也都采用了"真实再现"的手法。"真实再现"甚至达到了被使用得泛化乃至泛滥的地步。那么，"真实再现"真的是无所不能、包治百病的灵丹妙药吗？还是变成了突破纪录片最后一道防线的洪水猛兽呢？"真实再现"到底还能走多远？

"真实再现"是中国的电视人在创作纪录片时临时想出来的名称。他们最初的灵感来源于伊文思的《风》、美国 20 世纪 90 年代拍摄的《紫禁城》等纪录片的新纪实拍摄方法。伊文思当时予以的称谓是"重拾现场"、"复原补拍"。当下，也有"情景再现"、"现场模拟"等名称。所谓"真实再现"，是指电视工作者用一种虚构的、类似影视剧中的扮演的方式，对时过境迁的重要情节由演员表演，或者运用光影声效造型再现某个特定的历史时刻。这是一种从虚构类片种中借鉴过来的叙事技巧，主要目的是增强影片的可视性、观赏性。

---

[1]　时晨. 对《故宫》中"真实再现"手法的再思考. 中国电视，2006（1）.

1995 年，北京电视台的王子军及同仁曾在三个样片《见义勇为之后》、《忘不了》、《南京的血证》中部分地采用了所谓"真实再现"的手法。2000 年《东方时空》播出的大型历史文化纪录片《记忆》，更是将这一手法的运用推到了一个新的层面。其实，早在 1991 年，当我国以大纪实的手法拍摄了中国纪录片史上里程碑式的作品《望长城》的时候，作为联合摄制合作方的日本 TBS 就在其《万里长城》中，让主持人绪形拳装扮成兵马俑或者那些曾经游历中国的日本先民的样子出现在节目中。即世界范围内的纪录片创作在以传统纪录手法为主体之外，悄悄出现了一些变化：强化故事性、真人扮演、夸张色调、画面分割、MTV 式声画组合、三维动画呈现等，以往一般只在故事片中看到的表现手法正被越来越多地应用到纪录片中。

随之，关于"纪录片真实性"的质疑声开始四起，并引发了学术界的争论。吕新雨教授坚持强调"纪录片中关键性的场面是不能'再现'的"，"真实是纪录片的最后一道防线，如果把情景再现这一功能无限放大，就会淡化跟踪拍摄的纪录精神，纪录片也会由此走入绝境"。中国传媒大学电视学院教授任远更是直接表示，"纪录片的定义（除故事片之外的所有影片）决定了纪录片让虚构走开"。他将国内外纪录片中出现的重演和扮演归结为"顽强的自我表现心理作怪"和"过分注重形式上的突破，忽视了对于内容的开拓"。

"真实再现"手法的使用，甚至也招致了业界的一片反对之声：违反真实关系，是虚假的材料，不是纪录片；真真假假，对观众的判断力有影响；对纪实风格构成威胁，不如索性去拍纪实性故事片等。这里的分歧在于：用演员模拟或表演的所谓"真实再现"，与纪录片客观纪录的本质发生了抵触。如伊文思就一贯主张："为了提高纪录片的质量，很重要的一点是避免故事片的影响，否则就难免失去纪录片自己的特色。"① 他不仅反对以故事片的扮演、虚构来拍纪录片，还反对采用摆拍的手法，他批评这种做法是"理性主义，把真的拍假了"。

其实，自纪录片诞生之日起，"真实"就已遭到质疑了。例如，被公认为是世界上第一部真正意义上的纪录片的《北方的纳努克》，编导弗拉哈迪在片中多处采用了"摆拍"的手法，他让纳努克仿效父辈们用鱼叉捕猎海象，包括在《亚芝岛人》中让土著人扮演捕鲨的场景等，实际上捕鲨早在半个世纪前就已绝迹。即许多情景都是利用重拍、摆拍等虚构手法拍摄的。再如，1992 年日本 NHK 拍摄的纪录片《禁区——喜马拉雅深处的王国：姆斯丹》曾经获得极

---

① 张红军. 纪录片美学随想. 电视研究，2001（1）.

大的好评，后来却被调查出其中有 14 处是虚假的片断。在强大的社会舆论压力下，参与制作的人员被停职、处分——导演人为设计下的所谓"真实"太过求实了，让观众误以为当时的情形就是如此。如果创造者在片中明确地交代只是"真实再现"，恐怕类似的尴尬就不会出现了。争论至此，可以肯定的是：纪实确实也只能是一种美学风格和审美观点，其叙述内容的真实并不是要求每一个细节、片断的完全真实。约翰·格里尔逊就认为，纪录片是"对真实事物作创意的处理"①。

在欧美，纪录片的类型和手法就是多种多样的，不是唯有"纪实"才是纪录片。除了"搬演式"（或复杂结构的）纪录片，还有通过真实画面讲述一个真实故事的"故事式"纪录片（如 1922 年的《北方的纳努克》、1956 年的《猎人》等）；对事件跟踪式、注重过程的完整性的"纪行式"纪录片（如《盐商队》的 62 天的旅行、伊文思的《夜邮》）；运用视听手段、声画完美统一的"音画式"纪录片（如瑞士的《优的冥思》没有一句解说词，通过现场录音把乡村音乐和高山风光融为一体）；偏向文学式的、配以散文诗化富于哲理的解说词的"散文式"纪录片（如《塔特瓦的路》类似"诗化电影"）；传记体纪录片等。② 换言之，纪录片并不那么严格地要求它的基础必须是真实的，只要和故事片不同，就可以称为纪录片。苏联曾有人主张用故事片的拍摄方法制作纪录片，并不至于破坏严肃的真实性。美国电视制片人托马斯·斯金纳更是语出惊人、一语中的："中国纪录片不能走向世界的原因就是为追求记录内容的'绝对真实'而放弃各种先进技术手法的运用。只有'记录'而没有'再创作'。"

或许，我们真的不必再从"真实再现"的字眼本身去苛求纪录片的真实性问题。历经十余年的耳濡目染，中国人已习惯"真实再现"这一称谓。中央电视台还曾经专门就此话题展开了五期关于"真实再现"课题演示会的大讨论，北京电视台的王子军、《东方时空·纪实》栏目的周兵以及中国传媒大学的张雅欣教授等分别发表了各自的看法。即便至今，人们每每谈及中国的"真实再现"问题，势必追溯到他们的先锋式的实践和理论上的导引意义，他们的讨论和观点依然掷地有声。

① ［英］约翰·格里尔逊. 纪录片的首要原则. 李恒基，杨远婴. 外国电影理论文选. 上海：上海文艺出版社，1995. 230.

② 张红军. 纪录片美学随想. 电视研究，2001（1）.

五、为何纪录片要采用 "真实再现" 的手法

"真实再现" 手法的出现是一种必然。其一是电视纪录片包括一些电视纪实节目本身的特点和要求使然；其二是为了满足观众的 "眼见为实" 的接受需要。用阿恩海姆的话说："影视作品与现实的相似性，使得人们容易陷入一种极其危险的境地之中——将影视作品误认为是现实的原貌。"①

1. "真实再现" 可以丰富节目画面

"真实再现" 之所以能在纪录片中找到生存土壤，最根本的原因就是原始影像资料的匮乏。原始资料的匮乏，在历史文化类题材的纪录片中，在追溯回眸类的纪录片中表现得尤为突出。尤其是那些题材本身是过去的、历史的事件，制作者没有可以充分把握的影像资料、声音资料，无法利用电视予以真实纪录，也没有其他办法可以弥补，只好借用 "真实再现" 或 "情景重现"。毕竟这种依据历史事实，用 "搬演" 的方法部分地再现历史人物和历史事件，可以烘托一种似乎真实的氛围、节奏和情绪，让观者进入再现的历史情景之中，对节目内容获得一种比较直观的感性认识，增加对内容的理解和感悟能力。如美国《探索》频道，几乎都采用搬演的手法，增强观赏性、还原当时的情景。而《紫禁城》、《失落的文明》、《路易塞特》等类似于 "电影" 的纪录片，也都有着电影故事的感觉。由于画面本身是虚拟的，它只是一部分视觉元素，它的所谓客观性叙事就不容易被认可，就需要借助大量的解说词。纪录片《裸族最后的大酋长》甚至干脆在片中清楚地交代扮演的演员的身份与角色之间的关系、背景及原因等。

当然，"真实再现" 又绝不是现实的还原。因为现实的真实不可能再现和还原，我们所能再现的仅仅是媒介的真实、电视屏幕上的真实。即完全是电视编导者提供给观众的视觉、听觉上的 "观察真实"，而不是我们在日常生活中的 "体验真实"。即当下的电视纪实类栏目、电视纪录片是把观众在日常生活中迷失的、被习惯埋没的、被隐匿的事物和人的形态呈现出来，看到人类生存的所谓的 "真实形象"。用维也纳国际电影节主席阿莱桑德·赫瓦斯的话说："人们失去了经历的事情，失去了对现实的印象，却反过来从艺术中寻求这些东西，尤其从纪录片及摄影中。他们没有办法感觉在生活中的感受，所以跑去看摄影展和纪录片来重新补充他们的真实感，如同给电池充电，同时也重新感受

---

① ［美］阿恩海姆. 艺术与视知觉. 滕守尧，朱疆源译. 北京：中国社会科学出版社，1984.

别人眼中的现实。"

例如，瑞士电视台制作的纪录片《路易塞特》，就是一部典型的纪实类纪录片。片子讲述了一位名叫路易塞特的女画家在生命历程中的一些痛苦的遭遇以及这些遭遇对她画风的影响。整部片长 40 分钟，其中她在修道院时被修女塞进洗衣机的片长约 3 分钟；18 岁的她被警察抓走，带进监狱的部分约 5 分钟。这两处采用的恰恰是"真实再现"的手法。[①] 让观众既感受到了当时的她的弱小、无助和可怜，也看到了修女的狰狞面目。于是，在她的画笔下，父亲是一棵大树，母亲是女巫，修女是魔鬼，法官则是凶神恶煞的撒旦。即模拟性重现，既重现了某一历史片断，也满足了观众感受当时历史情景的视觉需要。

2. "真实再现"可以增强节目的叙述张力

传统的电视纪录片对于历史题材的处理一直沿用讲述的方式，由当事人、见证人或者专家学者对曾经发生的历史进行讲述。实在没有见证人讲述，就采用解说词加历史影像或者历史遗迹的方式进行，并自认为似乎找到了历史题材和纪录片的现实性之间的一条有效的纽带。于是，人们已经达成了某种共识：对历史的影像化表述，我们并不能还原真实，而是只能去还原一种情景。换句话说，真实是无法再现的，再现的历史不过是历史的一个影像化的情景。即情景再现，并不是一个可以为所欲为的影像叙事手法，它也有自身严谨的规范和法度。

与历史文化类的纪录片相比，一些纪实性新闻类纪录片虽然在时效性上占有优势，但在节目制作中却常常存在着种种"不在场"的遗憾，而这种遗憾却往往正是观众收视欲望的所在。为了弥补这种遗憾，便有了"真实再现"手法在新闻类纪录片中被广为使用的现象。

3. "真实再现"可以增加节目的感染力

米歇尔·雷诺在《非虚构的艺术》中说："如果认为只有故事片才需要借助观众的想象是极不明智的，如果夸大纪录片平实非虚构的特点，就往往不能够理解故事片根深蒂固的感召力。"即建立在真实基础上的以虚构的表现手法去渲染、再现的镜头，也不乏是一种具有故事片一样的感召力的创造。所不同的是纪录片的真实是从日常生活中摘取出来的，是真实大海中的一滴水，而不是为银幕所编造出来的虚构的东西。如匆忙的脚步、拥挤的人流、金秋的落叶、冬日的枯枝、飞翔的白鸽等，这些在故事片中常用的借景造势的渲染手法，在

---

① 张雅欣. 再现"媒介真实"——"真实再现"的可能性和合理性. 现代传播，2004（4）.

纪录片中也成为一种再现的重要手法，能够增加纪录片的艺术性。[①]

4. "真实再现"可以用情境的真实补充细节真实

"真实再现"是对已经发生过的事情的追述和回忆。这种过去时的叙事和正在进行时的叙事最大的区别就在于细节的处理上。影像是最为直观的叙事方式，如果是对当下发生的事情的跟拍，细节就成为最动人心魄的影像张力。但是，在情景再现中，细节反而是最容易遭受质疑的弱点。与其在这样的"实像"细节中纠缠，倒不如以"虚像"的方式来营造氛围，以情境氛围的真实感受来弥补情景再现在细节上的不足。例如，《故宫》在表现建造故宫所使用的石料都是千里迢迢搬运而来的这一史实时，就使用数字特技在宏观镜头上描绘出了浩浩荡荡的搬运队伍，而在微观镜头的处理上则使用车轮、马蹄等局部特写指代那些拿不准的影像细节。这一镜头给人强烈的视觉冲击力，并且能够表现出故宫建造的不易。它只是营造出了一种情境，一种氛围，而没有纠缠在那些永远说不清楚的历史细节当中。再如，表现农历新年人们欢庆的场面，大都采用人物的虚像或者背影，以及爆竹、灯笼等新年的代表符号。它营造出了喜庆的气氛，让人们感受到了明朝新年的特色，但是并不会留给历史学家考据的把柄。这就在真实和再现之间找到了一个微妙的平衡点。

这样看来，情景再现的搬演与真实记录的结合，既不违背历史事件的真实性，又使得内容和画面更加生动、富于变化，增加了可看性及绘声绘色的效果。即模拟重现某一历史片断，是感受历史情景的视觉需要，是用"替代性视像"设置与历史事件情景相近似的场景，以情境的营造、意义的阐释来完成语言之外的历史时空的表达，努力接近历史文献的意义，诱发观众睹物思人、回想历史的审美想象，使历史记录"活"起来，变成"有形"的东西。用北京电视台王子军的话说："叙事本身对已经发生过的历史题材、被拍摄者不愿被人知道的隐私以及突发事件等存在着叙事的断点。叙事的缺失不能仅靠被采访者的表述，而弥补的最直接途径就是用演员来表演，纪录片与故事片的交叉、组合，使叙事连贯起来。""真实再现"的最高境界不只是增强美感，体现和谐，更体现在丰富人们视像感知。

六、如何进行"真实再现"

既然"真实再现"已然成为纪录片创作当中一种不可替代的手法，那么纪录片究竟如何进行"真实再现"呢？

---

① 刘静. 浅议纪录片"真实再现"手法的运用. 四川远教，2007 - 04 - 23.

（一）从形式上分类

从形式上，"真实再现"大体可分为三种①：

一是重演，也叫摆拍或补拍，是由纪录片中的特定人物，按编导的要求对自己的过去的特定的真实生活片断进行重演。如弗拉哈迪拍《北方的纳努克》时，爱斯基摩人已不住冰屋了，为了表现爱斯基摩人的风俗特点，弗拉哈迪请纳努克一家重演了搭建冰屋的情景。再如，中国人民解放军占领南京总统府时，先遣部队中并没有随军摄影记者，而我们现在所看到的那组解放军战士冲入总统府、房顶上国民党党旗被抛落而下、战士们振臂高呼等经典镜头也是后来补拍的。

二是扮演，即由演员对过去发生的历史事件或人物行为进行扮演。如英国纪录片《失落的文明》（8集，1995年）中就采用了扮演的手法。其中最后一集《美索不达米亚：回到伊甸园》讲到"死海文卷"时，由两位演员扮演了1947年"死海文卷"被发现时的场景：烈日下，两个牧羊人走在耶路撒冷的荒野中；他们来到了被陡峭的斜坡所隐蔽的小山洞前；一个牧羊人爬了上去；洞中有大量的古代陶瓷碎片和羊皮卷轴等文物。这种扮演在纪录片《金字塔》中再现塔顶巨石安装、《望长城》中再现烽火传警等，也有所采用。

三是借用电影故事片、电视连续剧以至电视戏曲片、电视艺术片的镜头和带有一定寓意的空镜头。如《见证·亲历》栏目《无声的较量》系列节目中，就采用了大量的相关镜头再现人类曾经历经的疾病灾难。《终结麻风病》、《阻击黑死病》中讲到一个世纪前发生的灾难的情景时，作者运用了许多表现古希腊人生活情境的相关镜头。《送瘟神》中除了采用了大量的纪实镜头外，还采用了电影故事片的镜头。纪录片《中华文明》中，有一组司马迁写《史记》的镜头，采用的是一段戏曲片中司马迁在放有正在撰写的《史记》的几案前深思的镜头。纪录片《马王堆》运用了舞台艺术片中女主人公的独舞镜头。空镜头的虚构方法也常运用于历史类纪录片和人物传记纪录片中。

（二）从内容上分类

从内容上，"真实再现"又可归纳为两类：

一类是细节再现，或称作过程再现，主要用来再现某一事情的细节过程。如《新丝绸之路》第10集《永远的长安》中来自异域的不同人群在长安城里

---

① 刘静. 浅议纪录片"真实再现"手法的运用. 四川远教，2007－04－23.

走动，大雁塔从印度风格演变为中式风格的三次改造的重现，都生动再现了当时世界最大都市长安的繁华城市景观；《再说长江》重现了英国传教士董宜笃在昏黄的灯光下把玩文物等场景。

一类是象征再现，或者称为虚化再现。主要以虚化处理的情景象征某一种事物。如以火把和脚步象征寻找；以匆忙的脚步、拥挤的人流象征奔波；以万马奔腾的足迹和卷起的硝烟象征战场的厮杀等。如系列片《失落的文明》中表现庞贝古城的消亡，是用几个人奔逃的脚步，打碎的器皿，惊慌的面部特写来渲染。虚实结合，使一种遥远而神秘的历史气息扑面而来。再如，《1405·郑和下西洋》片头画面中，浩浩荡荡的船队在大海上航行，就是通过数字特技赋予了镜头电影化的影调效果和富于诗意的意境表达。一段原本只浮现在我们脑海中的遥远历史，变成了亲切的可感知的影像语言。这组画面也并不是着力在对信息的呈现上，而是将历史首先表述为一种情感或者一种意境。

若进一步细化"真实再现"的具体表现手法，还可以采用诸多的方式。如利用回忆与现实的对视进行转场；利用有意的"穿帮"；使用解说词、独白；选择再现点（最致命的叙事断点）等。最关键的是如何选择再现点，哪些是有必要再现的、对故事起推动作用的部分，也就是叙事的断点之处。只有再现重场戏，才能够有效地激起观众的兴奋点。

（三）场景重现

场景重现就是对历史人物生活、活动的环境或事件发生的空间背景，通过较大规模的搬演，尽可能恢复真实的历史环境，重现具体的历史场景，让观众感受当时的历史氛围。为了尽可能地贴近原生态、模拟真实的场景，"替代性视像"成了"真实再现"特定的表现手法。即利用或设置与历史事件的情景氛围相近似的场景来模拟当时的状态，镜头模拟再现的细节完全是编导者虚构的。如《失落的文明》里寻找伊甸园的几个段落：苹果、蛇、脚印；牧羊人发现最早的《旧约》全书；巴比伦人进攻，犹太人的宫殿被洗劫一空；70多人同时喝下毒药的殉葬过程等。"真实再现"的这种类似艺术化的处理，不仅吸引了观众，而且展示了曾经可能如此的事件（只是一种可能性），更让人体味了故事内在的深层文化意义。

（四）戏剧化的故事叙事

戏剧化的故事叙事也是"真实再现"的手法之一，即借用故事片的表述技巧。如纪录片《紫禁城》就是用一个演员来串场，使得片子相对完整，很像是一部按照情节线索发展的故事片。而太监、嫔妃所扮演的人物不是用来指向某一个具体的人物，而是作为还原历史真实的符号，重现的是背景式的历史场景，把单纯的"背景"化为了"情境"。再如，日本的纪录片《万里长城》，由演员来扮演 350 年前的漂流民，并与主持人相会。当时所有的声音都消失，只是停留在对逝去生活方式的意向临摹。这种场景并非是复原历史，也不是历史的真实，只不过是一种可能的历史片断和瞬间。

再如，《故宫》也大量采用了情景再现的叙事手法，模拟古代操作科学仪器的方法，展示古代工匠雕玉的过程，重现明清皇帝登基大典的盛大场面以及万人运石、开采古玉等场景，让观众如临其境，感受到了当时的历史情景。继《故宫》之后，由央视原班人马拍摄的又一部大型高清纪录片《敦煌》，把"讲故事"的步子迈得更大了。除了在《故宫》中成功运用的"真实再现"和"电脑还原"等制作手法之外，还引入"电影化"表现手法，用故事化和戏剧化手法关注历史人物命运，剧组还大胆虚拟了一些人物，并根据史料复原了他们的生活。《家住敦煌》一集里的人物甚至破天荒地说起了台词。难怪有人说"纪录片的拍摄方式越来越像剧情片了。有好的故事、好的摄影、好的声音。我觉得这是全球范围内的现象"。

（五）变形表现

"真实再现"还可以通过戏说、比喻、假借以及"虚化"等技术处理（如通过做旧、加柔光镜、加字幕、色彩、色调、边框虚化、画外音等达到间离化的效果）创造更加扑朔迷离的幻想空间，引发人们进一步去遐想和思考。诸如纪录片《黄兴》就采用了半虚拟化的方式，纪录片《梅兰芳》则有意完全虚拟化了。再如《故宫》中小皇帝在院落中玩耍、嫔妃宫女在皇宫中行走、乾隆皇帝欣赏西方交响乐、用一组慌乱的脚步来显示宫廷内的忙乱等，是有意地将历史的场景回溯，唤起的是真实感，而非真实。[1] 再如，文献纪录片《共产党宣言》中，在一家咖啡馆的桌子上摆放两只酒杯，用来再现马克思与恩格斯初次见面时的情景。光影的造型使酒杯隐隐约约倒映出咖啡馆门口进进出出的人，使画面顿时有了一种生动的意味。在后期制作上，扮演的镜头也被适当地虚化，对这些镜头作褪色、改变画质效果、加上柔光镜效果等技术处理，使画面更具写意性，从而与文献纪录片的叙事风格相协调。

（六）局部暗示

局部暗示就是通过选取人物活动或场景的某个、某些局部以及部分细节，

---

[1] 张雅欣，张春玲.《故宫》与再现手段. 中国电视，2006（1）.

而不是完整地呈现，以暗示和引发观众的想象进行再现的手法。例如，纪录片《顾维钧》中为了突出顾维钧在巴黎和会上作为中方代表的身份，画面就不断强调他的着装特色：北洋政府时期的官服、胸前的勋章和绶带等。这个人物在华丽的西式楼梯、大厅中行进，能够让人们感受到 1919 年巴黎和会时的场景。

再如，《失落的文明》追述的是已经或正在消失的八大文明——埃及、罗马、希腊、美索不达米亚、印加、玛雅、非洲、爱琴。其中，具有故事特点的细节都采用了演员进行搬演，通过形象化、故事化的展示，使得无迹可寻的历史场景在电视手段的催生下栩栩如生。诸如表现苏格拉底之死的段落，就采用了细节重现的方式。观众在画面上首先看到的是一只一只的手在向罐子里扔石子，有的扔进这个罐子，有的扔进另一个罐子。两个罐子分别代表着有罪和无罪。苏格拉底主动选择放弃逃亡，接受被法律裁定的死刑。片中演员扮演了苏格拉底和那些陪审团的成员，用最具戏剧性的细节展现了那个烙印在历史中的时刻：这位伟大的思想家不是死于某一个人之手，而是死于一个集体的选择。这也暗示了编导的意图：雅典人在集体谋杀苏格拉底之时，古希腊的文明就已经开始衰亡。

（七）模拟历史人物的主观视野

在展现历史人物的活动时，纪录片往往模拟他们的主观视点，通过一些运动的主观镜头达到再现效果。即它不是利用扮演、搬演等，而是利用客观的景物进行情绪上的渲染。当这些景物出现在一定的上下文中，观众就能够很自然地认为是当时人物的主观视角。例如，在《清宫秘档》的"马尔戛尼访华"一集中，纪录片先介绍了英国使团成员不愿意对乾隆行三跪九叩之礼，与清朝礼部官员发生争执，最终不得已各让一步的一段历史。纪录片在拍摄避暑山庄"澹泊敬诚殿"时采用了一组非常规的镜头：（起幅）大殿宝座上方的屋顶，下摇到地面；上摇到屋顶，下摇到地面；上摇到屋顶，下摇到地面；上摇到宝座正中央（落幅）。这几次上摇下摇，让观众看得头昏脑涨。其实，它形象地模拟了当年英国使者第一次行三跪九叩之礼的视角，三次下摇到地面，代表了英国使者的三次叩头。

在纪录片创作中我们能够做到的只是尽可能地补充已经发生过的或无法拍摄的画面，尽可能地展示相对完整的故事过程。例如，纪实频道制作的反映抗日战争题材的《去大后方》、记录地震对人性挑战的《唐山大地震》、讲述非凡人物如何面对历史风暴的《马寅初和人口论》、记录彭加木在戈壁失踪的《生死罗布泊》、讲述民航飞机失事的《紧急迫降》、记录中国维和部队在世界各地执勤的《中国蓝盔在行动》等优秀纪录片，都受到了过去时态和拍摄条件的限制，但编导都很好地通过情景再现的方法解决了困难，成功地保持了故事的完整性。即情景再现更容易营造出一种属于影像的意境美和艺术性，突破了纪录片"少画面"的瓶颈。一方面充分发挥了电视影像表达的魅力，以一种文字无法表达的意境方式阐释了历史；另一方面，又不会陷入缺乏细节的叙事尴尬中。即情景再现就是让电视纪录片在面对历史题材的时候也能够坚持"让画面说话"，让观众能通过画面看懂纪录片。

　　这里，需要特别指出的是，"真实再现"所有的搬演镜头，都必须经过明显的特技处理，色彩、背景声、播放速度甚至画幅的大小，都与非表演镜头有着显著的区别，让观众一眼就能分辨出来，知道这是在"扮演"，不至于"以假乱真"。即"真实再现"是为了传播而进行搬演，而不是为了搬演才去传播。"真实再现"绝不是客观记录本身，只是由演员来搬演、模拟真实的场景。只有这样，观众才能真正区别生活真实（体验的真实）和媒介真实（并非日常生活的真实，即观察真实）两者之间的差别。由此，我们甚至可以说，"真实再现"是在某种程度上实现了纪录片的一次自我救赎，把自己从解说词加图片的刻板中解放了出来，拓宽了纪录片的表现领域和叙述空间。

七、"真实再现"到底还能走多远

　　然而，"真实再现"的表现手法又是一把双刃剑，既能丰富纪录片的表现效果，也能损伤纪录片作品的人文内涵，甚至出现"画虎不成反类犬"的败笔。这也正是许多纪录片人对此持有异议、主张谨慎使用的重要原因。"真实再现"可能造成的危害，归纳起来如下：

（一）"真实再现"为造假提供了便利条件

　　1998年，一则英国卡尔顿中央独立电视中心发布的道歉声明，在世界影视界引起轩然大波。他们称1996年制作并播出的电视纪录片《关联》是一个捕风捉影、缺少事实根据的节目。故事所表现的一条从哥伦比亚到伦敦的地下毒品运输线并不存在，纪录片的主要部分都是表演出来的。这种情况在世界影视业并不少见，一个个造假节目被揭露出来，而一个个造假节目又被继续制作出来。有人便把这一切都归结为"真实再现"手法的泛滥，这或许有些偏颇，但"真实再现"手法在纪录片中的广泛应用的确为造假提供了便利，这也是不争的事实。它给了人们这样一个信息，一切都可以仿造，一切都可以扮演，既然真实的东西也不真实了，难道还有真实可言吗？还有了解事实真相的途径吗？因此，"真实再现"必须建立在真实的基点上，必须永远恪守真实的生命原则。

（二）"真实再现"有可能动摇纪录片真实性的根基

真实是纪录片的生命，是纪录片的根本。真实的影像永远是纪录片创作的主源，它们是纪录片中最有含金量、最有价值、最有意义的元素。而"真实再现"只是纪录片创作中起弥补作用、辅助作用的一种表现手法。在纪录片创作中，过分地强调再现、寄希望于再现的"舍本逐末"的风气，是对纪录片真实性的挑战，是万万不能助长的。

当下，由演员来进行"历史情景再现"，这一表现手法正在成为纪录片创作的新宠。如纪录片《南京》中的部分历史情景是由好莱坞演员再现的。美国电影人不仅搜集了丰富的史料，演员扮演的拉贝、金陵女子大学校长等"见证人"也同样出色。国内一位纪录片制作人感触颇深："《南京》里演员饱含感情的'讲述'，不仅没有削弱史料的真实性，反而强化了要表达的主题。"在肯定情景再现能丰富纪录片表现手法的同时，纪录片专家告诫，需要切记情景再现并不是纪录片的全部。任何新的表现手法的运用都应该服务于纪录片的整体创作需要，不违背纪录片的真实原则，不能为了哗众取宠而本末倒置。

（三）真假混淆，误导了观众的视听

"真实再现"手法还有一个可怕的误区，就是真假相交，真真假假，导致观众雾里看花，误导、欺骗了观众的视听。

2005年7月在央视一套播出的"史诗纪录片"《1405·郑和下西洋》，是采用"真人扮演"和三维动画合成等手法进行拍摄制作的。郑和等历史人物起用了一批演员进行表演，在荧屏上呈现了一个个亦真亦假的历史片段。如果说郑和的形象还有在福建长乐出土的郑和泥塑以及郑和的后裔为参照，那么这个片子中出现的明朝《殊域周咨录》的作者严从简、《明史》的作者张廷玉、《瀛涯胜览》的作者马欢等历史人物的形象、服饰等都无从查考，却就这样堂而皇之地与观众见面，这是对历史的再现还是对历史的杜撰？一方面，影片中演员本身的形象、气质、语调直接影响着所扮演的人物角色；另一方面，导演的水平、喜好又直接影响着这个片子的风格，如果十个导演拍这个题材，相信会有十个截然不同版本的"郑和下西洋"。试问在这么多不确定因素下拍出的"情景再现"，还怎能说是真实的还原？

更有甚者，2008年2月，北京卫视播出的24集纪录片《前清秘史》，片中出现的历史人物不仅都是真人扮演，而且还是《孝庄秘史》、《皇太子秘史》等电视剧中的角色，比如皇太极、多尔衮就是《孝庄秘史》中的刘德凯、马景涛的扮相，各种著名的历史片段也都是电视剧中曾经出现过的。试问像这样把电

视剧剪成纪录片，能有多少真实性，其"真实基础"又在哪里？因此，在电视节目中凡出现"真实再现"的地方加以字幕说明，已成为影视节目中一条不成文的规矩。

（四）再现不真，扼杀了观众的想象力，降低了观众的欣赏品位

有些纪录片，也包括部分电视纪实类栏目，就是"演"的成分过重了，过于写实了，反而把自己等同于一般的影视文学乃至纪实性影视剧，丧失了自身栏目的风格特色和独有的定位。例如，纪录片《晏阳初》采用 600 位群众演员模拟当时的排演和还原 20 世纪 30 年代的历史场景；纪录片《沈从文》当中模拟的湘西场景、年少的沈从文逃学被罚站以及在当年的学校大树下的抒情；纪录片《蔡元培》中演员的表演由于过于夸张，主体形象太丰富了等，就是"真实再现"没有使用好，甚至影响到了纪录片的整体的典型案例。

毕竟"真实再现"不是纪录片的最终目的，也不是对于"真实"的"再现"，只是对历史的叙述形成了一种富有表现力的具象，是一种视觉符号，是"用讲故事的方法纪实"，是对已经消失在镜头前的"真实"提供某种视觉意向上的历史"可能性"。即"真实再现"只是叙事性的表意，是以写意性的意象化制造了一个似乎是当时的历史氛围的"想象的空间"。于是，"真实再现"必须让观众知道这是假的，不能过实，或拍成朦胧的影像，或做成剪影，哪怕是摇摇晃晃、不清晰、不规则的镜头，都不会破坏节目内容整体上的真实感和严谨性。只要渲染了氛围，造成了情绪上的紧张感，就应该"点到为止"。①

而中国纪录片的创作风格与国际相比，存在两个最普遍的具体问题：①不善于用讲故事的方式结构纪录片；②剪辑率偏低。即"成功的纪录片，正如与之相对的故事片一样。讲述一个好的故事，需要有趣的人物，动听的故事，充满张力的叙述和一个完整的观点，这些元素对于所有的故事来说都是最基本的，并且存在于神话、传奇、民间故事等人类最古老的故事形态中"②。杨澜对中国纪录片现状的评价则更加直白："现在中国纪录片存在着很大的问题，就是主题单一、手法单一，缺乏想象力，还处在一种自然主义的纯纪录的状态。"

这样看来，"真实再现"既不是洪水猛兽，也不是灵丹妙药。"真实再现"并非真实的现场，而是创作者主观意图的图像化，它必须是历史真实的模拟还原，而不是"合理想象"，更不是臆造。一般来说，"真实再现"适合用于现场

---

① 孙永建，王晓红．"真实再现"是洪水猛兽？．青年记者，2006（10）．
② ［美］麦克·瑞．讲故事：后现代主义和传统讲述的失效．转引自 http：//www.doc88.com/p－489420662623.html．

感比较强或者故事情节发展比较复杂的专题片中，并不是所有的新闻、社教专题节目都适合用"真实再现"这种手法。因为这种表现手法如果运用不当，就可能会造成受众对新闻真实性的怀疑，因而，一定要进行适当的选择，整体考虑，注重"真实再现"在节目整体叙事结构中的必要作用。"真实再现"只是历史人文类纪录片面对历史资料缺乏时一种无奈的选择。若影像资料充分，一定要慎用"真实再现"。用周兵的话说："它不是纪录片核心的表达方式，只是画面的补丁、补偿，是辅助手段，是不得已而为之，不能机械地使用。"

综上所述，"真实再现"能在多大范围内去使用？"真实再现"究竟是丰富还是限制了想象？"真实再现"到底还能走多远？这都确实值得人们去思考。即本论题之外延伸的意义更在于：纪录片可以用多种手法，可以有各种形式的纪录片。"现在的问题是，大家把纪录片局限于纪实。什么时候纪录片发展到了五彩缤纷的时候，那才是最好的状况。"我们期待"五彩缤纷"的各种形态的纪录片时代的到来，借以推动纪录片范畴的更新，甚至使纪录片的概念得到重新定义。

【思考题】

1. 解说词的写作有哪些基本要求？
2. 简述解说词的功能。
3. 谈谈你对纪录片"真实再现"（情景再现）的看法。
4. 制作一部你所看到的年轻人无家可归或失业问题的纪录短片（5分钟）。要能被清楚地认出是一部调查性的纪录片节目，应该包括专访或街头访问。

【附录】

《新四军》（第一集）——浴火重生（片断）
（2002年度中国电视纪录片学术奖系列片二等奖）

镜头提示	解说词·同期声内容
字幕 渐黑 片名　新四军	一支特殊条件下诞生的新型人民军队，无数鲜为人知可歌可泣的动人故事

（续上表）

镜头提示	解说词·同期声内容
渐黑 第一集　浴火重生 字幕：中央档案馆 车行进 叠 中央档案馆 工作人员查找报纸	2002年6月，新四军摄制组来到中央档案馆，查找64年前的一份报纸。1938年10月10日，上海出版的《申报》，在第四版刊登了一篇报道，题目为"江南的游击队"。文章中有这样的一段话：
中央档案馆档案资料保管部主任 李明华（研究馆员） （同期声）	这是1938年10月10日的《申报》 这个报上是这样说的 八路军是工农红军改编的 这是尽人皆知的 新四军也是由红军改编的 这却不为一般人所完全知道
《申报》报头 叠 报纸具体内容	这篇报道发表的日期是在新四军成立一周年之际。当年的《申报》刊登这样的消息，是为了说明新四军同八路军一样，都是由中国共产党所领导的工农红军改编的这样一个事实，澄清人们心中的一些误会。 新四军是在特殊的历史条件下诞生的一支特殊的部队。如今，她的历史就像这份60多年前的报纸一样，早已成为遥远的过去，现在的人们对她又能有多少的了解呢？ 让我们一起回到过去，一起走进历史……
战场炮火 日军发动侵华战争资料 毛泽东演讲	1937年，"七七事变"爆发，日本开始全面侵华。中国共产党以民族大义为重，采取了"联蒋抗日"的方针，国共两党实现了第二次合作，中国抗日民族统一战线正式形成。
国民政府资料	1937年10月12日，国民党江西省政府转发国民政府主席蒋介石的一份电令，把鄂豫皖边高敬亭部等5支部队，统一整编为国民革命军陆军新编第四军。
安徽云岭全景	这是国民党的中央政府首次公布新四军的番号，宣布

（续上表）

镜头提示	解说词·同期声内容
	了新四军的诞生。 后来，这一天成为新四军的成立纪念日。
延安窑洞	俗话说"千军易得，一将难求"。由谁来领导这支特殊背景下产生的特殊军队呢？
毛泽东照片	共产党领袖毛泽东在思考着。
蒋介石照片	国民党统帅蒋介石也在琢磨着。
周恩来照片	而负责和国民党谈判途经上海的周恩来，找到了一个人。
上海军民抗战资料	这时的上海中日双方激战正酣。 1937 年的 8 月 13 日，是上海人不能忘记的日子。这一天，日本人的飞机大炮，震撼了这个东方大都市。可就在人们纷纷躲避炮火炸弹之际，有一个人却登上了自家的屋顶，用愤怒的目光看着一架架飞机从上空掠过。
叶挺照片一组	这个人就是北伐名将叶挺。 叶挺，字希夷，广东惠阳人。毕业于保定陆军军官学校。1925 年参加中国共产党，在北伐战争中，叶挺因屡建战功而被晋升为少将。1927 年参与领导南昌起义和广州起义。广州起义失败后，因不满共产国际对他的指责和不公正对待，在海外漂泊了 10 年。 抗日战争爆发后，在海外生过豆芽，卖过豆腐的叶挺，顿生重跨战马，挥刀杀敌之心，举家迁往上海。就在叶挺苦于报国无门之际，周恩来找到了叶挺。他委托叶挺出面，改编南方红军游击队。
周恩来、叶挺、陈诚合影	叶挺在周恩来的建议下，拜访了正在上海指挥淞沪会战的国民党第 3 战区前敌总指挥陈诚。 叶挺和陈诚是保定军校的校友。叶挺请陈诚向蒋介石建议：将南方红军游击队改编为国民革命军陆军新编第四军。

（续上表）

镜头提示	解说词·同期声内容
蒋介石照片	陈诚很快把这个建议报告了蒋介石，并推荐由叶挺担任军长。
重庆蒋介石官邸 蒋躺在躺椅上	这时的蒋介石正为南方红军游击队的改编深感头痛。考虑到叶挺以前是自己的北伐军部下，现在又已经脱离共产党，如果把他拉过来，不但可以利用共产党的军队抗日，还能通过叶挺来控制这支共产党的武装。所以他不经与共产党协商，便于1937年9月28日核准叶挺为新四军军长。
延安 宝塔山空镜	但让蒋介石失望的是，叶挺并没有急着赶往南京谢恩就职，而是悄悄地离开了上海，长途跋涉来到了黄土高原上的延安。

第十章　电视文艺批评

任何已成体系的学科领域都必须包含三大范畴：学科发展史、学科理论和学科批评。其中，学科发展史是一切研究的基础，学科理论是实践的总结和升华，而学科批评则是介于两者之间自足自为的研究方法。即"作为历史与理论的中介，批评跟历史话语和理论话语有着不可分割的关联性，但其既不依附于理论，也不依附于史著"①。电视文艺研究作为广播电视学这一大学科的一个分支，要完善和发展自身，也必须同时具备这三个要件——电视文艺发展史、电视文艺批评、电视文艺理论。

一、电视文艺批评的概念界定

电视批评包括艺术与非艺术信息（新闻、服务、科教等）两大类，而电视文艺批评是其中最常见的一种电视批评。

最早给电视批评下确切定义的是四川大学的欧阳宏生教授。他认为："电视批评是以电视节目的欣赏为基础，以电视理论为指导，以各种具体的电视节目以及同节目相关的电视现象、电视思潮、电视受众、电视创作者等为对象的一种科学研究活动。"②

欧阳宏生的《电视批评论》是我国第一部把电视批评作为一门学科来系统地进行研究的学术理论著作，在当时填补了我国电视批评研究领域的一项空白。

稍后，王君超从系统科学的角度对媒介批评下了定义："媒介批评在本质上是一种价值的判断，它是对新闻传播媒介系统及其各要素进行批判的过程。"③

几乎与此同时，刘建明以社会学的视野又对媒介批评进行了分析："媒介批评是指在解读新闻及媒体的过程中评价其内在意义及对社会的影响，而媒介批评学则是指通过解读经验理论化的途径，揭示隐蔽的解读规律，建立评价媒介的概念体系和范畴。"④时统宇则从更宏观的角度，对电视批评作了如下界定："电视批评是以电视传播内容为基础的一种价值判断和理性审视，是对影响电视

---

① 李道新. 影视批评学. 北京：北京大学出版社，2002. 51.
② 欧阳宏生. 电视批评论. 北京：中国广播电视出版社，2000. 2.
③ 王君超. 媒介批评——起源、标准、方法. 北京：北京广播学院出版社，2001. 15.
④ 刘建明. 媒介批评通论. 北京：中国人民大学出版社，2001. 1.

运作全过程的诸要素的全面评析。"①

其实，不管电视批评如何进行定义和划分，中国的电视批评在总的大文化背景下还有着自己的特殊内涵——电视批评的核心内容主要是电视文艺批评。它是在中国传统的美学批评、文学批评、戏剧批评以及电影批评等艺术门类的基础上发展起来的。从理论传承上来看，主要来源于中国传统的文艺批评模式、马克思主义文艺批评方法。即中国的电视批评多从电视艺术的审美特性入手，侧重研究和分析电视艺术作品的文本特征，诸如电视艺术的语言、声画关系、思维方式及创作风格等。恰如李道新所言："中国电视批评有其独特的发展轨迹。总的来看，从20世纪60年代至90年代，中国电视批评的主流仍是审美批评。随着电视观念的革新，20世纪90年代以来，中国电视的审美批评正在为文化批评模式所取代。"② 即电视文艺批评是指"批评者在电视鉴赏的基础上，结合自身对于电视艺术作品的感受与理解，通过深入研究电视理论与作品而作出的一种评价性的反应"③。它是在一定的批评标准的基础上，对电视文艺性作品及相关的电视文艺现象所作的研究、分析和评判。它是电视文艺创作与电视文艺欣赏之间必不可少的中间环节，它不仅起到调节和沟通的作用，而且具有促进社会群体达成文化共识的控制和导向功能。

尽管我国目前的电视文艺批评主要还是以评论的形式出现，但其关注点已超出了对具体电视文艺作品的文本分析，而表现出了批评者一定的独特的理论思考，且上升到哲学高度的电视文艺批评的理性研究也开始具有相当程度的普遍性。毕竟任何时代的电视文艺作品总会存在着某些不确定的意义和空白点，等待观众去发现和填充，就一般的电视观众而言，他们往往只看到作品的一些表面现象，甚至有时还会曲解乃至误读电视文艺作品潜在的含义。这就需要电视文艺批评以尽量公正、客观的评价来引导观众的欣赏。

二、电视文艺批评的功用

这里，还需要特别指出的是关于本书中采用的"批评"术语，它不仅仅是评论的同义语，也指涉研究、探讨、判断、理解乃至对话之意。即批评是电视文艺创作实践（包括电视文艺发展史）与电视文艺理论归纳之间进行有效沟通的重要桥梁。至于批评对艺术创作和欣赏的功用，中外文艺史上都有着相当多

---

① 时统宇. 电视批评理论研究. 北京：中国广播电视出版社，2003.3.
② 李道新. 影视批评学. 北京：北京大学出版社，2002.35.
③ 王云缦等. 电视艺术辞典. 北京：学苑出版社，1991.79.

的阐述。古罗马文艺理论家贺拉斯就曾经把创作比作"刀子",把批评比作"磨刀石"。磨刀石虽然"自己切不动什么",但能使钢刀锋利。普列汉诺夫在谈到别林斯基的文学批评时也说:"别林斯基可以使得普希金的诗所给你的快乐大大地增加,而且可以使得你对于那些诗的了解更加来得深刻。"

我国明代的陈衍在《与邓彰甫书》中也认为:"所谓批评者,一则能抉古人胸中欲吐之妙,以剖千古不决之疑;一则援引商略,判断详尽,以自见其赅博。如论汉魏,则下证晋唐,如谈诗赋,而兼核子史之类也。"即优秀的批评不仅为正确的艺术欣赏提供指导,还有助于形成健康的欣赏风气和环境。批评者也就"并不满足于对印象的描述,而是在对审美感受的质询中,或者在对当前面临的问题寻求答案的追问中,进一步上升到逻辑分析的层面"①。

黄子平在《关于〈沉思的老树的精灵〉》一文中甚至认为,批评"首先是一种阅读,读灵魂、读人生、读历史、读社会,是一种伴随着焦虑和困惑的'沉思'"②。台湾学者黄新生在其专著《媒介批评——理论与方法》中更是将媒介评论的功能明确地归结为三种取向:评判(evaluation)——指陈大众媒介所创造的价值与大众生活的关系,为人们指导与解释生活的意义;批判(criticism)——以否定性思考、意识的启蒙、现状的改变,透视媒介中的集体意识,剖析媒介中的物化关系,进而激起阅听人的独立判断能力;诠释(interpretation)——通过媒介评论家的诠释活动,对媒介产品中所暗含的意识形态加以揭示与剖析。③

假如没有这些对批评特性的理解和阐释,面对如下问题,批评界将会陷入茫然无措或模棱两可的尴尬境地。第一,在共时性的理论与历时性的史述的宏观视野里,批评如何寻找到自己的独特位置?第二,在特定的世界观和既有的价值体系中,批评如何确定自身的存在姿态与价值观念?第三,在所谓客观世界与主观经验的悖立整合之间,批评如何树立主体的形象并将主体铭刻在对象之中?④ 即批评的社会意义就在于它的揭示与反思作用。批评的角色就像是医院的一台透视仪器,探视社会的机理以及各部分之间的关系网络,并且用一套批评的话语给予探视结果以描述,提供反思和思考的问题。

就电视文艺批评而言,也是如此。只不过,它已由过去单纯的政治教化、

---

① 陈思和. 编者与作者的对话. 中国新文学整体观. 上海:上海文联出版社,1987.17.

② 黄子平. 关于《沉思的老树的精灵》. 文学评论,1987(4):28.

③ 黄新生. 媒介批评——理论与方法. 台北:五南图书出版公司,1990.4~5.

④ 李道新. 影视批评学. 北京:北京大学出版社,2002.50.

思想引导功能逐渐转化为阐释、说明、影响、理解乃至对话的功能。即批评业已成为知识分子的社会良心和责任的体现，也是知识分子生存的理由。当德国作家君特·格拉斯（Gunter Grass）获得诺贝尔文学奖时，德国总理向他发出的祝贺信的第一句话是："你是一位称职的社会批评学家。"恰如李岩在《批评理论的选择和批评的责任》一文中所言："批评家与哲学家、思想家、文学家一样，他们虽然没有给社会提供可以直接应用的财富，但是，他们给人类意识的进步提供的思考作为一种积累一直延续着。"电视文艺批评也应该有意识地承担起这样的社会责任和义务，于潜移默化当中熏陶和提升受众的历史使命感与审美价值观。

至于当下的电视文艺批评形式大体可分为三种：官方或权力意识形态范畴的批评，代表一种主流、正统的意见；媒体批评，是一种大众传媒的氛围，尤其是在 20 世纪 90 年代后日趋普遍，往往按照媒体的功利需要进行批评，且极富情绪化；学理批评则是一种专业性的批评，但对社会的关怀意识远未达到充分的自觉，甚或过于偏执，反而限制了价值范围和批评力量。而真正可悲可叹的还是电视文艺作品的落地无声：它或许连批评的资格都不够；或许是不同意见采取了客气的沉默抵制法。这对电视文艺创作和电视文艺批评的健康发展都是相当不利的。事实上，电视文艺批评是联系理论和实践之桥，它充当中介，向公众说话，理应崇尚真善美、高尚的人格境界和历史责任感。因此，要守望人类生存的精神家园，就必须摆脱批评价值论的贫困，从历史理性的、人文关怀的、艺术本体的角度和高度来真正恢复电视文艺批评的地位与作用。

首先，电视文艺批评应该作为一种自足自为的方法。车尔尼雪夫斯基在《怎么办》中说过："理论是冷冰冰的，可它能教人去获得温暖。"苏联学者列·斯托洛维奇也曾有言："评价不创造价值，但是价值必定要通过评价才能被掌握。价值之所以在社会生活中起重要作用，是因为它们能够引导人们的价值定向。同时，评价当然不是价值的消极派生物。在社会的历史发展中形成的评价活动的'机制'，具有一定的独立性，因此评价既可能符合也可能不符合价值。评价作为理想表现出来时，它能够预见到还不存在而未来要产生的价值。"[①] 即电视文艺批评本来就是一种自足自为的方法，尽管它自身不创造电视文艺作品，但它的批评和评判价值不可或缺。任何电视文艺作品都需要批评者的"二度创作"来最终完成和实现其潜在的深层意蕴。

---

① ［苏］列·斯托洛维奇. 审美价值的本质. 凌继尧译. 北京：中国社会科学出版社，1984. 141.

记得巴赞曾在《关于评论的思考》一文中就电影评论表达过如下看法："如果说评论是电影的良知，那么，电影正是借助评论而对自身有了自觉意识。搞评论有两个好处：一是暂且可以当个新闻作者挣钱谋生（这也是不可小觑的）；二是促使你为自己，也为他人确定人们喜爱的或拒绝的东西，预先勾画出人们希望有朝一日得以实现的理想电影的图景。总而言之，评论的目的不是追溯创作的心理过程，而按照我的意见，评论的目的是帮助它的读者通过与作品的接触提高智力和道德修养，丰富他的情感。"① 即"评论的过程——用更敏锐的理解来丰富我们的享受的过程——包括两种活动：一种活动是感受和了解；另一种活动是理性的分析，其目的是弄清楚我们到底有什么感受和了解。任何健全的评论的首要前提，是评论者必须专心致志地和虚怀若谷地使用自己的全部官能（感觉、感情和理智的官能）来对待艺术作品"②。简言之，电视文艺批评如同历史、本体、量化、比较、辩证、解读、求证等研究方法一般，其实质就是一种研究方法。而且，对于批评家来说，"要紧的倒不在于他有明确的见解、信仰、世界观，而在于他有方法；对于从事分析的人来说，如果他是学者或者批评家，方法就是才能的一半"③。

这样看来，电视文艺批评作为一种方法必须具有自己遵循的原则、理念和一定之规。英国批评家墨雷就认为："一个人只是满足于把自己的一些印象记述下来，而不努力把它们构成规律的形式。不管他是什么，他无论如何总不是一个批评家。"即当下花样翻新的各种情绪型、概念型、学究型及即兴性的批评等，与真正的电视文艺批评都还相差一段距离。正如程青松在《批评的喧哗与独语》一文中所言："真批评需要的是独立的品格，它不容许任何意义上的依附，不管是市场还是权力。真批评的产生需要更多讲究职业操守的批评家介入媒介。"④ 所以说，真正的电视文艺批评应该是主观与客观、宏观与微观、内容与形式、技术与艺术等诸多范畴的和谐统一，是超越了政治与功利、道德与人性、阶级与典型等传统范式的一种当代新批评，或者说是传统批评理念的现代化转换。

其次，充分发挥电视文艺批评的限制和导向作用。电视文艺批评应该从漫无边际的电视艺术现象中进行聚焦，使某一方面的问题得到系统化的探讨和研究。普利策有句名言："倘若传播事业是一条航行在大海上的船，那么媒介批评

---

① ［法］巴赞. 关于评论的思考. 崔君衍译. 世界电影，1986（2）.

② ［英］林格伦. 论电影艺术. 何力等译. 北京：中国电影出版社，1979. 163～177.

③ ［苏］契诃夫. 契诃夫论文学. 汝龙译. 北京：人民文学出版社，1958. 78.

④ 程青松. 批评的喧哗与独语. 电影艺术，1999（2）.

人就是站在船头的瞭望哨。他要在一望无际的海面上观察一切，审视海上的不测风云和浅滩暗礁，及时发出警告。他不计自身的成败荣辱和批评对象的喜怒哀乐，克服自己作为媒介批评人与其他身份的角色冲突，致力以高质量的媒介批评为信任他的受众和新闻媒介系统服务。"①

电视文艺批评所承担的同样也不是一般个体的欣赏或批评的任务，而是作为社会群体的大众的代言人。于是，电视批评家的感受、体验，乃至理性的评价，都必须具有能为群体所共识的普遍性。恰如艾略特所言："一个作家在创作他的作品时，他的劳动的绝大部分或许是批评性质的劳动：筛选、化合、构筑、删除、修改、试验等劳动。这些令人畏惧的艰辛，在同样程度上，既是创造性的，也是批评性的。我甚至坚信，一个有修养的和熟练的作家运用在他自己作品上的批评是最有活力的、最高一类的批评；而且有些创造性的作家高出于其他作家，仅仅因为他们的批评才能更为高超。"② 在他看来，将批评熔化于创作之中，才能达成批评的理想状态。即只有当批评家的审美、社会、情趣观念，代表了广大的艺术欣赏者，并成为这一群体审美需要的集中表现，批评家的活动才可能具有普遍性的指导意义，才能充分发挥和实现艺术批评的社会效应。即"真正的批评家并非是毫不讲方法的信马由缰的言说者，只是将作为体系的方法拆零卸件，以一种实用主义的方式和实事求是的策略对待之，让其为文学作品内在的本色意义出场提供方便"③。

再次，注重和强调电视文艺批评的整合与重构作用。大众审美文化之所以风靡，就在于它适应了现代人的生存状况、个体存在，特别是关注人的精神世界，一改过去强调社会内容忽视个体的做法。即便美学也不再是单纯的知识体系，而是生存体验的概括。尤其是随着传统文化的启蒙功能向大众文化的转化、审美文化向消费文化的转化以及知识文化向媒介文化的转化，文化不再是一种贵族话语，文化变得不再庄严，文化甚至成为一种个人的行为。相应地，电视文艺批评"审美性"的标准和尺度也开始动摇了，代之以娱乐、消遣、感官刺激、视觉奇观等字眼，以至于有些评论者不得不放弃职业操守，为人情甚至为金钱去进行无原则的炒作和吹捧。这就需要电视文艺批评的重新整合，特别是进行学理范畴上的批评话语规范。用阿诺德在《论今日批评的作用》中的话说："批评最后可能会创造出一种使有创造才华的人能够充分利用的精神局面。

---

① 王君超. 媒介批评——起源、标准、方法. 北京：北京广播学院出版社，2001.46.

② ［英］艾略特. 艾略特文学论文集. 李赋宁译. 南昌：百花洲文艺出版社，1994. 64~77.

③ 徐岱. 批评美学——艺术诠释的逻辑与范式. 上海：学林出版社，2003.311.

批评可能确立思想秩序，还可能使最好的思想占据优势。"① 即批评的主要作用在于"造成一种便于创造力有所收益地加以利用的学术局面"②。于是，电视文艺批评必须始终坚持从艺术、审美的角度来看待作品，坚持从作品的诗性精神、艺术感觉出发，发挥其艺术的整合与重构作用，进而表现出对人类的终极关怀。从这个意义上讲，"批评过程与其说是对内容的释义，不如说是对它的揭示，是对隐匿在曾经作用于它的种种稽查的歪曲之下的原初信息和经验的一种暴露，一种恢复"③。

当然，"迄今为止，无论在哪个国家或地域，也无论在电视发展的哪一个时期，都很少发现电视创作和电视批评之间能够真正达到平等对话、良性互动的境地。相反，电视批评家或以道德训诫者与政府检察官的身份指责电视节目的低俗与恶劣，或以大众传播学者与人文知识分子的姿态津津乐道于电视文化的媒介特性及其权力分配，很难真正触动电视创作本身的体制和惯例"④，但电视文艺批评作为一门相对独立的研究方法，其批评功用和现实价值不可小视，特别是在当下电视文艺批评的无序状态下更应该积极探索其健康、有序的发展途径，使其更好地发挥批评的功用，并最终为电视文艺创作和电视文艺批评的可持续发展服务。

三、健全健康、有序的电视文艺批评秩序

通过前面几章对电视文艺批评及理论的相关论题的梳理和阐述，我们发现电视文艺批评的功能不仅要守望人类的精神家园，还要积极去建构健康、有序的电视文艺批评秩序。毕竟仅靠电视文艺批评自身的努力是远远不够的，它还需要借助诸多相关的外围因素的鼎力支持。王君超就认为，媒介批评的实现需要三个条件：开放的舆论环境；健全的媒介监督、批评机制；普遍的媒介批评意识。⑤ 这种说法同样适合于电视文艺批评。特别是电视文艺批评要从无序的现象当中探索出一条有效的途径，许多看似外围的因素都将发挥推波助澜的作用。用英国电视理论家哈特立的话说："电视像民族一样是特定制度的产物，构

---

① 汪培基等. 英国作家论文学. 北京：生活·读书·新知三联书店，1985. 204～231.

② ［美］雷纳·韦勒克. 近代文学批评史（第4卷）. 杨自伍译. 上海：上海译文出版社，1997. 181～209.

③ ［美］詹姆逊. 语言的牢笼：马克思主义与形式. 钱佼汝，李自修译. 南昌：百花洲文艺出版社，1995. 248～272.

④ 李道新. 影视批评学. 北京：北京大学出版社，2002. 101.

⑤ 王君超. 媒介批评——起源、标准、方法. 北京：北京广播学院出版社，2001. 52.

成电视的制度中有三个最为重要：电视产业、政治法律机构和批评机构。尽管三者并不用同一声音说话，但是它们都以相同的想象的社区的名义证明它们的活动和介入是有理的。虽然用不同的声音，但是它们都声称代表受众说话。"①

社会系统理论的著名学者布克里也曾经指出，社会的环境适应过程需要五种要素：要有不断向社会系统内引进"复杂性"（多样性）的源泉；要有既保持系统内的"紧张"状态又不断满足社会成员需求的机制；要有将社会系统的各组成部分适当联结的双向传播网络；要有面对外部环境和内部状况的变化而进行自主决策的系统；要有保存并普及意义、象征和价值体系的有效机制。②电视文艺批评要朝着健康、有序的方向发展，也必须具有相应的外部环境和内部的各种有效机制。

尽管诸多的专家学者包括业内人士已经进行了多年的艰苦卓绝的探索和努力，但良好的电视文艺批评氛围和秩序并没有建立起来。不仅每个批评者的言说缺乏自律和自觉，从大的批评空间来看也是没有章法、比较混乱的。恰如杨俊蕾在《问题批判与价值重建》一文中所言："希图尽快捕捉到文化转向之后的新趋势，然而细检之后才发现其中大多隐藏三个症结：其一，迎合日益泛滥的大众文化、审美文化、娱乐文化，在范式更新的旗号下使严肃的学术研究本身'大众文化化'；其二，以研究对象的转变为根本范型转变，罗列现象变化，回避深层疑问，在平面化的描述中失却价值维度；其三，屈从全球化风潮，在文化后殖民的弱势状态下淡忘本土文化特性，讳言重建民族文化的主题。"可以说，这种分析是很有力度和很到位的，这确实是我们无法回避且必须面对的现实状态。毕竟我们不能老依赖别人，靠"知识输血"过日子，也要有自己的东西，要有自己的文化精神生长点，要化"文化挨打"为创造，化文化"拿来主义"为文化"输出主义"。尤其是对西方所采取的文化姿态和立场——仰视（后殖民的姿态）、俯视、平视、歧视（民族极端主义），应选取第三种；同时还要注重对中国文化经典和遭遇现代性问题的整理。③即电视文艺批评的理论建构在排除自身痼疾的同时，还要随时抵御西方各种思潮和文化形态的精神殖民。

对此，钟莲生在《破解西方现代、后现代艺术的精神现象和文化性质》一文中提出了"艺术文化场"的概念。所谓"艺术文化场"，就是与艺术相关的

① ［英］哈特立. 看不见的虚构物——论电视的受众. 胡正荣译. 世界电影, 1996（3）.

② Buckley, Walter. *Sociology and Modern System Theory*. New Jersy：Prentice-Hall Englewood Cliffs, Inc., 1967. pp. 167 – 171.

③ 王岳川教授访谈. CCTV《电视批判》论坛, 2002 – 10 – 09.

一切活动所构成的整体空间。它包括艺术家的创造性活动，也包括艺术研究、流通、传播、管理等机构的活动，更包括艺术接受者的接受活动。在这个整体空间中，所有的在场者都应以平等的身份、民主的方式以及理性的精神，来建立起一种平衡、协调的互动关系。艺术文化场只有在平衡、协调的状态中，才能真正推动艺术文化的发展。正如英国当代思想泰斗卡尔·波普尔在《论文化冲突》一文中所说的，民主制度是"所有文明中最自由、最公正、最人道主义和最好的文明。它之所以最好，是因为它具有最大的改进能力，更富有自我批评精神"①。也就是说，艺术文化场的民主体制既要能保障艺术家创造自由的话语权，也要重视理论家文化挖掘、观念创新和疏导的话语权，艺术传播机构推动艺术健康发展的话语权，艺术管理、流通机构组织各种艺术活动的话语权，而广大的艺术接受者，则有根据自己的审美判断力，挑剔并批评艺术作品的话语权。② 那么，究竟怎样保证这些话语权的充分发挥？又如何建构健康、有序的电视文艺批评秩序呢？

首先，从电视文艺的批评主体——批评者的角度，倡导小众批评与大众批评并存。尤其要格外重视对大众批评话语的规范和引导，使之在电视文艺批评界名正言顺地占有一席之地。况且有些大众批评话语不乏真知灼见，应予以正面的肯定。虽说随着电视文艺的诞生，电视文艺批评者也应运而生，且一直伴随着电视文艺的发展而进步，但批评者的一度失语和缺席的确是电视文艺批评的一个相当不正常的现象。除了社会大环境的转型和大众文化的语境因素之外，批评者的有意缺失和批评精神的丧失，致使电视文艺批评陷入当下不尴不尬的境地。即批评者不同于一般的受众，他肩负着判断和引导大众的审美责任，他必须敢于直言，敢于说真话，做到好处说好、坏处说坏。这才是真正的批评家，不是流于一般的小报记者，也不是以此谋生的职业批评家。这是一种最起码的艺术良知和人文情怀。当然，批判家的小众批评除了继续发扬其高屋建瓴的优势，从哲学、美学、社会学等高度对电视文艺批评进行宏观的学理性把握之外，又要避免"圈子批评"式的交流局限，应该从少数人的书斋里的愤懑走出来，与大众批评一道为电视文艺及电视文艺批评的健康发展摇旗呐喊。

加之，当下处于文化游离状态中的中国当代文化批评，其表征之一就是批评的泛化。人们不假思索地将各种各样的文化分析都纳入了"文化"这个大概

---

① ［英］卡尔·波普尔. 通过知识获得解放. 范景中，李本正译. 北京：中国美术学院出版社，1996. 169.

② 钟莲生. 破解西方现代、后现代艺术的精神现象和文化性质. http：//arts. tom. com，2006－04－07.

念之下，文化成了谁都可以拿来一试身手的武器和工具。只要是站在所谓"文化"的立场上，好像所有的批评，无论针对什么，表达什么，目的是什么，都有了言说的理由。在文化批评中，所有的问题都被放大，甚至放大到除了用"文化"加以囊括之外，任何描述分析都显得无能为力的地步。与中国当代文化批评的泛化和浮躁相纠缠的还有批评规则的匮乏。在此，有些批评家道德感的淡漠和理性自觉的缺失难辞其咎。20世纪90年代以来，由于道德观念的误置和理性自觉的缺失而造成的批评"犯规"事件屡屡发生，每一个批评事件都掺杂了一些用文化勾兑的原料，却在语焉不详卖弄关巧之间背叛了普遍认同和个人自勉的游戏规则，从而难以避免空泛浮躁的叙事危机。①

这就更需要清醒而理性的批评家的真正出场。正如刘锋所言："电视批评思维的狭隘、'媒介教育'功能的缺失、电视批评家的缺席，成为当代中国电视批评的三大弊病。现阶段，我国的电视批评从总体上讲，需要明确如下的几个问题：认清批评的有效途径，明确理论的对象，区分批评的层次，加强批评的个性化，引导批评的审美化。"而所有这一切的实施，都离不开电视文艺批评的主体——批评者（批评家和大众批评）。尤其是要把大众批评提升到一个日程上来，使其在逐渐规范和严谨的道路上切实走近电视文艺本体，由众声喧哗的无序状态过渡为理性的、科学的批评话语。于是，我们呼吁批评者真正出场，倡导小众批评与大众批评的并存，并提倡建立起一支训练有素的批评家队伍。这对于电视文艺创作和影响受众的审美倾向，都是非常必要的，且不可或缺。

其次，从电视文艺批评的模式和方法上看，提倡多种批评模式和批评方法并存。之所以强调批评家出场和建立一支有素质的批评家队伍，并非要求电视文艺批评都使用同一个话语模式，但严谨的、规范的、负责任的电视文艺批评还是必要的。大众批评区别于批评家批评的关键之处就在于主观的、感性的一己之见居多，相关的其他因素考虑甚少。事实上，任何一部电视文艺作品都不是孤立的，总是或多或少地体现着现时代的风格和特点。这就要求批评者能够以多元化的思维方式，把感性的东西多多加以沉淀，尽量用客观的视角来分析和评价电视文艺作品。用罗兰·巴特的话说："批评家在把他的言语活动补加到作者的言语活动之中和把他的象征符号补加到作品的象征符号之中的同时，为了自身的显示，他并不'改变'对象，也不构成他本人的述语；他像一个游离

---

① 段吉方.中国当代文化批评的践履迷误及言说困境. http：//www.cc.org.cn，2006-04-07.

而多变的符号，再一次重现作品本身的符号。"① 即他是在批评与创作之间寻求经验的认同、互相融化和补加。这样的批评就不仅把批评作为一种工具和方法，而是介入到作品的创作当中，表面上并没有改变作品原来的面貌，但批评者的态度已经跃然纸上了。别林斯基曾经指出："按照对从事批评的人的态度来说，首先应该把批评分成两类：一种是真诚的、恳切的批评，有信念和原则的批评，还有一种是抱有打算的、做买卖的批评。"② 即一个真正的批评者应该属于前者，对电视文艺作品既不是无原则的"捧杀"，也不是一棍子打死的"棒杀"，而是真心诚意地成为创作者和受众的诤友。于是，电视文艺批评的模式和方法也就不是一成不变的，也不是按照批评者自己的主观兴趣信马由缰地任意驰骋的。既有法，又无定法。自然也包括对西方电视批判理论的借用和转化，尤其是西方的电视批评视角，对我们的电视文艺批评不无启发和借鉴作用。即电视文艺批评模式和方法的多元，能够使得电视文艺批评更加全面，甚至是对电视文艺作品的全方位的解读和评判。只有如此，创作者、批评者与受众三者之间才能形成真正意义上的互动，才能共同促进电视文艺的健康发展。

对此，涂险峰在《当代文学批评中的"现代性终结"话语质疑》一文中持较为宽宏的看法，"批评的多元意义意味着共时层面上对各种理论批评话语的开放，现代性话语、后现代话语，乃至古典话语皆有一席之地；也意味着历时性层面对未来的开放"③。特别是西方电视批评理论的大量介绍和涌入，使得中国电视学院派批评更是有理可依，各种"理论"和"主义"文章花样翻新，你方唱罢我登场。从客观的角度上看，"新时期社会开放和文化开放以来，西方文艺理论批评的一些新鲜思维成果被介绍进来。这是大好事。因为从宏观上讲，开放带来的认识线索的多维化和理论批评的多样化，是以承认事物本身（包括影视艺术）的复杂性、整体性为理论前提的，它打破了那种僵化的、大一统的、简单的理论批评模式。从微观上讲，开放引进的西方文学理论批评的新鲜思维成果，有助于电视艺术学科领域的理论研究走向细密化、科学化，以利于对电影活力（从创作到发行放映乃至批评研究）的各个环节和局部进行深入的、精细的研究剖析，推动我们电视艺术理论思维的日益全面和科学"④。即

---

① ［法］罗兰·巴特. 罗兰·巴特随笔选. 怀宇译. 天津：百花文艺出版社，1995.
137～145.

② 徐岱. 批评美学——艺术诠释的逻辑与范式. 上海：学林出版社，2003. 168.

③ 涂险峰. 当代文学批评中的"现代性终结"话语质疑. 文学评论，1999（1）.

④ 仲呈祥. 电视艺术理论与美学建设随想五题. 中国电视，2000（7）.

便如此，中国的电视文艺批评依然没有进入良性发展的轨道。只有实现相对开放的批评空间和普遍的批评意识，才能真正地让每一个人充分发言，批评的声音才会引起回响，电视文艺批评也才能以"在"的身份引起创作者和受众的重视。

最后，力求电视文艺批评从经验总结上升到理论概括阶段，并形成一整套的批评理论体系和规范。关于中国的电视文艺理论与批评，尽管当下已经进入了自觉的理性思考阶段，"但相对于电视事业的飞速发展，电视理论建设却显得薄弱，主要凭借外来理论的借用，而忽略本土文化的支撑。中国电视发展的历史表明，它虽然属于典型的舶来品，但作为一个文化品种，却不能只是欧美电视的翻版，而应具有鲜明的中国文化特征"①。即"鉴于我们的国情和文化传统，我仍然主张既注重纯粹思辨的理论演绎能力的培养，也更注重用对直接经验的归纳来弥补其不足，并以此来沟通理论与实践间的信息交流；主张既注重借鉴和吸收间接思维成果，也更注重直接从现实经验中进行科学抽象；主张既注重防止以整体意识和大一统观念去制约电影电视艺术理论思维的多元化发展进程，也更注重提醒潜心从事于影视艺术理论批评与美学研究的某一学科分支的微观研究的同志，能正确估量本学科分支的微观研究在提高全民族电影文化水平中的地位和作用。这样，两者相辅相成，结合互补，才能较少片面性。关于我国电视艺术理论批评与美学的建设，乃至整个电视文化的建设，需要具备一种'着意于久远'的战略眼光的问题"②。也就是说，电视文艺批评的理论整合意义不可小视，不能再满足和停留于过去个案经验的研讨阶段，要以一种战略的眼光去宏观地审视电视文艺批评的学科建设和理论未来。

此外，政府对电视的管理机制、政策法规的出台乃至电视自身的经营理念以及其他诸多的相关因素等，也都会对建构健康、有序的电视文艺批评秩序助一臂之力。本书由于切入点的局限，便不再一一展开了。

这样看来，对目前电视文艺批评的反思可以从理论批评、实践批评和批评从业人员三个方面予以展开。"电视理论批评包括理论研究与批评体系的建构，它既建构理论又解构理论，旨在建立理论自我发展与自我完善的内在机制，以确保实践层面活动的积极性与合法性，是实践品质的保证和行业发展的深度制约力量。在操作层面上，它往往更注重客观、理性、科学的实证方法和上升到电视发展史与学科建设的学术高度，或进行理论的研究批判，或借助于特定的

---

①　黄会林. 中国电视艺术的民族化之路. 人民日报，2000 – 12 – 23.
②　仲呈祥. 电视艺术理论与美学建设随想五题. 中国电视，2000（7）.

电视理论，结合具体电视作品、电视现象进行形而上的概括分析，以构建自我质疑的健康电视理论和电视理论体系为目标；电视实用批评虽然也常常以某种理论为依托，但它更关注现实实践的结果与社会效应，是以理论为模本，以具体的栏目、节目等电视作品为直接对象，以阐释电视作品、现象的价值体系的优缺点为目标的批评实践活动。"① 从这个意义上讲，所谓建立对电视文化的监督机制其实包含着三层意思：其一是政府文化部门的监督机制；其二是学者精英高屋建瓴的监督机制；其三是公众最广泛意见的监督机制，三者共同构成电视文化的监督、批评、反馈机制。② 这是以往电视文艺批评所忽视的，其仅仅关注政府部门自上而下的强制性批评机制和主流话语要求，唯独没有考虑到电视文艺批评的主体——批评家和大众。这恐怕也恰恰是电视文艺批评一度失语的关键因素之一。

综上所述，20 世纪 90 年代的电视文艺批评处于一个特殊的社会转型期和特定的文化环境之下，批评的困境和突出重围构成了电视文艺批评的一大特色和景观。尽管当下的电视文艺批评依然处于摸索和探求阶段，但已经能够有意识地从无序当中探索健康、有序的途径和新秩序。于是，"有识之士提出应重构中国电视话语，使中国文化能够成为中国电视的指纹。毕竟今天的中国电视节目越来越明显地模仿西方电视媒体节目形式，使电视人面临双重困境：即电视节目的东方特色匮乏和抄袭西方后自我文化的消失，这其实是西方文化资本和权力运作对东方媒体的挤压问题。如何增加中国电视文化的份额，这是中国学者应该考虑的问题。电视文化批判就是要把电视提升到文化建设中来，电视媒体这种文化功能的获得，一方面有赖于当代批评理论促进电视文化价值重建，另一方面有赖于电视人自身的文化自觉和对文化精神的寻绎。没有文化的电视无批判可言，没有批判的电视在文化当中将随风飘去。批判是生命，文化是精神，电视是载体，通过这个载体传播的是批判和文化，人类才可以从沉沦走向提升，才可以从西方中心走向东西互动，才可以从文化单边主义走向文化多元互动。愿电视文化批判成为思想者的家园，成为爱思想的人的家园"③。我们相信，这已不再是一个梦想，电视文艺批评在并不久远的将来必将迎来属于它的曙光和灿烂的未来。

---

① 高震. 对当前电视批评的批判性反思. 南方电视学刊, 2002 (4).

② 刘连喜. 电视批判. 北京：中华书局, 2003. 299.

③ 王岳川. 当代传媒中的网络文化与电视批评. http://culchina.net, 2004 – 12 – 13.

【思考题】

1. 电视文艺批评的概念是如何界定的?
2. 简述电视文艺批评的功用。
3. 如何建构健康的电视文艺批评秩序?

参考文献

1. 张凤铸. 中国广播文艺学. 北京：北京广播学院出版社，1994.

2. 张凤铸. 中国电视文艺学. 北京：北京广播学院出版社，1999.

3. 张凤铸，胡妙德，关玲. 中国当代广播电视文艺学. 北京：北京广播学院出版社，2004.

4. 张凤铸. 音响美学. 北京：中国广播电视出版社，1997.

5. 钟艺兵. 中国电视艺术发展史. 杭州：浙江人民出版社，1994.

6. 郭镇之. 中国电视史. 北京：中国人民大学出版社，1991.

7. 高鑫. 电视艺术概论. 北京：学苑出版社，1992.

8. 高鑫. 电视艺术美学. 北京：北京广播学院出版社，1998.

9. 陈志昂. 中国电视艺术通史（上、下册）. 北京：中国文联出版社，2000.

10. 刘志明. 电视学原理. 北京：中国人民大学出版社，1993.

11. 桂青山. 影视编剧教程. 北京：北京师范大学出版社，1997.

12. 曾庆瑞. 电视剧原理. 北京：北京广播学院出版社，1997.

13. 朱宝贺. 电视文艺编导艺术. 北京：中国广播电视出版社，1996.

14. 周星. 影视艺术概论. 北京：高等教育出版社，2007.

15. 胡智锋. 电视传播艺术学. 北京：北京大学出版社，2004.

16. 赵玉明. 中国广播电视史文集（续集）. 北京：北京广播学院出版社，2000.

17. 乔云霞. 中国广播电视简史. 呼和浩特：内蒙古人民出版社，2001.

18. 周华斌. 广播剧卷（上、下）. 北京：中国广播电视出版社，2008.

19. 朱宝贺. 广播剧编导教程. 北京：中国传媒大学出版社，2009.

20. 刘坚. 电视节目编导教程. 北京：中国传媒大学出版社，2004.

21. 张静民. 电视节目策划与编导. 广州：暨南大学出版社，2001.

22. 王释. 电视编导基础. 北京：北京师范大学出版社，2010.

23. 颜纯钧. 电视编导概论. 上海：生活·读书·新知三联书店，2009.

24. 魏珑. 电视编导. 杭州：浙江大学出版社，2007.

25. 邢益勋. 电视编导基础教程. 北京：中国传媒大学出版社，2010.

26. 王润兰，马世昌等. 电视节目编导与制作. 北京：高等教育出版社，2010.

27．左明章，童保红. 科教电视节目编导与制作. 武汉：湖北科学技术出版社，2006.

28．杜桦. 广播节目编导. 北京：中国传媒大学出版社，2009.

29．［加］麦克卢汉. 理解媒介：论人的延伸. 何道宽译. 北京：商务印书馆，2000.

30．郭庆光. 传播学教程. 北京：中国人民大学出版社，1999.

31．郭镇之. 电视传播史. 北京：北京师范大学出版社，2000.

32．何晓兵，郭振元. 音乐电视导论. 北京：中国广播电视出版社，2001.

33．邵长波. 电视导演应用基础. 北京：中国广播电视出版社，2000.

34．胡智锋. 电视审美文化论. 北京：北京广播学院出版社，2004.

35．［美］悉德·菲尔德. 电影剧本写作基础. 鲍玉珩，钟大丰译. 北京：中国文联出版公司，1985.

36．［美］约翰·霍华德·劳逊. 戏剧与电影的剧作理论与技巧. 邵牧君，齐宙译. 北京：中国电影出版社，1989.

37．［美］罗伯特·麦基. 故事——材质、结构、风格和银幕剧作的原理. 周铁东译. 北京：中国电影出版社，2001.

38．［英］大卫·麦克奎恩. 理解电视——电视节目类型的概念与变迁. 苗棣等译. 北京：华夏出版社，2003.

39．［英］阿瑟·阿萨·伯杰. 媒介分析技巧（第 2 版）. 李德刚，何玉译. 北京：中国人民大学出版社，2005.

40．［英］约翰·斯道雷. 文化理论与大众文化导论（第五版）. 常江译. 北京：北京大学出版社，2010.

41．［美］罗伯特·艾伦. 重组话语频道：电视与当代批评理论. 牟岭译. 北京：北京大学出版社，2008.

42．［美］赫伯特·泽特尔. 图像　声音　运动：实用媒体美学. 赵淼淼译. 北京：北京广播学院出版社，2002.

43．［美］赫伯特·霍华德等. 广播电视节目编排与制作. 戴增义译. 北京：新华出版社，2000.

44．［法］皮埃尔·布尔迪厄. 关于电视. 许钧译. 沈阳：辽宁教育出版社，2000.

45．蒲剑. 电视文艺传播研究. 北京：中国传媒大学出版社，2011.

46．王雪梅. 中国广播文艺理论研究. 北京：中国传媒大学出版社，2011.

47．张凤铸，施旭升. 广播电视艺术学通论. 北京：中国传媒大学出版社，2011.

48. 谭天. 批评与建构——聚焦中国电视. 广州：暨南大学出版社，2009.

49. 柯泽. 广播电视节目策划与创新. 北京：中国传媒大学出版社，2011.

50. 孙宝国. 中国电视节目形态通论. 北京：中国传媒大学出版社，2011.

51. 盛希贵. 影像传播论. 北京：中国人民大学出版社，2005.

52. 贾磊磊. 影像的传播. 桂林：广西师范大学出版社，2005.

53. 王长潇. 电视影像传播概论. 广州：中山大学出版社，2006.

后 记

在《电视文艺概论》即将付梓之际，我忽然觉得应该再写点什么，或许已与本书的内容并无太大的关联。

我与暨南大学谭天教授的相识，归功于 2006 年四川大学欧阳宏生教授主持召开的"电视批评高端论坛"研讨会。一晃几年过去，我的教材又有幸纳入谭天教授主编的"当代视听传媒系列"。在这里，我感谢暨南大学，感谢谭天教授，感谢暨南大学出版社的杜小陆主任和黄斯编辑。

虽然这只是一本普通的教材，不是学术专著，但对于我却有着非同寻常的意义。伴随着 2011 年国家对各学科门类的调整政策，天津师范大学获批了"戏剧与影视学"硕士一级学科的授予权，其中的二级学科——广播电视艺术学已于 2012 年开始招生。我作为"戏剧与影视学"硕士一级学科的学科带头人，肩负着教学与科研的双重任务，这本教材的出版就可以看作是对该学科建设的一份科研贡献；与此同时，由我主持的一项课题获批"2011年度国家社会科学基金项目"（一般项目），该教材的适时出版自然也是课题研究的阶段性成果之一。

当然，《电视文艺概论》只是一门专业基础理论课程，虽力求时刻关注电视文艺发展当中不断涌现出来的新现象、新趋势，并努力更新相关内容和前沿资料，但依然赶不上电视技术日新月异的步伐。尤其值得一提的是，本书借鉴和参考了诸多学术前辈和同仁的研究成果，引用和注释难免挂一漏万。在此，我真诚地向书中涉及的每一位专家、学者表示感谢，并诚挚地求教于大方之家，期待学术界同行的批评指正。

王艳玲

2012 年 12 月